Más allá del más allá

ENRIQUE RAMOS

MÁS ALLÁ DEL
MÁS ALLÁ

© Enrique Ramos, 2023
© Editorial Almuzara S.L., 2023

Primera edición: octubre de 2023

Editorial Arcopress • Colección Enigma
Edición: Pilar Pimentel
Diseño y maquetación: Fernando de Miguel
Ilustraciones: Marcos Carrasco

www.editorialalmuzara.com
pedidos@almuzaralibros.com - info@almuzaralibros.com

Editorial Almuzara
Parque Logístico de Córdoba. Ctra. Palma del Río, km 4
C/8, Nave L2, nº 3. 14005 - Córdoba

Imprime: Romanyà Valls
ISBN: 978-84-11319-44-7
Depósito Legal: CO-1667-2023
Hecho e impreso en España - *Made and printed in Spain*

Quiero dar las gracias a mi amigo Marcos Carrasco Carmona, ilustrador y pintor, que ha creado y cedido las bellas imágenes que adornan este libro.

Dedicado a Emanuel Swedenborg, un hombre valiente cuya obra me ayudó a ver más allá del más allá.

Índice

Prólogo

Todos los seres humanos, sea cual sea su género, etnia, estatus o cultura, tienen una ineludible cita con un momento donde las constantes vitales se paran y nuestro cuerpo se queda totalmente inerte de manera irreversible (al menos por ahora): es el llamado fallecimiento o muerte.

La interpretación de este evento varía según las creencias de cada persona: para algunos es el fin, el «apagón final», pero para otros es el comienzo o la continuación de la vida, de la esencia, del alma o del ser. Un *continuum* de nuestras vivencias, pero de otra forma, en otra dimensión, en otros lugares que, posiblemente, no podamos ni imaginar.

A pesar de vivir en un mundo ultratecnificado, no hemos podido todavía resolver esta cuestión, importante para todos y cada uno de nosotros, pensando, en muchos casos, que nuestra visión sobre cada momento de la vida y la muerte es la correcta, la real, la única y certera, pero leyendo las páginas de este magnífico libro nos damos cuenta de que desde los albores de la humanidad se han dado variadas explicaciones sobre qué puede haber después de nuestra vida.

Culturas, ideologías, religiones se han creído en la posesión de la Verdad, de toda la Verdad, de su única y a veces agresiva Verdad, denostando, en algunos casos, o asimilando, en otros, ideas anteriores o coetáneas para dar una explicación, algunas veces muy imaginativa y otras veces más racional, de aquello que puede suceder después del óbito.

Cuando se adentren en este libro, podrán ver una misma realidad desde diversos puntos de vista, dependiendo del punto de observación o creencia, así será nuestra postura: el fin o el principio, alfa u omega. Saber y estar al tanto de lo que otras culturas, otras mentes han pensado y analizado sobre si hay algo más allá de nuestra vida actual, física y mundana hará que la perspectiva de esa realidad inexorable pueda modelarse con conocimiento de causa.

No es intentar convencer ni desviar la atención, es informar y dar a conocer pensamientos, conocimientos y creencias que en su época y a lo largo de todo el planeta, han sido consideradas dogmáticas; pero que, leyendo estas páginas, te darás cuenta de que su planteamiento ha cambiado en el tiempo-espacio.

Algunas de las personas que aparecen en este libro han realizado una conversión en su vida, en sus conocimientos y en su forma de afrontar el decisivo momento de la muerte. Para unos supone un tránsito, para otros una liberación, mientras que algunos la entienden como una metamorfosis en la cual, al igual que el gusano se convierte en crisálida, el individuo se transforma en un ser no corpóreo, pero con signos de identidad similares y continuadores de la vida corpórea.

En cambio, otras veces, en otras culturas, vamos a poder conocer o reconocer que existe una continuación de la esencia, no así de la memoria trascendente, con la «vivencia» de muchas vidas físicas, en ocasiones para aprender y otras para aprehender. Modelos para escabullirse de una vida finita, una muerte, terminal, infinita, yerma o con gran actividad posterior que intentan, de una forma u otra, escapar de la misma, hacia una realidad mucho mejor, más interesante y a veces reiterada. Es usted el que tendrá la última palabra, el último razonamiento o pensamiento de cuál de las diversas hipótesis planteadas es la más fidedigna, aunque les adelanto que, hasta que no llegue la hora del final de la vida física, no van a poder comprobar si llevaban o no razón.

Seguro que se plantearán cuál es mi posición ante esta disyuntiva y en mi caso, debido a mis experiencias e investigaciones sobre ECM, y habiendo visto y acompañado a muchas personas a realizar el tránsito, atisbo, creo y podría decir que estoy convencido de que hay algo después de esta vida, muy diferente a la que vivimos, pero que, desde luego, por un tiempo, si se puede decir así, permanecemos con nuestra identidad.

Lean, reflexionen y disfruten del libro.

Dr. Miguel Ángel Pertierra

Introducción

Al inicio de mi adolescencia, mi abuelo materno nos dejó. Sufrió una parada cardíaca mientras dormía. Ningún miembro de la familia tuvo la oportunidad de despedirse. A los pocos días del funeral tuve una experiencia impactante y, al mismo tiempo, reconfortante. Una noche soñaba plácidamente que trotaba por una pradera interminable. Un viento fresco, aunque muy agradable, parecía animarme a que me dirigiera hacia un bosque que nacía frente a mí, a unos pocos cientos de metros. Inesperadamente, avisté una figura que me miraba fijamente desde el lindero de la arboleda. Paré en seco para intentar discernir su rostro. Solo pude advertir que era un varón. La visión de este individuo me causó tal impresión que me hizo recuperar la lucidez. En ese instante, que recuerdo como si fuese hoy mismo, aquello había dejado de ser un sueño ordinario para convertirse en lo que ahora conocemos como un *sueño lúcido*, una realidad alternativa generada a partir del mundo de los sueños pero que es percibida con igual o mayor calidad física que un evento de la vida de vigilia. En esa época, yo ya estaba bastante acostumbrado a este tipo de experiencias, aunque era incapaz de reproducirlas a voluntad. Las esperaba con impaciencia cada noche, pero llegaban de manera aleatoria.

Una vez sólidamente establecido en esta nueva realidad que se desplegaba una vez más ante mí, decidí avanzar rápidamente hacia el hombre misterioso. Según me iba aproximando, algo dentro de mí me decía que ya lo conocía. Me detuve a unas decenas de metros, en cuanto pude contemplar su rostro. Era mi abuelo. Aunque aparentaba veinte o treinta años menos de los que tenía cuando falleció, no tenía buen aspecto. Su estado emocional era terrible. Tenía el ceño fruncido y una expresión de rabia o ira contenida. Mi abuelo y yo teníamos una relación muy estrecha. En vida, fue un hombre serio, inteligente, poco hablador. Yo lo quería mucho. Por ello, me sorprendió aquel extraño recibimiento. Pensé: «Quizás su enfado no tenga nada que ver conmigo. Quizás la muerte no le haya sentado muy bien». Una vez delante de él, tomé la iniciativa y me dispuse a iniciar una conversación. Deseaba saber cómo se encontraba y, sobre todo, por qué estaba tan enojado. Pero no me dejó pronunciar ni una palabra. Según yo abría la boca, comenzó a lanzar improperios, principalmente sobre asuntos que había dejado sin resolver. Me dio miedo. Jamás lo había visto en tal estado.

Continué escuchándole durante un tiempo indefinido, sin tener la oportunidad de replicar nada. Pero, al menos, pude corroborar que esto no iba conmigo; simplemente se estaba desahogando. Sentí cierto alivio, aunque la situación siguió pareciéndome muy desagradable. Finalmente, la experiencia colapsó y me encontré de nuevo sobre la cama de mi dormitorio, en la realidad física de vigilia.

Durante el día siguiente estuve dándole vueltas a todo ello. Sentía cierta frustración, porque no acababa de entender lo que mi abuelo había querido transmitirme, ni pude hacer nada por ayudarlo o consolarlo. ¡Apenas pude hablar! Me había dejado controlar por el tsunami emocional y, como consecuencia, había perdido una oportunidad preciosa para comprender sus anhelos más profundos. Me entristecí, porque pensé que no volvería a tener otra ocasión de verlo.

Pero me equivocaba. La noche siguiente, sin yo esperarlo, volví a soñar con el mismo prado y el mismo bosque. La excitación de haber regresado me hizo despertar de nuevo dentro de mi propio sueño, convirtiéndolo en una nueva realidad física visitable, tal y como hice la última vez. Mi abuelo me esperaba junto a los árboles. Temí que mostrara una actitud parecida a la de la noche anterior. Pero noté un cambio sustancial. Continuaba estando muy enfadado, pero ya no era combativo. Me contó las mismas cosas como si fuese la primera vez que me las narraba, aunque ya lo hacía con mayor serenidad.

Experiencias parecidas se repitieron durante seis noches. En cada una de ellas, la ira de mi abuelo se iba poco a poco transformando en sentimientos más positivos, como si estuviera pasando por un proceso lento de alquimia espiritual. El cambio de actitud, además, venía acompañado de un incremento de luminosidad. En el primer encuentro, la figura de mi abuelo era oscura, densa y sucia. Noche tras noche, la penumbra que lo envolvía iba desapareciendo un poco más y un fino halo de luz comenzaba a crecer alrededor de su silueta. La metamorfosis continuó hasta que el sexto día apareció radiante, emitiendo una poderosa luz que me deslumbraba; apenas podía ya distinguir las líneas de su cara. Esa noche supe que era nuestra última reunión. Pero no me esperaba el final. Sin explicaciones previas, me ofreció su mano y me pidió que lo siguiera. Lo agarré y me dejé llevar. Si alguien nos hubiera visto, habría contemplado una maravillosa escena: un muchacho acompañando a una espectacular burbuja de luz.

El viaje duró una eternidad y, a la vez, un solo instante. Cuando quise recomponer mi percepción, ya habíamos llegado a nuestro destino. Estábamos en el interior de un dormitorio. Parecía una casa antigua. Mi abuelo señaló la cama; dijo que se trataba de la habitación donde pasó parte de su juventud con su esposa, mi abuela. Me pidió que fijara esta escena en la memoria, así que me afané por retener cada detalle. Toda la estancia estaba inundada en una luz dorada, la cual no sabría decir de dónde procedía. Había una ventana por la que podía adivinarse un campo, pero, sin duda, esa no era la fuente de luminosidad. Parecía que el mismo aire fuese sólido y lo hubiesen pintado de un amarillo fluorescente. Me quedé embobado contemplando tal belleza. Estaba en paz.

Entonces mi abuelo, que se había separado un par de metros de mí sin que yo lo advirtiera, me dijo adiós con la mano y todo se desvaneció. Mi yo regresó a la cama. No pude contener las lágrimas.

¿Cuál era el significado de ese último encuentro? ¿Por qué la insistencia de mi abuelo para que memorizase todos los elementos de aquel dormitorio? ¿Me lo había pedido para que luego yo visitase el lugar en la realidad física? Esto era complicado. Yo ni siquiera sabía qué casa era aquella. Por ello, busqué el valor suficiente para hablar con mi madre sobre la experiencia. Recuerdo que ella estaba cocinando; escuchó con atención. Me detuve especialmente en la descripción del supuesto dormitorio de juventud de mis abuelos. Cuando hube acabado, sus ojos expresaron sorpresa. Le pregunté dónde estaba esta casa y ahí fue cuando supe que ya no existía. Fue derribada mucho antes de nacer yo. Sin embargo, mi madre conservaba intacta su memoria del lugar. Y corroboró, con algo de espanto, tanto la disposición de los muebles como el aspecto de los objetos del dormitorio que yo había aportado en mi narración. Pero se emocionó aún más cuando le describí la decoración de la cama y los bordados de la colcha, y le hablé de unas espigas de cereal que descansaban sobre ella atadas en un delicado ramillete, ya que esto también formaba parte del feliz recuerdo de su infancia.

Esta experiencia marcó el inicio de una investigación personal que sigue activa hoy en día. Mi curiosidad me llevó a explorar diferentes técnicas relacionadas con los estados profundos de consciencia. Entre ellas, por supuesto, el sueño lúcido o la experiencia fuera del cuerpo. Gracias a mi empeño, hoy puedo afirmar que creo en la vida después de la muerte. Estoy convencido de que la consciencia humana sobrevive. Pero, desafortunadamente, no puedo demostrarlo. La naturaleza del espíritu humano, el origen de los recuerdos o el asiento de la identidad son cuestiones complejas que continúan siendo discutidas en el ámbito científico, filosófico y espiritual.

Para muchos, la existencia del más allá no forma parte de su sistema de creencias. Creen que somos únicamente materia que se descompone al final de la vida biológica, llevando a término nuestra existencia. La idea de otro mundo donde la consciencia sobrevive les parece una construcción artificial que sirve únicamente para escapar al terror que produce el hecho de que la vida se detendrá algún día. Otros opinan que la confianza en un más allá ideal no es más que una justificación vana para dar respuesta a un mundo tan violento, cruel y absurdo: la idea de que alguien superior valorará nuestros actos y, en función de ello, tendremos una recompensa en otro tipo de realidad, apacigua nuestras ansias de justicia. Estas corrientes de pensamiento fundamentan sus argumentos en la asunción de que la consciencia es meramente un producto del cerebro y que todo lo que nos ocurre en la vida no puede interpretarse más allá de los mecanismos fisicoquímicos de nuestra biología. Pero estas mismas personas prefieren ignorar la realidad de fenómenos como las experiencias cercanas a la muerte y los sueños lúcidos, donde la consciencia funciona independientemente del cuerpo, a pesar de lo que digan los estudios que emplean razonamientos puramente científicos para rechazar la existencia, en el ser humano, de un núcleo que sobrevive al cuerpo físico. Muchos de estos análisis empiezan a estar obsoletos.

Dado que la creencia en el otro mundo queda más allá de la evidencia científica, ¿cuáles son las razones para confiar en su existencia?

En mi caso, tengo motivos puramente personales. El principal lo constituyen mis propios sueños lúcidos, que ocurrían desde que era muy joven. Como hemos dicho, los sueños lúcidos son una experiencia que permite crear realidades paralelas que son percibidas como si fuesen realidades de vigilia. En ellas, el soñador lúcido se siente plenamente despierto, físico y mentalmente, *más lúcido aún que cuando está despierto en este mundo físico*. Es exactamente el mismo fenómeno que la experiencia fuera del cuerpo o la proyección astral, aunque estos dos últimos términos son cada vez menos utilizados[1].

El hecho de poder subsistir en una segunda realidad y en ella pensar, moverte, tocar objetos, sentirte con toda tu identidad y recuerdos intactos, y reconocerte tan vivo como en estado de vigilia podría parecer imposible. Pero no lo es. Estamos condicionados a creer que solo en este mundo físico es donde nuestra mente puede permanecer plenamente activa. Ahora, gracias a multitud de estudios, sabemos que el sueño lúcido es otro de esos estados en los que el ser humano se siente consciente y con su atención enfocada en el entorno, sin que se note diferencia alguna con el mundo de todos los días. Y lo más importante: este estado ha sido empleado por el ser humano desde siempre como herramienta de exploración de otros planos de la existencia. Su uso está extendido en todas las culturas del planeta.

Pues bien, ya que esta experiencia (ya sea denominada sueño lúcido, experiencia fuera del cuerpo o proyección astral) consiste básicamente en permitir que el cuerpo caiga dormido mientras la mente entra lúcida en otra realidad, la correspondencia entre el sueño y la muerte es inmediata para cualquier practicante. De hecho, ciertas corrientes de pensamiento, como el budismo, afirman que la muerte podría ser nuestro último sueño. Existe una clara analogía entre el ciclo *despertar-sueño* y el ciclo *vida-muerte*. En efecto, todas las noches nos abandonamos a la pérdida de consciencia, con la absoluta certeza de que al día siguiente esta volverá a su actividad construyendo un nuevo día en nuestra vida. Lo mismo ocurre con la muerte: esta supone un abandono de la consciencia, como si durmiéramos. Si despertamos cada mañana y recuperamos la lucidez, ¿no sería lógico pensar que resurgiremos despiertos en otro mundo? Cualquier

---

1 Por mi experiencia y la opinión de otros muchos investigadores modernos, el sueño lúcido, la experiencia fuera del cuerpo y la proyección astral son el mismo fenómeno, al que se le ha dado nombres distintos en dos épocas diferentes. Para mayor clarificación sobre este asunto y sobre esta experiencia en general, se puede consultar mi obra *Los sueños lúcidos. Una realidad alternativa* (2019), publicado en esta misma editorial.

soñador lúcido defendería esta analogía. En mis primeros viajes oníricos, cuando sentía que me despegaba de mi cuerpo físico, pensaba que en verdad me estaba muriendo. Esta sensación de que los sueños lúcidos y experiencias fuera del cuerpo son, en cierto sentido, como un entrenamiento para la muerte es compartida por las personas que saben cómo provocar voluntariamente este proceso e, incluso, por las que han pasado por esta experiencia de manera involuntaria. La literatura especializada está repleta de testimonios.

Por otra parte, y, en segundo lugar, creo en la existencia de la vida *post mortem* por motivos puramente prácticos. Es una apuesta muy parecida a la del gran filósofo y matemático Pascal. A la cuestión sobre la existencia de Dios, este argumentó que lo más razonable era creer en él, ya que tendríamos mucho más que ganar, absolutamente más que si creyésemos lo contrario. Efectivamente, ¿qué ocurriría si no creyeses en Dios? Según Pascal, si, al final, Dios no existe, no pierdes, pero tampoco ganas nada. En cambio, si resulta que Dios existe, pierdes un lugar en el cielo. Es decir, la no creencia en Dios puede dejarte igual o/y perjudicarte mucho. La opción contraria da, en el peor de los casos, un resultado sin consecuencias; pero en el mejor de los casos, un gran beneficio. Por tanto, lo más sensato es decantarse por la creencia en Dios. Pues bien, mi razonamiento para creer o no en la vida después de la muerte es el mismo, independientemente de la existencia de Dios.

Por último, tener esperanza en un más allá me permite llevar una vida más plena, relajada y eficiente. Son varios los estudios estadísticos que afirman que confiar en la otra vida mejora la calidad de esta, por diversas circunstancias. Esto también lo sabemos por las experiencias cercanas a la muerte que han experimentado miles de personas en todo el mundo. Tras regresar, su vida no vuelve a ser la misma. Generalmente, para bien. El problema es que, en Occidente, la muerte ya no es un tema de conversación, ni se enseña en las escuelas, ni en la familia. Negamos su existencia, como si descuidando su susurro la hiciéramos desaparecer. Por eso nuestro comportamiento en este planeta es tan prepotente y, a la vez, tan inseguro. ¿A quién le importa cómo ha de morir, si, de todas formas, va a morir? Por eso, muy pocos están preocupados.

Pero otros muchos estamos realmente interesados en saber qué ocurre. Confiamos en que alguna parte de nuestro ser (ya lo llamemos consciencia, mente, alma o espíritu) sobrevivirá a esta vida física y emprenderá una larga travesía hacia otras dimensiones, quizás sin retorno. Por eso todos buscamos una guía que nos oriente, un plano detallado con las etapas del camino. Cualquier viajero inteligente intenta hacerse con un mapa fiable del recorrido antes de iniciar el trayecto. No estamos hablando aquí de viajar a una nación democrática, con todas las comodidades, sino de visitar un inmenso territorio salvaje que pocas veces ha sido explorado con anterioridad. ¿Quién, en su sano juicio, se atrevería a viajar a un país desconocido sin haber, al menos, leído una guía sobre sus territorios y sus costumbres? Sin embargo, en nuestra civilización moderna, la mayoría de las personas que creen en la vida después de la muerte no se ocupa debidamente de organizar su viaje *post mortem*. En muchos casos creen que lo saben ya todo. Esto es, en gran medida, culpa de los dos modelos ortodoxos sobre el más allá que las religiones imperantes, la literatura y el cine nos han insuflado como si fuesen encantamientos.

Uno de estos modelos afirma que viviremos una única vida física y una sola vida eterna en el más allá. Nuestro comportamiento durante la existencia física determinará la calidad de esa vida en el segundo mundo, ya que nuestros actos serán valorados en un juicio de alguna clase, que tendrá lugar después de la muerte. Si dichos actos encajan con ciertas pautas morales, entonces seremos conducidos a un lugar paradisiaco. En caso contrario, seremos arrojados a un mundo infernal. Este es el modelo de muchas de las religiones tradicionales que profesan millones de personas en todo el mundo. ¿De dónde sacaron estas ideas? Algunas fueron construidas a partir de las narraciones de exploradores antiguos que recorrieron el más allá como consecuencia de una experiencia fuera del cuerpo, una visión o una experiencia cercana a la muerte. Pero, a poco que profundicemos en sus detalles, estos nos revelan que tales relatos fueron escritos, en gran medida, para corroborar y justificar ciertas normas de conducta que se pretendían imponer a la población. Son, en realidad, resultado directo de la cultura y la moral de la época. Y, por tanto, son una herramienta de control social.

El otro modelo que aceptamos en Occidente, y que cada vez tiene más aceptación, es el que nos ha impuesto la literatura de la Nueva Era[2] y las películas de Hollywood. ¿Quién no ha visto la película

---

2   La Nueva Era (*New Age* en inglés) es un movimiento espiritual surgido en la década de 1970 que aúna diferentes corrientes de pensamiento para crear una cosmología sobre

Ghost, ese bello cuento de amor protagonizado por Patrick Swayze, Demi Moore y Whoopi Goldberg? Esta moderna descripción de la vida después de la muerte es fruto de la mezcla de tradiciones orientales, como la reencarnación, y lo mejor del modelo cristiano. Sus premisas nos suenan muy bien, porque ya nos hemos acostumbrado a ellas. Por ejemplo, todo el mundo sabe que, cuando alguien fallece, viaja a un lugar maravilloso donde es recibido por familiares y amigos. A veces, es acogido por seres espirituales de gran bondad y sabiduría. Estos están al cargo del funcionamiento del más allá, que está dividido en diferentes áreas repletas de edificios destinados a propósitos muy definidos. Como mínimo, suele haber un área de recepción para los nuevos, donde son recibidos y preparados convenientemente para lo que está por venir. También hay un área de regeneración para que se recuperen del trauma de la muerte física, porque no todas las personas fallecen en circunstancias cómodas o con la suficiente preparación. El más allá cuenta, así mismo, con un área de instrucción donde las personas son sometidas a una revisión de la vida física anterior; el objetivo es aprender de los errores cometidos. Otro centro importante es el recinto de preparación para la siguiente vida física, donde el difunto selecciona unos nuevos padres y un nuevo cuerpo para vivir. Antes de marchar, en este lugar, será sometido a un borrado total de los recuerdos de la existencia pasada con el fin de que no interfieran en su nuevo recorrido. Si estás familiarizado con la nueva espiritualidad, este esquema te sonará conocido.

¿Y si el proceso no tuviese por qué ser exactamente así? Personalmente, considero que la asunción de estos dos modelos, ya sea el tradicional o el ofrecido por la Nueva Era, ha anulado nuestra capacidad crítica y nos impide ver otras alternativas. Y el caso es que estas alternativas existen, pero son muy poco conocidas. Algunas llevan siglos desafiando silenciosamente los oxidados esquemas que asumimos como verdaderos. Casualmente, todas ellas no surgieron para el control social ni son meros ejercicios intelectuales: son el resultado de investigaciones personales llevadas a cabo por buscadores intrépidos que han explorado el *más allá* desde distintas perspectivas.

---

la vida, la muerte y el ser humano. Ha influido poderosamente en la espiritualidad de muchas personas, especialmente de países occidentales, y ha generado una abundante literatura y filmografía especializadas.

La mayoría de ellos *visitaron el otro mundo en profundos estados de consciencia*. Y, en sus viajes, descubrieron cosas asombrosas.

Pero el propósito de este libro no es, en ningún caso, demostrar la supervivencia de la consciencia del ser humano tras el trauma de la muerte física. Mi razonamiento ya parte de esta hipótesis. Mi intención es aportar un poco de luz al modelo tradicional que describe el otro mundo y que ya casi todos hemos asumido total o parcialmente. Y, para ello, analizaré novedosas propuestas procedentes de cinco fuentes de información alternativas que han sido poco escuchadas en el mundo occidental. Veremos que sus teorías constituyen todo un revulsivo para nuestras viejas creencias sobre la supervivencia de la consciencia.

Lo fascinante de estas teorías es que comparten la idea de que el ser humano no tiene por qué conformarse con un único destino después de la muerte. Todas están de acuerdo en que *nuestro destino depende de nuestra voluntad*, y no de que nuestro comportamiento supere un juicio amañado por la moralidad del momento. Es decir, afirman que *morir es, realmente, un asunto puramente personal*. Ciertamente, hemos llegado a interiorizar que morir es un proceso idéntico para todos los seres humanos. Y, en parte, es cierto. La muerte nos iguala: ricos y pobres, famosos y anónimos, listos y no tan listos. A cada uno de ellos les llegará su abrazo. Pero ¿no estaremos cometiendo un error capital al aceptar que la inevitabilidad de la muerte implica también una tabla rasa en cuanto a nuestro destino final después de abandonar el cuerpo? ¿No dependerá dicho destino de nuestra habilidad personal para dirigirlo, mucho más de lo que habríamos sospechado?

Escuchemos, por ejemplo, los relatos de experiencias cercanas a la muerte. En ellos, personas anónimas de todo el mundo y de todo tiempo han regresado de la muerte por circunstancias que aún desconocemos, después de una enfermedad, un accidente o durante una operación quirúrgica. Algunos cuentan que han tenido una experiencia maravillosa, reposando plácidamente dentro de una luz acogedora que les hacía sentir una indescriptible paz interior. Después, su vida queda transformada para siempre. Pero esto no siempre es así. En otras narraciones, los protagonistas afirman que sufrieron eventos terribles, llenos de miedo y angustia. Si damos por sentado que todos estos casos tienen cosas importantes que decirnos acerca de nuestra supervivencia, ¿por qué la experiencia no es igual para todos? ¿No será que hay diferentes formas de morir? Y, entonces, si morir es personal, ¿podemos hacer algo diferente para elegir nuestro destino en el otro mundo? ¿Hay alguna forma de escapar a la muerte según parece haber sido diseñada? Comprobaremos que, según cuentan estas cinco fuentes de información, la respuesta es, rotundamente, sí.

Los precedentes:
los exploradores
de la Antigüedad

No pretendas, divino Ulises, alabar la muerte:
prefiero vivir en la tierra esclavo de un menesteroso sumido
en la penuria que reinar sobre la turba de los muertos.
La Odisea. Homero

La creencia en un mundo después de la muerte ha sido una constante en todas las culturas y civilizaciones del planeta durante los últimos milenios. Una de las primeras preocupaciones del ser humano fue, por tanto, descubrir *cómo era* ese otro lugar. Este afán desembocó en el surgimiento de diferentes modelos descriptivos. Veamos, brevemente, algunos de los más destacados.

El mapa del chamanismo

En contra de lo que podría pensarse, en las primeras culturas que practicaban el chamanismo o el animismo, el más allá no tenía una entidad física. Creían en un mundo espiritual. Salvando algunas diferencias, todos estos pueblos coincidían en la existencia de tres mundos paralelos. Habitualmente eran representados en vertical, uno por encima del otro. En muchas ocasiones, se empleaba la figura de un árbol como eje cosmológico. En primer lugar, y ocupando el estrato inferior, situaban el *mundo de abajo*[3]. Este es el reino de la Madre Tierra, donde moran los espíritus grupales de los animales,

---

3 Cada pueblo da sus propios nombres a cada uno de los tres reinos. Aquí empleo la terminología creada por Michael Harner, uno de los mayores expertos occidentales en chamanismo, que intentó sistematizar todas las nomenclaturas en tres únicas expresiones.

las plantas y los minerales, y todos aquellos seres mágicos que tienen una función en el sostenimiento de la naturaleza. Y, por supuesto, las almas de los ancestros. Poco sabemos sobre este reino. Como es lógico, no existe documentación de aquella época, aunque tenemos los estudios modernos sobre chamanismo. El mundo de abajo era el mundo más visitado por los brujos y chamanes para obtener conocimiento y resolver problemas de toda índole: curaciones, posesiones espirituales o problemas de fertilidad.

Más arriba quedaba el *mundo de en medio.* Es nuestra realidad física. Sobran palabras. Y por encima de los dos anteriores, el *mundo de arriba.* Allí viven los dioses o los espíritus sabios. Todos estos reinos no son espacios independientes unos de otros, sino que están interconectados ocupando un mismo espacio sutil.

EL MAPA SUMERIO Y ASIRIO-BABILÓNICO

Con la llegada de las primeras civilizaciones, el más allá comenzó a ser considerado un lugar físico, localizable geográficamente. Estaba, normalmente, situado en territorios muy alejados o inaccesibles, quizás para que nadie pudiera comprobar la veracidad o falsedad de aquellos dogmas. Por ejemplo, en época sumeria, la *Epopeya de Gilgamesh* (tercer milenio antes de Cristo) nos describe las andanzas de este rey preocupado por la condición mortal del ser humano. Gilgamesh se rebeló contra los dioses porque no le parecía justo que los hombres y mujeres acabaran falleciendo, mientras que los dioses disfrutaban de una existencia eterna. Con más razón, se quejaba de su propio caso. La sangre de Gilgamesh, aun siendo humano, procedía en parte de una diosa, así que no entendía por qué también él tenía que sufrir el mismo destino que el resto de la humanidad. Se embarcó en un largo viaje con su amigo Enkidu en busca de la entrada al más allá. Pues bien, su periplo es descrito de una manera física: los dos hombres tienen que cruzar cordilleras, lagos, ríos y bosques, algunos de los cuales han sido identificados por los historiadores con lugares concretos de la geografía de Próximo Oriente. Podemos considerar este relato como una de las primeras fuentes escritas que hablan sobre el otro mundo. Otro texto importante es *El descenso de Innana a los infiernos,* donde se narra el viaje de la diosa del amor y de la guerra al más allá sumerio, con el objetivo de liberar a su esposo

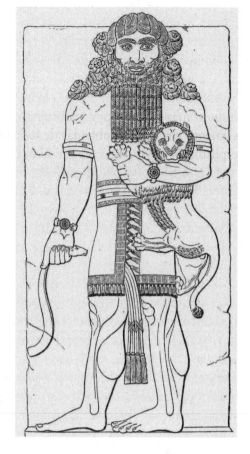

Gilgamesh luchando contra el león. Ilustración representando una escultura de Khorsabad, del libro: «El relato caldeo del Génesis» (1876) de George Smith

Dumuzi de las garras de la muerte.

Aunque las descripciones que hemos conservado no son suficientemente claras como para hacernos una idea concreta del otro mundo sumerio y asirio-babilónico, podemos sacar algunas conclusiones acerca de lo que pensaban sobre ello. En primer lugar, hacían mucho hincapié en que la muerte nos arrebata todas nuestras posesiones. Es decir, no podemos llevarnos nada al más allá. En segundo lugar, nuestros años de vida son limitados y su número concreto es decidido únicamente por los dioses. Por el contrario, la vida después de la muerte es eterna. De ella no se puede regresar. No en vano, el otro mundo era llamado *la tierra sin retorno*.

Sabemos que el más allá sumerio, principalmente nombrado *kur*[4], era un lugar lóbrego y silencioso, donde la existencia no resultaba precisamente agradable. Los humanos tenían allí una vida durísima: caminaban desnudos, comían solo polvo y bebían agua estancada. Sentían una sed terrible y es por eso por lo que los familiares vivos se afanaban en hacer ofrendas periódicas de bebidas y comida que colocaban sobre los enterramientos; estos se encontraban, normalmente,

---

4   Significa *tierra* y, a veces, *montaña*.

en el suelo del mismo hogar. Por eso, a aquellos que no habían tenido descendencia, les esperaba una eternidad mucho peor que al resto: sin hijos no habría comida ni bebida para ellos.

¿Había alguna escapatoria a esta vida penosa después de la muerte o algo que se pudiera hacer para evitar este fatídico destino? Realmente no. En el mundo sumerio y mesopotámico no hay juicio para separar a los justos de los impíos. Da igual el comportamiento que se hubiera tenido durante la vida física, la fe que se hubiera profesado a los dioses o los sacrificios que se hubieran realizado en su nombre. Todos los seres humanos iban al mismo sitio. Sin embargo, la cosa cambiaba si, durante la vida, la persona había acumulado riquezas y poder. Estos podían pagarse un buen entierro según la costumbre. Gracias a este «buen morir» disfrutaban de una segunda vida un poco más desahogada, dentro de las limitaciones de ese lugar tan terrible. Los que no habían podido organizarse un buen funeral, o los que habían muerto de una forma inesperada y violenta, sufriendo grandes daños en sus cuerpos, obtenían el peor de los destinos.

Geográficamente, el más allá sumerio estaba localizado bajo tierra, en una zona remota muy lejos del mundo habitado. Algunos textos lo situaban en el oeste, que es por donde el sol, manifestación del dios Samash, se oculta. Otros relatos lo colocaban al este, en los montes Zagros, la cordillera entre Irak e Irán. Era descrito como una inmensa ciudad rodeada de una muralla con siete puertas, por donde pasaban los difuntos y por donde salían los demonios que atormentaban a los vivos. Sus gobernantes eran la reina Ereshkigal y su esposo Nergal. Cuando los muertos ingresaban por una de sus entradas, la diosa los declaraba fallecidos y eran inscritos en un registro. Y, a partir de ahí, solo les quedaba disfrutar de una patética eternidad, independientemente de su valía o de sus logros.

Posteriormente, en época babilónica, comenzó a hablarse tímidamente de un juicio a los difuntos, conducido por los Annunaki. Pero estos dioses, que se sentaban en tronos de oro, no juzgaban al difunto por sus actos o por su comportamiento moral. Para nada. Solo les importaba si habían realizado suficientes sacrificios en su nombre. Los humanos que afirmaban haberlo hecho correctamente, fundamentalmente los ricos, eran liberados; pero su única recompensa seguía siendo deambular por aquel horrible y aburrido mundo gris. Aquellos que no se habían podido permitir el dispendio en sacrificios eran castigados y torturados.

No había, por tanto, esperanza alguna. Por tanto, lo único que les quedaba era aprovechar la vida al máximo. La *Epopeya de Gilgamesh* expresa claramente todo esto. Por ejemplo, cuando su protagonista llega a las fronteras del más allá, se encuentra con que ha de cruzar una gran masa de agua. Entonces, le pregunta a una tabernera, llamada Siduri[5], por la manera correcta de hacerlo. La mujer le cuenta que el inframundo es un sitio pernicioso y le aconseja que no siga adelante:

Nunca ha existido tal senda, ¡oh, Gilgamesh! y a nadie ha sido dado, desde los antiguos tiempos, cruzar las aguas del mar. El gran Shamash lo cruzó. Pero, excepto Shamash, ¿quién podría atravesar las aguas salobres? La travesía es difícil y el camino penoso, y las aguas de la muerte son profundas. ¿Qué ruta seguirías para franquear las olas? Una vez llegado a las aguas de la muerte, ¿qué harías?

Siduri trata de convencerlo de que abandone su búsqueda. No hay nada que ver en el más allá, nada que merezca la pena, salvo a los muertos que andan perdidos, sin rumbo. Anima a Gilgamesh a disfrutar mientras esté vivo, porque el otro mundo es realmente una condena:

¡Oh, Gilgamesh! ¿Por qué vagas de un lado a otro? No alcanzarás la vida que persigues. Cuando los dioses crearon a los hombres decretaron que estaban destinados a morir, y han conservado la inmortalidad en sus manos. En cuanto a ti, ¡oh, Gilgamesh!, llénate la panza; parrandea día y noche; que cada noche sea una fiesta para ti; entrégate al placer día y noche; ponte vestiduras bordadas, lávate la cabeza y báñate, regocíjate contemplando a tu hijito que se agarra a ti, alégrate cuando tu esposa te abrace.

Lo único que podían hacer era agradar y rezar a los dioses constantemente para que les concediese una buena vida aquí, en este mundo. Porque la vida después de la muerte era inevitablemente espantosa, sin posibilidad de mejora ni de evasión. No olvidemos que, en las lenguas del Creciente Fértil, la palabra *destino* también significaba *muerte*.

---

5 Siduri ha sido identificada por algunos estudiosos con una diosa menor del panteón sumerio.

Muy poco después, otras culturas incluyeron el concepto de juicio y mérito en su modelo de más allá. Es posible que la primera fuese la civilización egipcia. Aquí, el otro mundo ya no es un lugar tenebroso. Pero, al menos hasta el Imperio Medio (unos dos mil años antes de nuestra era), estaba reservado exclusivamente para los faraones. Con el tiempo, los nobles comenzaron a reclamar su derecho a disfrutar también de él. Copiaron los textos funerarios y los plasmaron en sus tumbas con la esperanza de heredar la otra vida, al igual que los monarcas. Con el paso de los siglos, todo aquel que pudiera permitirse ser enterrado junto al pergamino con los textos adecuados, tenía una oportunidad de vencer a la muerte. Estos escritos contenían las instrucciones y conjuros necesarios para no perderse en ninguna fase del recorrido entre esta existencia y la siguiente, pues el muerto encontraba muchos lugares peligrosos en el trayecto.

En la versión más tardía y definitiva del más allá egipcio el proceso del fallecido quedó establecido de la siguiente manera: primeramente, tenía que impedir la pérdida de la propia identidad. Es decir, el olvido de sí mismo. Por eso, los egipcios creían necesario conservar el cuerpo en la tumba, y su nombre inscrito en paredes, ataúd y pergaminos. Todo esto se hacía con un doble fin. Por un lado, se pretendía conservar el recuerdo de quién fue en el plano material. Por otro lado, se requería que el difunto aceptase que ya no estaba vivo físicamente. Aquellos que no lograban conservar su identidad eran llamados *los inertes*. Aparecen representados en las pinturas como personas dormidas, tumbadas en el suelo. Esta circunstancia les impedía avanzar, así que quedaban atascados en zonas intermedias, sin posibilidad de iniciar una segunda vida. Está claro que los antiguos egipcios pensaban que morir lúcidamente, es decir, recordando quiénes habían sido, era clave. No olvidemos este punto, porque será de enorme importancia cuando hablemos del budismo tibetano.

Si el muerto era capaz de mantener su personalidad intacta, entonces podía continuar hasta llegar al Salón del Juicio. Allí, su comportamiento era valorado según un cierto código de conducta. Su corazón era pesado en una balanza junto a la pluma de *Maat*, el principio de la rectitud y la verdad. Si su corazón pesaba menos que la pluma, podía pasar a la siguiente etapa. Por el contrario, si pesaba

más, el fallecido era totalmente aniquilado por una bestia hambrienta denominada *Ammit*. No quedaba ni rastro de su existencia.

Los que superaban el juicio solo podían optar por tres destinos. El primero era residir en el Campo de las Ofrendas, dentro del Campo de los Juncos, en compañía del dios Osiris. Allí vivían una existencia paradisiaca. Este lugar era descrito como un humedal rodeado de fértiles tierras de cultivo, donde la comida y el agua eran abundantes. Allí, la gente vivía feliz y en paz, sin enfermedades ni muerte.

El segundo destino estaba reservado para difuntos especiales: subir a la barca del dios Ra, cuya manifestación era el sol. Estos vivirían en compañía de esta y otras divinidades, contemplando la Tierra desde arriba mientras viajaban de un punto a otro, siguiendo permanentemente a nuestro astro. Esto significaba alcanzar la inmortalidad. Pero el recorrido era cíclico, así que el difunto debía pasar por el inframundo cada día, cuando el sol se escondía por el horizonte. Después, al llegar el amanecer, reaparecería inaugurando una nueva jornada. En realidad, no entendemos bien qué significa todo esto. Seguramente, tuvo un sentido muy específico que ahora desconocemos. Algunos opinan que detrás de este viaje en la barca solar se esconde el concepto de reencarnación. Quizás los egipcios pensaran que algunos fallecidos que habían superado el juicio, por razones que no acertamos a conocer, eran obligados a renacer en otro cuerpo, en este mundo físico. Esto es lo que querrían decir, por tanto, con la admisión en la barca del dios solar Ra y su continuo ciclo día-noche,

Representación del más allá egipcio, uno de los modelos más detallados que ha creado el ser humano para describir la vida después de la muerte

una metáfora universalmente utilizada en el pasado para expresar el ciclo de muerte y resurrección. Para justificar esta tesis, se echa mano del historiador griego Heródoto (siglo V a. C.), cuyos escritos son tomados muy en serio para apoyar otras muchas cuestiones. Heródoto afirmó lo siguiente:

> *Los egipcios fueron también los primeros en afirmar la inmortalidad del alma, que a la muerte del cuerpo pasa a otro animal; y que cuando ha hecho la ronda de todas las formas de vida en la tierra, en el agua y en el aire, entonces entra nuevamente en un cuerpo humano nacido para ella; y este ciclo del alma tiene lugar en tres mil años.*[6]

Otros escritos egipcios contienen sentencias que también podrían apuntar a esta posibilidad. Por ejemplo, en el *Libro de los Muertos* se lee cómo el difunto, cuando trata de justificarse para hacerse merecedor de la inmortalidad, afirma:

> *Estoy dotado de encarnaciones favorables.*[7]

Es como si estuviera diciendo «ya me he reencarnado muchas veces, y en todas me he comportado bien; es momento de superar este ciclo».

Es cierto que todo esto no son más que meros indicios. Por eso, la mayoría de los egiptólogos ni se plantean la posibilidad. Algunos interpretan la barca de Ra como el estado que algunos difuntos alcanzan

---

6 Herodoto. *Historia. Libro II.*
7 *Libro de los Muertos*, CIX, 12.

al convertirse en ayudantes del dios, con el que viajan una vez al día hasta la zona donde están los inertes, aquellos que desconocen que han muerto y que permanecen inconscientes en espera de ayuda.

El otro final reservado para los que superan el juicio era la transformación en *akh*. Esta palabra designa a un ser luminoso, un dios. Los fallecidos que acceden a este estado viven con las deidades para siempre, en un paraíso cuya ubicación quedaba marcada, según la mitología egipcia, por la estrella Polar. No queda claro quién (y por qué) se quedaba en la barca de Ra y quién podía volar hacia la estrella del norte convertido en un dios. Pero parece entenderse que el primer destino era de calidad inferior al segundo.

EL MAPA PERSA

Dejemos ahora a los egipcios y avancemos en el tiempo. El profeta iraní Zaratustra fue, posiblemente, el precursor del cielo moderno. No se conoce la fecha de su nacimiento, pero vivió entre los siglos VII y VI a. C. Parece que, de joven, tuvo una experiencia mística que le reveló una nueva descripción del más allá. Hasta su época, el paraíso estaba reservado para las élites, independientemente de su conducta. El resto de los seres humanos tenía que conformarse con un más allá tenebroso, al estilo de lo que defendía la cultura sumeria y mesopotámica. Desde este punto de vista, Zaratustra fue un revolucionario, pues comenzó a predicar que todos los difuntos debían pasar por un tribunal y un juicio que valoraría su conducta personal. En este juicio, las acciones eran pesadas en una balanza, como ocurría en la religión egipcia. Después, los difuntos tenían que atravesar el puente *Cinvat*. Los que habían superado el juicio eran conducidos por dicho puente hasta la Casa del Canto, una especie de paraíso, acompañados por una virgen. Los que fracasaban avanzaban empujados por una bruja, mientras el puente se estrechaba cada vez más. Cuando este se hacía tan delgado que cortaba como el filo de una espada, dejaba de ser transitable. Entonces, los fallecidos caían a la Casa de las Mentiras, donde eran atormentados con terribles castigos, en función de sus faltas. En algunos textos se insinúa que la estancia en los infiernos descritos por Zaratustra no era eterna. En un hipotético fin del mundo, el dios único optaría por purificar a todos los malvados para hacerlos merecedores de una nueva vida.

No hay duda de que la mayoría de los griegos creían en la supervivencia del alma, tal y como demuestran sus ricas costumbres funerarias. Conocemos mucho sobre sus tradiciones. Los familiares de los difuntos, por ejemplo, depositaban diferentes objetos en los sepulcros, con el fin de que estos fueran útiles a los muertos en el más allá. Por ejemplo, alimentos, bebidas o ropajes. Después de lavar el cuerpo del fallecido, este era ungido con bálsamos y luego envuelto en una tela. A continuación, se le tumbaba sobre una superficie con los pies siempre hacia la puerta, como invitándole a salir. Y se le dejaba allí un tiempo para confirmar que estaba realmente muerto, no fuese que se levantase de repente y se encontrarse ya en el sarcófago[8] con plena consciencia. Mientras tanto, las plañideras lloraban hasta la extenuación como símbolo de dolor y respeto. La familia y amigos celebraban una comida especial, dejando un puesto en la mesa para el espíritu del muerto, que vendría a disfrutar de su último festín. Pasados varios días, el cuerpo era trasladado a su lugar definitivo de descanso. En algunas regiones, este era incinerado y, en otras, enterrado. Si el difunto era un personaje importante o un héroe de guerra, se celebraban, en su honor, juegos deportivos. Pero no lo hacían solo por vanidad, sino que realmente pensaban en el bien del muerto, cuyo fantasma acudiría feliz a participar como público en estos espectáculos. Cuando todos los ritos finalizaban, el difunto se convertía en una especie de divinidad protectora de la familia. Se le seguía honrando, por medio de estatuillas, en el propio hogar.

El modelo griego del más allá evolucionó mucho en pocos siglos. En un principio, era semejante al más allá sumerio. Todos los muertos iban al Hades, un mundo solitario, oscuro y triste que podía ser localizado bajo tierra. Pero no todos corrían la misma suerte. Aunque la situación general no era especialmente favorable para nadie, algunos sufrían un destino peor que otros. Todo dependía del veredicto de un juicio al que cada difunto era sometido. El tribunal era presidido por Hades o Plutón, el dios del otro mundo, y por su

---

8   La palabra *sarcófago* es de origen griego y significa *piedra que come carne*. En algunas regiones de Grecia, estos eran fabricados de un tipo piedra concreta cuya composición química hacía que los cadáveres se descompusieran muy rápido. Lo cuenta el escritor romano Plinio el Viejo (siglo i d. C.).

Hades y Perséfone discuten con Hermes, ilustración del libro
de Thomas Bulfinch, «La era de la fábula» (1897)

esposa Perséfone. Pero ninguno de ellos dictaba sentencia, sino que esta tarea estaba a cargo de tres jueces: Minos, Radamanto y Eaco. Radamanto juzgaba a los difuntos de origen asiático, y Eaco a los europeos. Minos era quien decidía en caso de duda. Algunos humanos eran castigados a duros trabajos, o se les infligían grandes daños físicos y psicológicos. En la mitología tenemos muchos ejemplos: Tántalo, Sísifo, Ticio, las Danaides o Ixión. El resto de los fallecidos, con condenas menores, vagaban por ese desierto en un estado casi onírico, como si fuesen fantasmas sin volición, arrastrados por una fuerza desconocida.

En todos los casos, los difuntos, antes de llegar a su destino, debían atravesar varios territorios y cruzar diferentes ríos y lagunas de agua estancada. Uno era el Estigia, también llamado Aqueronte. Este marcaba la frontera entre las dos dimensiones. De su orilla partía un barquero que cobraba un peaje para transportar al muerto al otro lado. Los otros caudales de agua eran el río Lete, cuyas aguas hacían olvidar todos los recuerdos; el río Cocito, el río de los lamentos; y el río Piriflegetonte, un río de fuego. Los griegos gustaban, además, de señalar la ubicación geográfica de este otro mundo: para algunos, el Hades estaba situado en los límites del río Océano, más allá de las columnas de Hércules, el actual estrecho de Gibraltar. Otros situaban sus entradas en determinados emplazamientos de Grecia.

La idea griega del más allá, aunque era un compendio de tradiciones de diferentes regiones, fue homogeneizándose poco a poco, especialmente gracias al trabajo de poetas como Homero. Lo más importante es que, en algún momento, alguien comenzó a intuir que ese destino funesto, tal y como era descrito, podía ser evitado de alguna manera. Y así, de una única zona, el Tártaro o Hades, se pasó a dos. Algunas personas serían, a partir de entonces, capaces de eludir aquel mundo perverso y anodino, ingresando directamente en un paraje idílico en el que no había sufrimiento alguno. Eran los *Campos Elíseos*:

No es tu destino yacer muerto en Argos, sino que los dioses te llevarán a la llanura Elísea y a los confines de la tierra, donde el rubio Radamanto habita y la vida es placentera para los hombres: jamás hay nieve, ni lluvia, ni tormentas, sino que siempre el Océano levanta las brisas del Céfiro, que sopla canoro llevando frescor a la gente (…).[9]

¿Quiénes eran admitidos en este lugar? En principio, grandes personajes y héroes que habían disfrutado del favor de los dioses. Es cierto que no se habla, aún, de una escapatoria accesible a cualquier ser humano. Nadie podía elegir este destino, ni mediante la corrección de su comportamiento en vida, ni mediante la práctica de técnicas secretas. Solo los dioses tenían la llave. Pero esto ya era un avance.

Debido a la incipiente preocupación por los destinos alternativos al triste Hades, al que todos estaban condenados, surgieron los ritos mistéricos. Estos prometían al iniciado una vivencia única y transformadora, cuyo fin era experimentar, por adelantado, el momento de la muerte, simulando sus efectos sobre los sentidos. Con ello se pretendía educar a las personas para que se acostumbrasen a su tránsito final. El conocimiento obtenido de estos ritos, llegado el momento de abandonar el cuerpo, podría ser utilizado por el alma para tomar el control de su viaje y evitar, de esta manera, el camino que conducía al lúgubre reino de los muertos gobernado por Plutón y Perséfone.

---

9 Profecía del dios Proteo a Melenao. *La Odisea*, Homero.

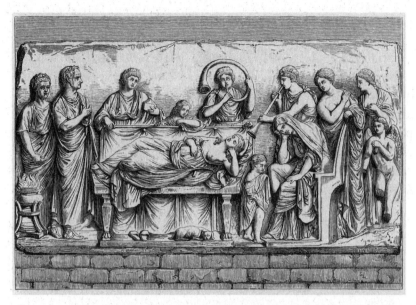

Funeral romano. Ilustración de «Historia de Roma» (1879), de Victor Duruy

En cuanto al pueblo romano, sabemos que su religión y sus ideas sobre la vida después de la muerte fueron construidas, inicialmente, a partir de las antiguas creencias etruscas. Pero, en cuanto Roma conquistó las tierras griegas, asumieron rápidamente todos los conceptos que allí encontraron. Desde el panteón de dioses, que fueron asimilados a las divinidades del Olimpo, hasta el modelo de más allá.

Las costumbres funerarias romanas también fueron resultado de la mezcolanza, aunque, en general, se ajustaban a la tradición griega: el cadáver tumbado en la casa con los pies hacia fuera, la llamada de los familiares por tres veces para asegurar que el difunto estaba realmente muerto, la moneda en la boca para pagar al barquero Caronte, las mujeres contratadas para llorar, el banquete, los juegos deportivos y otros muchos. Pero también aportaron nuevos ritos. Por ejemplo, se hizo popular que el cortejo fúnebre fuera seguido por danzantes y cómicos que imitaban la voz o el comportamiento del fallecido, haciendo bromas sobre él y contando chistes.

La despedida del difunto, como en el mundo griego, podía terminar en inhumación o incineración. El cuerpo o la urna con las cenizas eran colocados en un sepulcro bajo tierra, también acompañado de ciertos bienes que el muerto podría necesitar en la otra vida. Así mismo, el difunto pasaba a convertirse en un espíritu protector de la familia, una especie de divinidad doméstica. Eran los llamados *dioses Manes*. Por ello, era responsabilidad de sus congéneres realizar correctamente los rituales funerarios y mantener después vivo su recuerdo, haciendo periódicas ofrendas frente a la tumba o delante de las estatuillas portátiles que los representaban y que se conservaban en la casa. Si el fallecido no estaba contento con el trato, no solo no accedería a los ruegos de sus familiares, sino que podría castigarlos y maldecirlos desde el más allá:

> *Se honran las tumbas: aplacando a las sombras de los antepasados y llevando pequeños dones que se colocan sobre los sepulcros. Poco exigen los Manes: agradecen el afecto cual el don más preciado. El profundo Averno no tiene dioses codiciosos. Basta con cubrir la losa con coronas en su honor; basta esparcir trigo con sal, y pan mojado en vino y violetas deshojadas dentro de un tiesto dejado en la calle.*[10]

En verdad, el romano medio mostraba menos preocupación por el destino del alma después de la muerte que su homólogo griego. Su actitud era mucho más vitalista, dando más peso a la vida que a lo que supuestamente les esperaba en el otro lado. Tampoco ayudaba el hecho de que algunos de los grandes filósofos estuvieran en desacuerdo y no creyeran en la inmortalidad del alma. Además, los relatos de la mitología sobre el más allá no eran vistos como una fuente de información muy fiable, sino más bien como cuentos para niños. Un ciudadano escéptico, en una inscripción sobre su sepulcro, dejó el siguiente mensaje para los visitantes curiosos:

> *No desprecies lo que aquí hay escrito, viajero, sino detente y lee. No hay en el Hades ni barca de Caronte, ni guardián Eaco, ni can Cerbero. Todos cuantos descendimos muertos al infierno no somos más que ceniza y huesos.*

Por eso, la mayoría de las personas no prestaban atención a su comportamiento, pues a este no le atribuían la capacidad de definir el destino *post mortem*. Sin embargo, en general, la descripción

---

10   Ovidio. *Fastos.*

del más allá era prácticamente un calco del modelo griego. Este otro mundo era denominado *Averno* o *Inferi*. Sus monarcas eran los dioses Plutón y Proserpina; esta última, era una copia de la Perséfone griega.

Algunos romanos presintieron, como ciertos griegos, que lo que hacemos durante la vida física puede tener mucho que ver con la clase de lugar en el que acabaremos después de la muerte. No solo me refiero a la conducta, sino a determinadas prácticas de carácter espiritual que podrían ser claves para elegir nuestro propio destino. Por eso, en Roma también florecieron los cultos mistéricos. Los que más importancia dieron al comportamiento y a la moral fueron, sin duda, los misterios órficos. Según la leyenda, estos fueron fundados por Orfeo. Su doctrina se basaba en la idea de que el género humano fue creado utilizando, en parte, ceniza de los Titanes. Estos seres se habían rebelado contra las divinidades, y por eso fueron destruidos. Por tanto, los seres humanos contenemos una parte malvada.

El objetivo de los devotos de la religión órfica era alcanzar la inmortalidad en un lugar paradisíaco, muy distinto al Hades o al Averno. Para conseguirlo, era necesario combatir su herencia corrupta, procedente de los Titanes, mediante la corrección del estilo de vida. Por eso, los fieles vestían de manera humilde, no se contaminaban por el contacto con cadáveres y su proceder era bondadoso con los demás. El problema es que pocos podían mantener esta actitud durante toda una vida. Por tanto, según el orfismo, la mayoría de las personas estaban obligadas a regresar una y otra vez a un cuerpo físico diferente para continuar con la ardua tarea. Además de estas normas de conducta, los órficos asistían a secretos ritos en los que experimentaban la unión sagrada con su dios principal, Dionisos-Zagreo. Esto anticipaba el encuentro final que sus seguidores tendrían con la divinidad una vez concluido el ciclo de reencarnaciones.

EL MAPA JUDÍO

La evolución de las ideas de la religión hebrea sobre el otro mundo es verdaderamente interesante. En sus orígenes, no fue una cultura muy preocupada por la muerte. Creían que esta era el final de todo, pues no existía un más allá. Lo único importante era el aquí y el ahora. Los hebreos estaban concentrados solo en cumplir, en esta vida, las leyes que su dios les había entregado. Por eso, las primeras generaciones rezaban a Yahvé para que les alargase la vida lo máximo posible, ya que esta era la única existencia verdadera de la que disfrutarían. El Libro del Eclesiastés dice:

Aún hay esperanza para todo aquel que está entre los vivos; porque mejor es perro vivo que león muerto. Porque los que viven saben que han de morir; pero los muertos nada saben, ni tienen más paga; porque su memoria es puesta en olvido.[11]

El lugar al que iban los difuntos era llamado *Seol*. A pesar del uso que se le ha dado a este término, especialmente en círculos cristianos, este no era un cielo o un infierno. Ni siquiera se parecía al Hades griego. Originalmente, este término designaba simplemente el lugar de enterramiento. Pero, con el tiempo, pasó a ser considerado un estado permanente de inconsciencia; a veces, era comparado con el sueño profundo, pues los difuntos permanecían estancados, sin voluntad alguna. Esperaban en este estado de suspensión por toda la eternidad.

Al principio, los judíos no manejaban el concepto de alma, tal y como lo conocemos en la actualidad. Para ellos, el ser humano solo estaba compuesto por un cuerpo material, al que Yahvé insuflaba la vida a través de su aliento. Esta creencia se mantuvo durante muchos siglos, hasta que el mensaje de algunos profetas fue reinterpretado de forma errónea. Estos textos predicaban, en origen, sobre la inminente destrucción física de la nación de Israel a causa de las ofensas cometidas contra Yahvé; después anunciaban que, tras la devastación del reino, su mismo dios lo reconstruiría. Véase Isaías, Amós o Ezequiel, entre otros. Tiempo después, se comenzó a extender la idea de que el mensaje de estas profecías se refería, en verdad, a los seres humanos vistos individualmente y no a la comunidad de Israel como pueblo. Esto hizo surgir, por primera vez, la idea de supervivencia después de la muerte física. Antes, este concepto era desconocido entre los hebreos y de ahí se derivó la noción de resurrección. Uno de los pasajes proféticos más utilizados para justificar esta lectura tergiversada es este del profeta Ezequiel:

---

11 Eclesiastés 9:4

resurrección de los cuerpos en el día del Juicio Final. Sin embargo, otros estudiosos opinan que Jesús compartía, al menos en parte, las ideas de los esenios con respecto a la indestructibilidad del alma. El debate sigue abierto.

También se ha especulado mucho sobre la creencia en la reencarnación de los judíos de los tiempos de Jesús. Es cierto que hay algunos indicios, pero parece más bien que han sido malinterpretados por no tener en cuenta el contexto histórico y cultural. Por ejemplo, en una ocasión, Jesús habla así con sus discípulos:

> *Salieron Jesús y sus discípulos por las aldeas de Cesarea de Filipo. Y en el camino preguntó a sus discípulos, diciéndoles: ¿Quién dicen los hombres que soy yo? Ellos respondieron: Unos, Juan el Bautista; otros, Elías; y otros, alguno de los profetas.*[14]

Tanto Juan el Bautista como Elías ya habían fallecido. Esto podría interpretarse como que los seguidores de Jesús pensaban que este era la reencarnación de uno de aquellos profetas. Sin embargo, era habitual en la época *comparar* a determinados individuos con grandes personajes de la historia simplemente porque habían realizado hazañas similares. Seguramente, se decía que Jesús era Elías porque este último hizo llover, multiplicó la harina y el aceite de una viuda, resucitó a un niño, y otros muchos milagros más que tienen mucha relación con los protagonizados por Jesús. Era una forma de proclamar que Jesús era *el nuevo Elías*. Lo mismo sucede con Juan el Bautista.

Otro de los argumentos a favor de la creencia en la reencarnación en los tiempos de Jesús se ha querido ver en este pasaje del Nuevo Testamento:

> *Al pasar Jesús, vio a un hombre ciego de nacimiento. Y le preguntaron sus discípulos, diciendo: Rabí, ¿quién pecó, este o sus padres, para que haya nacido ciego?*[15]

En aquella época, se pensaba que la enfermedad era un castigo divino, consecuencia de las faltas cometidas contra Dios. Los judíos

---

14 Marcos 8:27-28.
15 Juan 9:1-2.

que acompañaban a Jesús sospechaban que aquel hombre era ciego por sus pecados. El problema es que el relato deja claro que ese hombre era *ciego de nacimiento*. Así que, de haber incurrido en alguna ofensa contra Yahvé, esta debería haber tenido lugar antes de su nacimiento. Por tanto, de ahí deducen algunos que el pueblo creía en algún tipo de reencarnación. El razonamiento es bastante débil.

¿Qué ocurrió después con el movimiento que fundaron los seguidores de Jesús? ¿Aceptaban la reencarnación? No parece. Por ejemplo, los tres evangelios sinópticos cuentan que el profeta Elías se le apareció a Jesús, durante su Transfiguración:

Seis días después, Jesús tomó a Pedro, a Jacobo y a Juan su hermano, y los llevó aparte a un monte alto; y se transfiguró delante de ellos, y resplandeció su rostro como el sol, y sus vestidos se hicieron blancos como la luz. Y he aquí les aparecieron Moisés y Elías, hablando con él.[16]

Si los seguidores de Jesús hubiesen creído que este era la reencarnación de Elías en el sentido literal del término, no habrían relatado este suceso.

Solo encontramos indicios de esta doctrina en épocas muy posteriores. Especialmente, en algunos escritos gnósticos, como los de Orígenes. La corriente vencedora, llamada *literalista* (porque se ajustaba estrictamente a los textos canónicos, sin interpretaciones), fue por otro lado. En definitiva, la idea sobre el más allá que triunfó en el cristianismo se basaba en la existencia de un alma inmortal que sobrevive a la muerte. Esta será juzgada en un juicio individual inmediatamente después del fallecimiento. Según el veredicto, el difunto será conducido al cielo o al infierno. Ya conocemos este esquema.

Aunque en sus inicios, el cielo y el infierno cristianos fueron considerados como lugares puramente espirituales, pronto se comenzó a especular con la posibilidad de que estos mundos estuvieran situados en algún punto geográfico. Esta moda cogió fuerzas, sobre todo, a partir del Renacimiento. Dante, en su *Divina Comedia* (siglo XIV d. C.), situaba los infiernos bajo la ciudad de Jerusalén, organizado en terrazas concéntricas. Hombres de ciencia y filósofos elaboraron mapas detallados del más allá, algunos de ellos con medidas

---

16 Mateo 17:1-3.

VENITE. BENEDICTI. PATRIS. MEI. IN. REGNVM. ÆTERNVM.
ITE. MALEDICTI. PATRIS. MEI. IN. IGNEM. SEMPITERNVM.

*«El Juicio Final» (1558). Grabado de Pieter van der Heyden sobre
un cuadro de Pieter Brueghel el viejo*

exactas de sus dimensiones. El mismo Galileo se atrevió a poner números. Otros llegaron a calcular la cantidad exacta de demonios que poblaban el infierno o cuántos condenados cabían en él.

Con el paso de los siglos se abandonó esta conceptualización materialista y todo volvió a su cauce. El otro mundo volvió a ser colocado, de nuevo, en una dimensión paralela. Esta sería invisible al ojo humano e incomprensible a la mente racional. Tal idea continuó evolucionando hasta llegar a la versión oficial que en la actualidad defiende el Vaticano: que el cielo y el infierno no son lugares geográficos, ni siquiera son lugares espirituales. *No son lugares*, en cualquier caso. La doctrina reciente es que son *estados del alma*. El cielo es la condición de las consciencias que, gracias a su buen comportamiento, disfrutan de la compañía de Dios. El infierno es, por el contrario, el estado anímico y espiritual de las almas que están tan alejadas de Dios que saben que jamás gozarán de su presencia. Esta concepción del más allá como *estado de consciencia* se acerca, claramente, a las creencias del budismo, y está en total consonancia con lo que atestiguan los soñadores lúcidos modernos y otros exploradores de la consciencia.

En la religión islámica, la idea del más allá sigue un modelo similar al de los judíos fariseos: un único juicio final para todos los fieles y la resurrección de los cuerpos al final de los tiempos. El difunto permanece como dormido en el sepulcro entre el momento de la muerte y el comienzo del juicio. En algunos textos piadosos fuera del Corán se dice que, mientras este instante llega, el arcángel Gabriel despierta a cada uno de los fallecidos para conducirlos al otro mundo de manera temporal. A los justos, se les enseña el paraíso al que van a acceder después del juicio. A los malvados, el infierno. Luego, tras un breve recorrido, son devueltos a la tumba. En el juicio, dos ángeles, de nombres Munkar y Nakir, se aparecen al muerto y le realizan un cuestionario sobre el islam, sobre el profeta Mahoma y otros asuntos religiosos. Si supera el examen, entonces es llevado al paraíso. Si no, al infierno.

Algunas descripciones del más allá islámico tienen influencias del zoroastrismo. Se dice que el muerto debe pasar por el puente *As-Sirat* que, para los impíos, se va haciendo cada vez más estrecho hasta convertirse en un filo, como el de un cuchillo. Al final, acaba cayendo al infierno, llamado *Yahannam*, donde le espera el fuego eterno. Por el contrario, para el justo, el puente permite un agradable paseo que conduce a *Yanna*, el jardín del paraíso, repleto de fuentes de agua fresca, ricos alimentos y bebidas:

Ríos de aguas incorruptibles, ríos de miel y de vino purificado, ríos de leche inalterable. En aquellos jardines cantarán los pájaros; descansarán los bienaventurados unos frente a otros sobre altos colchones, cojines y alfombras; y no les rozará el cansancio ni serán arrojados jamás.[17]

Además de inmensos placeres, los hombres son recompensados con bellas esposas. Estas mujeres, llamadas *huríes*, son descritas como entidades sobrenaturales creadas expresamente por Alá:

Los casaremos con mujeres de grandes ojos modestos, a quienes habremos dado vida con nueva creación, haciéndolas vírgenes, semejantes a perlas escondidas (…).[18]

17 Cita de *El Corán*.
18 Ibid.

Aunque en Occidente pensamos que el asunto de las vírgenes y el paraíso musulmán tiene mucho de contenido sexual, no es cierto. Para el islam, formar una familia es uno de los gozos más importantes de la vida. Por eso, Alá prometía proporcionar esposas, a las que daba vida directamente en el más allá, para facilitar el matrimonio a todos los que, por alguna razón, no hubieran podido consumar uno en vida. No obstante, estas mujeres también eran entregadas a hombres que habían muerto casados con varias esposas. Pero no puramente para satisfacer sus impulsos, sino para completar la familia en el contexto de su poligamia.

Con este brevísimo repaso a los más interesantes modelos de más allá, terminamos nuestro recorrido histórico. Por supuesto, hay otros muchos esquemas, procedentes de otras culturas milenarias, que no podemos analizar aquí por cuestión de espacio: el modelo taoísta, el hindú, el maya, el azteca o el inca. Remito al lector a la literatura especializada, ya que es muy abundante.

LOS PRIMEROS EXPLORADORES, CON NOMBRES Y APELLIDOS

La figura del viajero del más allá, como persona individual que emprende una expedición de carácter espiritual hacia el otro mundo, aparece en casi todas las culturas. En ocasiones, los relatos de estos aventureros ayudaron a configurar la estructura del otro mundo según el sistema de creencias correspondiente. En otros casos, la descripción ya estaba establecida desde hacía largo tiempo, así que estos exploradores aparecieron solo para corroborarla.

Hemos comentado previamente que el primer concepto complejo sobre el más allá nació en los pueblos chamánicos y animistas. Los brujos de estas comunidades exploraban el mundo de los espíritus mediante el control de los sueños (los denominados sueños lúcidos o viajes fuera del cuerpo) y el acceso a estados profundos de consciencia (danzas, música rítmica y consumo de plantas sagradas). Los ritos de iniciación que los convertían en maestros de este arte solían incluir ceremonias específicas donde experimentaban una muerte prematura, pasando casi siempre por un desmembramiento. Esta experiencia, que es común a casi todas las culturas chamánicas, es básicamente un sueño lúcido en el que el chamán siente que es despedazado en miles de trozos, manteniendo la consciencia en cada una de esas pequeñas partículas[19]. Dado que esto es lo que creían que pasaba tras la muerte, quedaban después habilitados para viajar al mundo espiritual. Allí realizaban curaciones, obtenían información o rescataban almas retenidas en las dimensiones no físicas.

Es en la época histórica cuando empezamos a conocer los nombres propios de algunos de estos viajeros. Uno de los primeros textos relata el viaje de Kumma, un príncipe del reino de Asiria, a las regiones infernales. Kumma viajó gracias a lo que parece ser un sueño lúcido. También conservamos historias de excursiones al cielo, donde moran los dioses. Por ejemplo, el vuelo de Etana, rey de Kish, que llegó montado sobre un águila, y el viaje del sabio Adapa, sacerdote de la ciudad de Eridu.

En Grecia, algunos de sus mitos narran las historias de mortales que entraron en el mundo de los muertos y regresaron de él. Uno de los más famosos es el relato de Orfeo, de quien ya hemos hablado. Su esposa Eurídice fue mordida por una serpiente y murió. Orfeo, desesperado, viajó al Hades. Burló la vigilancia del perro Cerbero, de tres cabezas, que impedía la entrada a los vivos. Orfeo, que era un excelente músico, tocó su lira para adormecerlo. Después, penetró en el salón del trono y rogó a Plutón y Perséfone que liberaran a su amada. Les pidió que le devolvieran la vida hasta que la suya propia llegara a su fin. Así, gozarían juntos de unos años adicionales. Luego, se entregarían voluntariamente al Hades, a donde todos los hombres pertenecen. Mientras les contaba esto, Orfeo deleitaba sus oídos con maravillosos acordes. Los dioses, extasiados por tan bella melodía, aceptaron, pero con la condición de que Orfeo no volviese la vista atrás para mirar a su esposa hasta no haber salido completamente del Hades. Entonces, los dos emprendieron el camino de regreso. Orfeo, lleno de amor hacia Eurídice, no pudo contenerse y giró su rostro para contemplarla. En ese instante, una poderosa fuerza arrastró a la mujer de vuelta al más allá.

También Heracles protagonizó una expedición al otro mundo. En este caso, para cumplir el último de sus famosos doce trabajos:

---

19 Esta experiencia de desmembramiento y muerte es bastante común entre los soñadores lúcidos modernos. Yo mismo pasé por ello hace muchos años y fue una experiencia que cambió mi forma de entender la vida. Narro este evento en mi libro *Los sueños lúcidos. Una realidad alternativa*.

Orfeo y Eurídice escapando del Hades. Grabado de Marcantonio Raimondi, s.XVI

capturar a Cerbero, el perro guardián del Tártaro. Como vemos, los griegos, además de creer en la posibilidad de contacto con los espíritus de los muertos por la mediación de brujos y médiums, no descartaban la posibilidad de que una persona viva entrase en el más allá, de alguna manera, y regresase de allí con importantes conocimientos. Pero no creamos que todo esto es una mera suposición, basada únicamente en leyendas. Tenemos noticias de históricos exploradores del más allá, como Hermótimo de Clazómenas, de quien se decía que se tumbaba en un diván y salía de su propio cuerpo para visitar el mundo de los espíritus. Mientras hacía esto, su cuerpo permanecía en un estado cataléptico, hasta que su consciencia regresaba a la realidad física. En una de esas ocasiones, mientras Hermótimo se desplazaba por las otras dimensiones, su mujer, que no debía de quererlo mucho, mandó quemar su cuerpo para que nunca pudiera volver a este mundo. Otros hombres, como Aristeas y Epiménides, compartían la misma habilidad. No olvidemos tampoco los ritos mistéricos, tan de moda en aquellos tiempos en el mundo grecorromano, y a los que ya me he referido. En ellos, los iniciados eran sometidos a ciertos rituales secretos cuyo fin era visitar el otro mundo. Así, se acostumbraban a las sensaciones y percepciones de la muerte. De esa manera, aumentaban las posibilidades de reconocer el instante del tránsito y, por tanto, de controlar el trayecto hasta el destino deseado.

En Egipto, los viajeros fueron, probablemente, los sacerdotes y, quizás, algún faraón. Como ya narré en mi obra sobre los sueños lúcidos, es razonable pensar que el *Libro de los Muertos* fue el resultado de las exploraciones que ciertos hombres emprendieron hacia el otro mundo. El erudito Jeremy Naydler, por ejemplo, ha recogido múltiples argumentos que parecen indicar que los sacerdotes responsables de la ceremonia de la apertura de la boca del faraón fallecido realizaban algún tipo de viaje espiritual partiendo de los ciclos del sueño[20]. El objetivo sería reconocer el terreno y advertir a los dioses de la inminente llegada del monarca.

La antigua China también dio interesantes expedicionarios del más allá. Los escritos taoístas recogen historias de sabios y emperadores que eran capaces de ascender a las regiones celestiales montados en diversos animales, como grullas, dragones o tigres[21]. También podían viajar tras ejecutar ciertos rituales secretos que empleaban las estrellas de alguna manera que ahora ya no entendemos[22]. Por ejemplo, un texto del siglo XII d. C. narra la historia de Chien-Pu, un sabio que, literalmente, «era capaz de emitir su propio espíritu, obteniendo así una información acerca de las cosas que ocurrían en otro lugar». Son, evidentemente, la reelaboración de viajes auténticos en otros estados de consciencia; quién sabe si ayudados por sustancias enteogénicas o utilizando el mundo de los sueños. En otros casos, los relatos proceden de lo que ahora denominamos experiencias cercanas a la muerte.

En el hinduismo, los sabios empleaban una sustancia, llamada *soma*, que les permitía viajar fuera de sus cuerpos hacia las otras realidades. Se dice que, del conocimiento obtenido en esas exploraciones, fueron creadas las prácticas de yoga en sus diferentes ramas. No sabemos con seguridad qué componentes tenía el *soma*, pero se piensa

---

20 Jeremy Naydler. *Shamanic Wisdom in the Pyramid Texts.*
21 Por ejemplo, el tratado *Baopuzi*, escrito por Ge Hong en el siglo IV d. C.
22 Sobrevive en la actualidad una antigua ceremonia del siglo X d. C. que usa la constelación de la Osa Mayor para trasladar a los practicantes hasta el paraíso.

que alguna sustancia con efectos psicoactivos. Quizás fuera la amanita muscaria, la seta alucinógena más potente.

En el Irán anterior a la reforma de Zaratustra, existían hermandades de guerreros-exploradores que, también bajo los efectos de la amanita muscaria o del beleño, accedían al mundo de los muertos. Kirdir, un sacerdote del imperio persa, nos cuenta en un texto cómo proyectaba su alma para visitar el cielo y el infierno. Pero la más famosa de todas las exploraciones en el mundo persa fue protagonizada por un hombre llamado Viraz[23], aunque sus descripciones están claramente influenciadas por la reciente religión de Zaratustra.

En la órbita hebrea, hombres destacados como Enoc, Abraham o Moisés experimentaron frecuentes sueños lúcidos en los que conversaron con ángeles y con la divinidad. Estos relatos fueron recogidos en complejos textos denominados *apocalipsis* que influyeron fuertemente en el cristianismo primitivo. El misticismo judío de la Cábala también aportó mucho a la descripción del más allá. Prácticas secretas, como la *merkabah* (también denominadas *tareas de la carroza*), fueron el origen de importantes textos que contienen minuciosas descripciones de esos mundos paralelos accesibles a la consciencia humana.

En el islam, los viajes ultramundanos fueron inaugurados por su profeta fundador, Mahoma. En uno de los relatos sagrados se cuenta que el profeta estaba durmiendo y fue despertado por un misterioso hombre. Este individuo lo condujo a la cima de una montaña. Allí le regaló una impactante visión sobre el cielo y el infierno. Después, Mahoma tuvo un encuentro con importantes profetas judíos, como Jesús, Abraham o Moisés. En otros textos, no fue uno, sino que fueron dos los guías de Mahoma: el arcángel Gabriel y al arcángel Miguel. Estos lo transportaron milagrosamente a Jerusalén. Allí, subido a la burra alada Buraq, emprendió el vuelo hacia el más allá. Además del profeta Mahoma, otros sabios hombres musulmanes afirmaron haber visitado el paraíso y el infierno. Por ejemplo, el maestro sufí Abu Yazid Al-Bistami (siglo ix d. C.).

También hubo exploradores en el ámbito cristiano. No los mencionaré, porque la mayoría de los relatos son un mero panegírico de la doctrina católica del momento. Un caso aparte es *La Divina*

---

23 *Libro de Arda Viraz*, siglo vi d. C.

Comedia de Dante. Esta obra continúa fascinándonos con sus misterios. Detrás de las críticas que Dante vierte sobre muchos personajes famosos de la historia, podemos encontrar símbolos numéricos, referencias a ciclos cósmicos y motivos astrológicos. ¿Fue este texto compuesto después de una experiencia mística sufrida por el autor como un viaje fuera el cuerpo, o no es más que el compendio de reproches políticos que han visto muchos analistas?

Los personajes anteriores son tan solo un pequeño ejemplo de la ancestral y perenne curiosidad del ser humano por conocer su destino después de la muerte. Algunas de las narraciones de estos viajes son bellísimos textos desde el punto de vista literario. Pero, desafortunadamente, no aportan demasiada información fiable sobre lo que ocurre en el otro mundo. ¿Por qué? Porque la verdad está oculta tras capas y capas de pintura de camuflaje. ¿En qué consiste este revestimiento? Sabemos que las antiguas descripciones del más allá están plagadas de detalles añadidos artificialmente. Su objetivo era reforzar las normas de comportamiento que mantenían el orden social. Es decir, eran una herramienta de propaganda. Las exploraciones en el mundo cristiano describen el más allá según su dogma; las exploraciones taoístas explican el más allá según su filosofía. Y así con todas las religiones y culturas. Por ejemplo, en la religión persa de Zaratustra una mujer solo puede alcanzar el cielo si es totalmente dócil y obedece a su marido. Este criterio de selección no procede, pues, de una exploración directa del más allá, sino de normas morales propias de su tiempo.

Las otras fuentes de información: los exploradores modernos

Sí, tengo un alma. He abandonado mi cuerpo muchas veces
y he sido totalmente consciente de mi dualidad.
El viaje astral. Experiencias fuera del cuerpo. Oliver Fox

Existen descripciones sobre el más allá que son mucho más coherentes que las que podemos encontrar en los textos sagrados de muchas religiones antiguas. Me refiero a las historias de exploradores modernos que aseguraron haber viajado al otro mundo gracias a experiencias visionarias, sobre todo sueños lúcidos o experiencias fuera del cuerpo. Otros relatos parecidos proceden de personas que han sufrido una experiencia cercana a la muerte. Estas fuentes de información son más sugestivas, pues no parten del intento de controlar a la sociedad. Al menos, son el resultado de experiencias conocidas que han sido profusamente estudiadas. Por eso merecen ser escuchadas.

¿Son los sueños lúcidos y experiencias fuera del cuerpo una herramienta de exploración del más allá?

El sueño lúcido o experiencia fuera del cuerpo[24] es un fenómeno muy frecuente que les ocurre, de manera inesperada, a muchas personas a lo largo del mundo. El evento consiste en un despertar dentro del

---

24 Por mi experiencia y la opinión de otros muchos investigadores modernos, el sueño lúcido y la experiencia fuera del cuerpo son la misma experiencia, a la que se le ha dado dos nombres distintos en dos épocas diferentes. Para mayor clarificación sobre este asunto y sobre esta experiencia en general, se puede consultar mi obra *Los sueños lúcidos. Una realidad alternativa* (2019), publicado en esta misma editorial.

propio sueño ordinario. Es decir, el individuo se encuentra soñando una noche cualquiera y, por ciertas razones, adquiere la lucidez suficiente dentro de su mundo onírico para reconocer que ha llegado hasta allí a través de un sueño. En ese instante, la realidad que la persona atestigua deja de ser un sueño normal para convertirse en una experiencia totalmente física, igual que si estuviera despierto en este mundo de vigilia. La clave de este fenómeno es que comienza siendo un sueño, *pero termina siendo una realidad alternativa para el que lo experimenta.*

Algunos aseguran haber encontrado la manera de controlar y producir esta experiencia a voluntad, gracias a la aplicación de determinadas técnicas. La mayoría de ellos lo logran *aprendiendo a dormir conscientemente.* Esto significa que dejan que su cuerpo físico se abandone al sueño, mientras que su mente permanece medianamente despierta. Este es un equilibrio muy delicado, pero claramente posible. Cuando alcanza este estado, *denominado cuerpo dormido-mente despierta,* el sujeto deja de percibir su dormitorio y comienza a integrarse en un entorno diferente, que se siente como totalmente físico. En ocasiones, esa segunda realidad es una réplica de la habitación de donde procedía, pero eso únicamente ocurre en un porcentaje pequeño de los intentos. En la mayoría de las ocasiones, el viaje comienza en una realidad desconocida.

¿Por qué se produce esta experiencia? No lo sabemos con seguridad. Desde luego, lo que sí sabemos es que no puede explicarse con el «modelo del fantasma». Ciertamente, como ya expuse en mi anterior obra sobre los sueños lúcidos, no tenemos pruebas de que el ser humano esté compuesto de diversos cuerpos energéticos conducidos por la consciencia o mente. En efecto, este paradigma afirma que nuestra consciencia permanece habitualmente en el *interior* de nuestro cuerpo físico para percibir esta realidad. Y que, durante el sueño y otras experiencias como el sueño lúcido o la experiencia fuera del cuerpo, la consciencia se traslada, como si cambiara de traje, a otro segundo cuerpo para desenvolverse en las realidades alternativas. Este vehículo ha recibido el nombre, en algunas corrientes espirituales, de *cuerpo astral.* Pues bien, como he dicho, no hay ningún indicio en las prácticas de los soñadores lúcidos modernos que nos lleve a pensar que esto funciona así. Más bien hay pruebas en contra, y bastante sólidas. Pero no podemos entrar a debatirlas aquí por cuestiones de espacio.

El modelo que mejor parece encajar con estas experiencias es el modelo de la *consciencia-radio*. Según este, la mente o consciencia humana funcionaría como un aparato radiofónico. Así como este es capaz de sintonizar diferentes cadenas o frecuencias, modificando un potenciómetro, así nuestra consciencia puede apuntar a una realidad u otra de todas las existentes en el universo. Es decir, la consciencia humana tendría la facultad de crear y destruir realidades completas desde el punto de vista perceptivo.

Pues bien, tenemos abundantes indicios de que las experiencias fuera del cuerpo y los sueños lúcidos permiten recopilar datos fidedignos de la realidad física. Son muchos los casos de personas que han tenido, por ejemplo, una experiencia fuera del cuerpo cuando estaban siendo sometidos a una operación quirúrgica y que han regresado con información contrastable imposible de conocer por medios ordinarios. En estos relatos, el individuo se ve fuera de su cuerpo y puede observar con todo detalle la escena que se está desarrollando en el quirófano. Tras regresar a la consciencia de vigilia, describe objetos situados fuera del campo de visión de su cuerpo físico tumbado en la camilla. Así mismo, es capaz de explicar con detalle las conversaciones que los médicos estaban manteniendo durante la operación. Todos estos datos pudieron ser corroborados después. ¿Cómo podemos explicar todo esto?

Una de las interpretaciones racionales se apoya en la posibilidad de que el cerebro humano pueda procesar sonidos mientras se encuentra inconsciente o en coma. Y eso aclararía, sin necesidad de recurrir a otros argumentos, que el paciente recuerde detalles de las conversaciones. Pero esto no es exacto: no es que la persona recuerde extractos de los diálogos entre los enfermeros y los médicos como si los hubiese escuchado desde la distancia, ¡son testigos de toda la escena como si hubieran estado totalmente conscientes y despiertos en el mundo físico! Es decir, no solo han escuchado: han contemplado *visualmente* la escena desde otra perspectiva espacial. Además, si solo fuese cuestión de oído, ¿por qué el enfermo es capaz de describir objetos que no están ni siquiera al alcance de la visión de los médicos? Estos eventos continúan siendo recopilados por sanitarios y pacientes alrededor de todo el mundo.

Los investigadores Sylvan Muldoon y Hereward Carrington publicaron relatos como este ya en las décadas de los años veinte y los treinta del siglo pasado. He aquí un ejemplo. Se trata del caso de la señora H. Schmid:

Hace unos diez años fui sometida a una intervención quirúrgica en un hospital de aquí. Tras la operación, aunque durante los efectos de la anestesia, parte de mi cuerpo se proyectó...Había concluido la operación y me sentía desesperadamente mal...Tras la operación me colocaron en una habitación privada. Mi esposo y una enfermera especial estaban sentados junto a mí, uno a cada lado del lecho...Yo estaba todavía inconsciente por el éter y mi cuerpo parecía exánime...De repente vi al médico de cabecera entrar en puntas de pie a mi habitación. No dijo una palabra y con un dedo en sus labios sugirió silencio; luego movió su mano para indicar que volvería otra vez.

Cuando llegó a la puerta, ¡me incorporé y le hablé! Pero, por supuesto, él no me oyó... Después, cuando desperté físicamente y me hallé en mis cabales, mi esposo, la enfermera y el doctor no podían entender cómo supe que alguien había estado en la entrada ni cómo lo identifiqué con claridad, ya que yo estaba físicamente inconsciente y mis ojos estaban cerrados y en visión invertida, y él (el médico) no había hecho ruido.[25]

Hay quien podría explicar esta experiencia de la señora Schmid argumentando que quizás ella creía que estaba totalmente inconsciente pero que no lo estaba del todo. Así que podría haber abierto los ojos parcialmente y haber visto algo. Pero esta mujer no dice tal cosa. Ella no vio formas borrosas. Ella contempló claramente una escena como si estuviera físicamente despierta, pero proyectada fuera de su propio cuerpo.

La literatura especializada ha inventariado miles de casos como este en todo el mundo. Algunas de estas «proyecciones» ocurrieron por efecto de la anestesia, otras por una muerte aparente y otras por el dolor extremo sufrido durante un accidente. No tienen explicación, si no es asumiendo que la consciencia humana es capaz de desplazarse a otros estados desde los que puede contemplar otras realidades.

El sueño lúcido también fue empleado como herramienta de obtención de información en el programa secreto de visión remota del ejército de los Estados Unidos, en los años 80. Este proyecto fue creado para desarrollar las capacidades psíquicas de un grupo de soldados con el fin de utilizarlas en el espionaje durante la Guerra Fría.

---

25   Sylvan Muldoon y Hereward Carrington. *Los fenómenos de la proyección astral.*

Relato uno de estos experimentos con sueños lúcidos, realizado en el Instituto de Investigaciones de Stanford (SRI) en mi libro sobre la visión remota:

> En 1986, el doctor Stephen LaBerge, basándose en el trabajo de Hearne, comenzó a realizar investigaciones muy importantes sobre los sueños lúcidos en la Universidad de Stanford. Esta universidad quedaba precisamente frente al SRI, donde se estaban desarrollando las pruebas de visión remota. Ambas instituciones y sus responsables decidieron organizar ensayos conjuntos desde la realidad onírica.
>
> Para dichos experimentos seleccionaron al agente psíquico 001, Joe McMoneagle. Este fue entrenado en las técnicas de sueños lúcidos por el experto psicólogo LaBerge. En el primer ensayo, McMoneagle debía entrar en un sueño lúcido y darse la orden de viajar a la réplica onírica de otra habitación contigua. En ese lugar había sido colocado un sobre con una fotografía en su interior, elegido al azar de entre un grupo de ellos. Después de percibir su contenido, McMoneagle debía avisar desde el sueño lúcido con el fin de ser despertado, siguiendo los experimentos de Keith Hearne y el tendero Alan Worsle. La aplicación de determinadas técnicas lo llevó fácilmente a tener un sueño en el que montaba en una bicicleta sobre un camino embarrado. En un momento del sueño, gracias a su entrenamiento, recordó que estaba soñando. Adquirió consciencia y el sueño ordinario se convirtió en un sueño lúcido. Acto seguido, pensó en la misión: viajar al paisaje representado en la fotografía oculta dentro del sobre. Entonces cerró sus ojos «oníricos», deseando fuertemente aparecer en el lugar de la imagen, fuese el que fuese. Instantáneamente, el escenario cambió y se transformó en unas vistas típicas del sur de Alemania: un valle rodeado por montañas, praderas y bosques, y una cabaña en el centro. Cuando sintió que había memorizado los detalles del lugar, dio el aviso al exterior y fue despertado por Stephen LaBerge en el laboratorio. Rápidamente comenzó a dibujar lo que había presenciado. Para sorpresa de todos, el boceto era una copia exacta de la fotografía escondida dentro del sobre.[26]

Pero todos estos casos solo demuestran que la exploración de la realidad física de vigilia es posible, al menos parcialmente, desde la realidad de los sueños lúcidos. Entonces ¿qué hay de la exploración

---

26 Enrique Ramos. *La visión remota. Del espionaje psíquico a las aplicaciones civiles.*

de las realidades más allá de la muerte? ¿Es también viable investigar este plano partiendo desde el mundo onírico, si uno es capaz de mantener la lucidez? Este es un asunto muy complejo. En cierto sentido, es verdad que la subjetividad interpreta un papel importante en la información que se recaba en sueños lúcidos. En dicha experiencia, la consciencia toma datos de algún lugar (no específicamente de la memoria) y crea el entorno. ¡Pero esto no es diferente de lo que hacemos cada día al despertar! Efectivamente, tomemos una noche cualquiera. Mientras permanecemos en fase de sueño profundo, no existe la realidad física de nuestra habitación, pues nuestra mente la ha destruido horas antes, en el momento de conciliar el sueño. Cuando la persona despierta puede hacerlo en dos direcciones diferentes. Una de las alternativas es despertar de nuevo en nuestro mundo físico cotidiano, lo que implica reconstruir el mismo escenario de todos los días. La otra opción es despertar *dentro de nuestro propio sueño*, reconstruyendo una realidad diferente. Esto es lo que llamamos sueño lúcido. Por lo tanto, el mundo físico que generamos cada mañana como si fuera nuevo, tiene el mismo nivel de veracidad que las realidades que confecciona la experiencia del sueño lúcido o la experiencia fuera del cuerpo, ya que ambos tienen que ser recreados continuamente. En los dos casos, despertar por las mañanas al mundo físico y despertar dentro del propio sueño, *la operación es puramente subjetiva o puramente objetiva, según se mire*.

Por tanto, si hay un mundo esperándonos después de la muerte, este debe necesariamente ser una creación de las consciencias humanas, subjetivo y objetivo a la vez. Y, al menos, sería susceptible de ser visitado mediante la experiencia del sueño lúcido. Esto es lo que todas las culturas del planeta, repito, *todas las culturas del planeta*, vienen diciendo desde hace milenios. Personalmente, creo que no pueden estar equivocadas. Los chamanes antiguos fueron los primeros en descubrirlo. Y, después de ellos, otros muchos personajes históricos aprovecharon esta experiencia para explorar las realidades más allá de la vida física. Aunque, en épocas remotas, esta habilidad ni siquiera tenía un nombre definido.

También tenemos el testimonio de muchos soñadores lúcidos modernos. Ellos describen el encuentro con familiares fallecidos durante sus viajes. A veces, estas experiencias son espontáneas; otras son perfectamente planificadas y controladas. Las conversaciones con mi abuelo, ya relatadas, son un buen ejemplo de ello. Pero ¿qué indicios tenemos de que estos encuentros estén ocurriendo verdaderamente entre una persona físicamente viva y el componente indestructible de otra persona que ha sobrevivido a la muerte, aunque dicho encuentro tenga lugar en una realidad paralela? Sabemos que los sueños lúcidos son, para el protagonista, una experiencia tan real como un evento que podría ocurrir estando físicamente despiertos, pero esto no excluye que el contacto con los difuntos sea producto de la creatividad de la consciencia del experimentador. Así como en los casos de quirófano puede comprobarse posteriormente que la información aportada por el paciente sobre aspectos no evidentes del entorno físico cercano es correcta, con el asunto de los fallecidos sucede algo parecido. En ocasiones, durante la conversación con un familiar fallecido, el experimentador recibe una información que no conocía previamente. Y, lo más importante, esta información puede ser corroborada más tarde. Solicitar una información secundaria que pueda luego ser contrastada es una buena práctica que se usa en el procesamiento de datos, cuando se manejan diferentes fuentes de información. En efecto, cuando se duda de la fiabilidad de un canal, después de preguntar la cuestión que nos interesa, se realiza una pregunta de control. Se trata de un dato sobre cualquier asunto, a veces banal, que nosotros no sabemos, pero cuya veracidad pueda ser comprobada después. Si se demuestra que esa información complementaria es correcta, la respuesta a la pregunta principal debería ser también acertada. Tras los encuentros que tuve con mi abuelo, por ejemplo, pude verificar que el dormitorio de su juventud tenía las características que él mismo me había descrito. Esto no tiene nada que ver con la cuestión del más allá, pero si esto fue cierto, yo debería confiar en el resto de las cosas que me contó. Si, por el contrario, mi madre no hubiera ratificado tal descripción, lo sensato hubiera sido recelar de la totalidad de la conversación entre mi yo onírico y la manifestación de mi abuelo fallecido. Personas de todo el mundo han vivido circunstancias similares.

Además de los soñadores lúcidos anónimos, no debemos olvidarnos de los famosos exploradores del siglo XX d. C. Por ejemplo, Sylvan Muldoon, el investigador que realizó el primer estudio serio, tan temprano como en 1929, cuando todavía hablar de sueños lúcidos o proyección astral era algo casi prohibido. En su libro *La proyección del cuerpo astral*, ofrece razonamientos de sobra para no dudar de esta experiencia. Como dice, aunque la puerta de entrada a este fenómeno son los ciclos del sueño, los sueños lúcidos o proyecciones astrales no son un sueño, sino un viaje a una realidad alternativa:

El argumento es este: «pues bien, Ud. puede haber soñado todo eso. En su sueño Ud. puede haber creído que se hallaba plenamente consciente». Pero este es el reverso del razonamiento correcto. Bien puede suceder que en un sueño ignore un individuo que se halla inconsciente, pero cuando posee conciencia, entonces sabe positivamente que no está soñando. ¿Por qué? Simplemente porque poseemos un claro discernimiento del presente y del pasado cuando nos hallamos conscientes. Por eso debe descartarse desde ya la idea de que la proyección astral consciente pueda ser una reminiscencia onírica.

Con mucho acierto, ruega al lector que no crea en nada, sino que experimente por sí mismo. Si uno tiene un sueño lúcido controlado, sus dudas se disiparán para siempre. Por tanto, es mejor no desgastarse buscando argumentos a favor y en contra, sino que se trata, simplemente, de practicar:

Aunque, según dije antes, no soy lo bastante optimista para creer que muchos habrán de leer lo que he escrito desprovistos de prejuicios, sí creo, en cambio, que nadie que ponga a prueba, cabal y conscientemente, los métodos por mí proporcionados, habrá de fracasar en su tentativa.
Hay que evitar abrir juicio sobre el libro apoyándose en la razón solamente. Hay que juzgarlo por la experimentación. No quiero que nadie acepte mi palabra como prueba suficiente de lo que afirmo. Lo repito: hay que experimentar (…). Y esto es todo cuanto pido del lector: que él mismo se convenza de la verdad de mis afirmaciones dejando de lado la razón y ciñéndose a la experiencia. Mi esperanza es que todos aquellos que tengan éxito, aun los que solo alcancen resultados secundarios (siguiendo el método aquí estipulado) me hagan conocer esos resultados como testimonio de la realidad de la proyección astral.

Otro de los mejores investigadores sobre este fenómeno, Robert Monroe, fundador del Instituto Monroe, cree que esta experiencia es la prueba más sólida que tenemos de la supervivencia de la consciencia después de la muerte:

Una experiencia controlada de salida del cuerpo es el medio más eficiente que conocemos para recopilar lo Conocido, y crear una Visión de Conjunto

Diferente. Primero, y quizás lo más importante, es que entre lo que tene-mos por Conocido está la supervivencia de la muerte física. Si existe una manera mejor que una salida del cuerpo para saber que esto ocurre, no solo esperándolo y teniendo fe, o creyéndola, sino sabiéndolo, lo desconocemos. Todos quienes llegan a ser ni que sea medianamente eficientes en la salida del cuerpo pronto llegan a esa etapa de conocimiento. Además, esta supervi-vencia tiene lugar lo quieras o no, y sin relación con lo que hacemos o somos en la vida física. No hay ninguna diferencia. La supervivencia del yo más allá de la existencia física es un proceso natural y automático. Nos pregun-tamos cómo pudimos nunca haber llegado a estar tan limitados en nuestro pensamiento (...). Piensa en cómo este conocimiento, que no es creencia ni fe, afectaría a tu propio modelo de vida, el conocimiento de que realmente eres más que tu cuerpo físico, que realmente sobrevives a la muerte física. Estos dos Desconocidos convertidos en Conocidos, sin condiciones ni contingencias, ¡menuda diferencia haría![27].

No quiero olvidarme del trabajo del científico Charles Tart, pro-fesor de psicología de la Universidad de California. Fue uno de los mayores defensores de la experiencia fuera del cuerpo como herra-mienta de obtención de información. Actualmente está considera-do como uno de los mejores expertos en el estudio de los estados alterados de consciencia. Todas sus obras y artículos de investiga-ción intentan conciliar los principios de la ciencia con la realidad de los fenómenos de la percepción extrasensorial. Sus conclusiones son apasionantes. Según Tart, los seres humanos funcionamos habitual-mente en dos estados básicos: la vigilia y el sueño, pero existen otros muchos que están infrautilizados, como el sueño lúcido o la expe-riencia fuera del cuerpo. El patrón de ondas cerebrales de cada uno de estos estados tiene sus propias particularidades, lo que les habi-lita para acopiar datos procedentes de diferentes tipos de realidad. Tart afirma que cada estado de consciencia es como si fuese una red de pescar de una clase específica. Algunas redes de pesca tienen los espacios vacíos entre los hilos más grandes que otras redes, en fun-ción del tamaño de los peces que con su diseño se pretende captu-rar. El ser humano, por analogía, dispone también de diferentes es-tados de consciencia para atrapar distintos tipos de información.

---

27   Robert Monroe. *El viaje definitivo.*

El estado de consciencia de la vigilia nos permite conocer y analizar el mundo físico, pero no los datos de otro «tamaño» diferente. Digamos que la vigilia es, por tanto, como una red con los huecos muy grandes que solo puede apresar a los mayores pescados. Sin embargo, deja pasar a los peces más pequeños. Así como una red con espacios grandes no es afectada por el movimiento de los peces de menor tamaño, porque la atraviesan sin tocarla, la percepción de la vigilia no es capaz de detectar una gran parte de la información disponible, aunque esta esté literalmente enfrente. Por tanto, a cada tipo de información le corresponde un tipo de estado de consciencia y viceversa. Por eso, debemos abandonar la idea de que los sentidos físicos puedan ser una herramienta para la exploración del otro mundo. Para Charles Tart, el sueño lúcido o experiencia extracorporal es el mejor estado de consciencia para esta tarea: es la red con los agujeros apropiados.

¿SON LAS EXPERIENCIAS CERCANAS A LA MUERTE UNA HERRAMIENTA DE EXPLORACIÓN DEL MÁS ALLÁ?

Son miles los casos de personas que, en las últimas décadas, han regresado a la vida después de una muerte clínica. Pero este fenómeno no es nuevo. En la Antigua Grecia, Platón (siglo IV a. C.) narró uno de los casos más trillados en la literatura especializada. Me refiero a la historia de Er, que incluyó en su obra *La República,* en la que un hombre es golpeado en la cabeza durante una batalla y, como consecuencia, tiene una experiencia cercana a la muerte, en la cual recorre el más allá y regresa para contarlo. El historiador Plutarco (siglo I d. C.) también cuenta el relato de un hombre llamado Arideo, que cae desde un alto y sufre un duro impacto en el cráneo. Las personas que lo encuentran lo dan por muerto y se disponen a enterrarlo. Pero al tercer día, despierta y cuenta a todos que ha visitado el otro mundo.

Dentro del mundo cristiano, algunas exploraciones del cielo y el infierno que ocurrieron como resultado de experiencias cercanas a la muerte fueron recogidas por el papa Gregorio I, como la historia del soldado Esteban que visitó el más allá mientras su cuerpo había ya fallecido. O la experiencia cercana a la muerte de un niño en el siglo XII d. C., narrada en la Visión de Alberico de Monte Cassino.

El sacerdote Beda el Venerable narra la experiencia cercana a la muerte de Drythelm de Cunningham y las experiencias fuera del cuerpo de Furseo el Irlandés. En un texto titulado Visio Tnugdali, un monje del siglo XII d. C. llamado Marcus recoge el viaje extracorporal de un noble de nombre Tundal que sufre una experiencia cercana a la muerte. La visión que tuvo del infierno cambió su vida: hizo que regalase todas sus posesiones e ingresara en un monasterio.

Pero es en la actualidad cuando hemos sido capaces de recopilar datos concretos y sacar conclusiones interesantes. Los relatos modernos de experiencias cercanas a la muerte fueron promocionados por estudiosos como el doctor Raymond Moody, quien escribió varios libros sobre el asunto. En ellos, podemos leer las más variadas experiencias. En realidad, gracias a estos estudios, comprobaremos que no existe un único patrón común. Es cierto que hay ciertas coincidencias, pero son escasas. Por ejemplo, en algunos relatos, la persona se encuentra rodeada de una luz maravillosa mientras descansa en un profundo estado de paz. A continuación, viaja por un conducto o túnel. Entonces, un ser de luz, un ángel, un dios o un familiar fallecido aparece para recibirlo y darle un mensaje; habitualmente, el sujeto recibe la orden de regresar a su cuerpo físico porque *su tiempo aún no ha llegado*. Luego, es conducido a un lugar donde puede revisar las acciones realizadas en su anterior vida física y así aprender de sus errores. Pero, en otras ocasiones, el protagonista aparece en un espacio totalmente oscuro, vacío e increado. Siente mucha tranquilidad, pero nada más ocurre. Se sabe fuera del reino de lo físico, pero no recibe ninguna visita ni atraviesa un túnel. En otros casos, la experiencia cercana a la muerte consiste únicamente en una experiencia fuera del cuerpo, en la que el sujeto se ve flotando sobre la cama del hospital o la camilla de operaciones del quirófano; entonces, ve y escucha a los médicos y enfermeras hablando sobre diversos asuntos. Y, por último, en otras narraciones, el protagonista tiene un viaje aterrador, como si se tratara de una pesadilla. Como vemos, no hay un esquema definido. ¿Es morir una experiencia positiva o, por el contrario, se trata de algo nocivo? ¿Hay seres que nos dan la bienvenida o estamos totalmente solos? Esta disparidad en los relatos ha hecho que algunos investigadores no tengan en cuenta esta experiencia como una prueba auténtica de la supervivencia de la consciencia y que la consideren una alucinación producida por los procesos químicos del cerebro que está a punto de colapsar.

Pero si analizamos estas narraciones y las comparamos con las exploraciones del más allá que realizan algunos soñadores lúcidos, comprobaremos que se parecen mucho. En los sueños lúcidos también se producen encuentros con seres de luz o con familiares difuntos. También es frecuente que un soñador lúcido aparezca en un lugar absolutamente oscuro, sin iluminación. O que sienta una profunda paz espiritual. Sabemos también que, en el sueño lúcido, el pensamiento es capaz de moldear la realidad circundante. Si esta experiencia parte de un estado de tristeza o ansiedad, produce entonces eventos estremecedores. Estos y otros muchos detalles, como las sensaciones, la manera de desplazarse o la forma de percibir hacen que nos planteemos que *las experiencias cercanas a la muerte sean, en verdad, un tipo de sueño lúcido o experiencia extracorporal.* Varios estudiosos, como Robert Monroe, han afirmado que ambos fenómenos *parecen ser uno y lo mismo*[28]. Monroe afirmaba que:

> *Otras salidas del cuerpo ocasionales ocurren durante lo que se considera periodos de inconsciencia ocasionados por un accidente o herida. La mayoría de estos se categorizan como sucesos anómalos y son escondidos en la memoria como aberraciones, o como algo que en realidad «no ha ocurrido». Nuestros sistemas de creencias no permiten que sea de otra manera. Algunas de las salidas del cuerpo espontáneas más impactantes son ahora identificadas como «experiencias cercanas a la muerte». Repito que estas ocurren con frecuencia, generalmente durante la cirugía con anestesia.*[29]

Precisamente, algunos continúan argumentando que estos dos fenómenos no tienen relación entre sí, ya que el sueño lúcido o experiencia fuera del cuerpo solo es accesible desde los procesos del sueño y, sin embargo, la experiencia cercana a la muerte es consecuencia de un acontecimiento traumático. ¡Pero esto es cierto! Aunque los sueños lúcidos y las experiencias fuera del cuerpo pueden ser provocados a voluntad si uno tiene el entrenamiento correcto, sabemos que también pueden ser el resultado de una enfermedad, un traumatismo físico, el efecto de la anestesia en el quirófano o de la ingestión de determinadas sustancias psicoactivas. Además de Monroe, los pioneros en la investigación de este fenómeno, Sylvan Muldoon y Hereward

---

28 Robert Monroe. *Far Journeys.*
29 Robert Monroe. *El viaje definitivo.*

El viaje fuera del cuerpo de Furseu. Grabado del libro
«Año santo benedictino» (1710)

Carrington, también estaban convencidos de esto a principios del siglo xx. En su libro *La proyección del cuerpo astral*, Muldoon dice:

(…) No debe suponerse que la proyección solo tiene lugar durante el sueño natural. También puede producirse cuando el sujeto se halla prácticamente en cualquier estado de inconsciencia. Cuando el sujeto presenta un estado

patológico, especialmente aquellos estados que suponen necesidad de reposo o sueño, no solo puede ocurrir la proyección, sino que es frecuente que tenga lugar.

Además de sus propios viajes, pues era un asiduo practicante de la proyección astral, Muldoon recogió en sus obras muchos casos de personas anónimas que se vieron sorprendidas por una experiencia de proyección de la consciencia. Algunas ocurrieron, por ejemplo, consecuencia de un golpe:

Un vecino mío, de setenta años de edad, cuya casa puedo ver desde donde escribo estas líneas, me relató un episodio que no era sino un caso de proyección astral efímera e instantánea de tipo consciente.

Un día de invierno se había dirigido en su trineo al bosque en busca de leña. En el camino de regreso venía sentado al tope del trineo cargado. Durante todo el tiempo caía una persistente nevisca que dificultaba la visibilidad. Sin previo aviso un cazador (que acertaba a pasar por el camino) descargó su rifle contra una liebre. Los caballos, espantados, se dieron a la fuga volteando el trineo y arrojando a su conductor de cabeza contra el suelo.

Cuando me contó el accidente me expresó que no bien acababa de tocar tierra cuando tuvo conciencia de hallarse parado contemplando su propio ser tirado inmóvil, cerca del camino, boca abajo en la nieve. Pudo ver la nieve cayendo a su alrededor, el trineo, los caballos, el cazador que se precipitaba hacia él. Todo esto no ofrecía ningún género de dudas: pero lo que desafiaba su entendimiento era el hecho de haberse convertido de pronto en dos seres distintos, pues por entonces creía estar observando todo cuanto acontecía desde otro cuerpo físico.

Otras personas le enviaron cartas donde le narraban experiencias fuera del cuerpo provocadas por una enfermedad:

Una noche me desperté con fuertes calambres en las piernas. Salí de la cama, pero, hiciera lo que hiciese, el dolor no cedía. Era tan intenso que debí caer al suelo, inconsciente. El ruido de la caída despertó a mi esposa, quien llamó a mis dos hijas, que se hallaban en el cuarto anexo (...) cuando mi cuerpo físico quedó yacente, y mi esposa e hijas trataron de incorporarme, mi ¡yo consciente las observaba por encima del hombro de mi esposa! ¡Y yo sonreía ante sus aparentemente vanos esfuerzos! En ese instante ambos cuerpos parecieron unirse o fundirse nuevamente, y de inmediato pude hablar, moverme

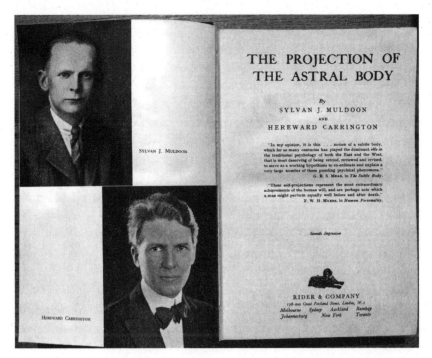

*Sylvan Muldoon y Hereward Carrington, en la portada de
su libro «La proyección del cuerpo astral»*

e incorporarme, aunque me sentía espantosamente débil. Narré a mi esposa e hijas lo que sucedió, pero, por supuesto, no comprendieron que pudiera ocurrir algo semejante.

En otros casos, el fenómeno era causado por una fuerte impresión o susto. El caso del doctor Marcinowski es muy revelador. Este neurólogo paseaba con su bicicleta cuando sufrió un tropiezo. La bicicleta volcó y él se golpeó contra el suelo. Sin embargo, a diferencia de lo que le sucedió al cazador del relato anterior, aquí la experiencia fuera del cuerpo se produjo justo antes del impacto; es decir, fue provocada por el miedo que sintió al darse cuenta de que iba a caerse:

Mi conciencia se descubrió fuera de mi cuerpo físico y quedó a una distancia de dos pies del lugar en el que, en ese instante, fui presa del terror. Con relativa calma y muy definidamente vi mi yo físico desde donde yo estaba, precisamente detrás. Vi mi espalda y la parte posterior de mi cabeza, y la rueda trasera de la bicicleta; vi todo (vale decir, mi yo físico, sobre la bicicleta) lanzándose adelante.

Por último, las experiencias cercanas a la muerte también se parecen a los sueños lúcidos en que producen un impacto intenso en las personas que las sufren. Muchas veces, la conmoción da paso a un cambio de vida. La persona no vuelve a ser la misma. Los asuntos espirituales cobran mucha importancia, y crece la empatía hacia otros seres vivos. Se pierde el miedo a la muerte y se siente la necesidad de contar su historia a otros. En algunas ocasiones, los sujetos desarrollan capacidades extrasensoriales. Todas estas circunstancias, y muchas otras, ocurren como consecuencia de ambos fenómenos. Si hubiera que destacar alguna diferencia, esa sería la duración del evento. En las experiencias cercanas a la muerte, la exploración se queda a las puertas, ya que la persona se ve obligada a regresar rápidamente a la realidad física. Los soñadores lúcidos, por el contrario, al tener control sobre su propia lucidez, pueden prolongar el viaje hasta obtener información más detallada.

Si aceptamos, por tanto, la hipótesis de que una experiencia cercana a la muerte es un subtipo de sueño lúcido, entenderemos por qué hay tanta diversidad de detalles en los relatos de los diferentes individuos. Sabemos actualmente que el fenómeno de los sueños lúcidos depende, en gran medida, del sistema de creencias de la persona. Lo mismo sucede en las experiencias cercanas a la muerte. Mi opinión es que el sujeto está viviendo acontecimientos y percibiendo lugares que son, perceptivamente, pura energía, si se me permite emplear esta palabra tan desgastada. Es decir, en un primer momento la persona se enfrenta a una realidad desnuda, sin formas definidas. En el instante siguiente, la consciencia reinterpreta todo dándole la apariencia de cosas conocidas de la realidad física. Por eso, tanto los soñadores lúcidos como los protagonistas de las experiencias cercanas a la muerte acaban percibiendo objetos cotidianos como puertas, edificios o montañas. Pero, ciertamente, en el otro mundo no hay puertas, ni edificios, ni montañas. Pero no las hay ni en las realidades alternativas ni en esta realidad física. Todo es fabricado por nuestra consciencia. Lo que sucede es que hay una percepción primera (la realidad cruda hecha de pura energía) y una percepción segunda y definitiva fruto de la interpretación (la realidad hecha de objetos). Por eso, solo hay una aparente subjetividad. Para acceder a la percepción primera de un sueño lúcido o de una experiencia cercana a la muerte, libre de la interpretación, debemos considerar la importancia de lo que yo he llegado a definir como el concepto de *sentido* o *función*. Se debe reflexionar sobre el sentido, cometido o función que tienen los objetos que han sido observados en estas experiencias. Por ejemplo, imaginemos que un soñador lúcido decide viajar al más allá y percibe un edificio que le recuerda a una biblioteca antigua. Entra y encuentra miles de libros, de diversas materias. Asumamos ahora que este lugar no es algo que ha sido fabricado por su mente, sino un elemento que existe independientemente de él mismo como observador. Si otro soñador lúcido viajara al mismo sitio debería informar de esa misma biblioteca. Sin embargo, el segundo dice que ha visto una construcción parecida a una escuela. Un tercer individuo podría ver un edificio semejante a un templo griego, lleno de pergaminos ordenados en estanterías. El primer explorador deduciría, entonces, que en el más allá hay bibliotecas. El segundo no estaría de acuerdo y diría que allí lo que hay son escuelas. Y el último estaría convencido de que lo que allí hay son templos. ¿Quién tendría razón? Todos y ninguno. La manera de averiguar lo que está pasando ahí es remitirse al concepto de *sentido* o *función*, como he dicho. ¿Para qué sirven una biblioteca, una escuela y un templo repleto de pergaminos? ¿Cuál es su *sentido*? La *función* de todos estos lugares es ofrecer conocimiento. Por tanto, la única información que podríamos sacar de los tres testimonios anteriores es que en el más allá hay, supuestamente, espacios dedicados al aprendizaje. Esta forma de interpretar las otras realidades es la que emplean los soñadores lúcidos experimentados. Y es como se deberían analizar también las experiencias cercanas a la muerte, no en su literalidad, sino en su objetividad relativa.

En definitiva, la disparidad de datos en las experiencias cercanas a la muerte no significa que estas sean alucinaciones, sino que *son consecuencia de la dificultad que tiene la mente racional para asimilar los objetos y escenarios que el individuo atestigua*. Es un proceso de traducción de las energías y formas incomprensibles a las que el protagonista se enfrenta, proceso que continúa hasta conformar un relato construido por objetos cotidianos.

El único problema que tienen las experiencias cercanas a la muerte, como fuente de información para entender el más allá, es que los datos que aportan son muy limitados. Tengamos en cuenta que esta experiencia solo abarca la primera fase del tránsito *post mortem*. El sujeto no tiene tiempo de explorar aquellos ámbitos, pues es obligado a regresar *rápidamente*. Sería como afirmar que haber estado en el porche de una casa nos hace conocer el edificio entero. La experiencia cercana a la muerte tampoco puede ser considerada como una herramienta de investigación útil para utilizarla bajo demanda, pues se produce solo en circunstancias de extremo peligro para la vida física. Sin embargo, algunos ven viable un peligroso experimento que, bajo control médico, podría reproducir el estado límite entre la vida y la muerte. El objetivo sería emplear dicho estado para realizar un viaje de exploración. Este es precisamente el argumento de la película *Línea mortal*[30], estrenada en 1990. El título en inglés es *Flatliners*, que puede ser traducido como *Los que se mueven por la línea plana*, en alusión a la raya horizontal del encefalograma de una persona en muerte cerebral. En este filme, un grupo de jóvenes estudiantes de medicina se propone realizar un arriesgado ensayo en el que uno de ellos es sometido a cierta medicación para provocar su muerte. El resto de los compañeros se encargan de controlar sus funciones vitales, midiendo muy bien los minutos en que el voluntario permanece en ese estado con el fin de que no sufra después daños cerebrales irreversibles. Antes de llegar a este punto, el equipo debe realizar las maniobras de recuperación para traerlo de vuelta a la vida física. Mientras tanto, el sujeto del experimento habrá ya explorado el más allá y, al regresar, podrá contarlo. Cuando comprueban que el primer experimento tiene éxito, organizan otros nuevos, pero cada vez más largos.

Es evidente que, aun siendo algo posible, no es una práctica ética. Tampoco es muy efectiva, ya que solo un porcentaje pequeño de las personas que regresan a la vida tienen una experiencia cercana a la muerte. Es decir, la mayoría no recuerda nada. Además, por razones evidentes, la resucitación no está nunca asegurada; y, si se logra, es probable que queden secuelas.

LAS CINCO FUENTES REBELDES

En un momento dado de mi búsqueda personal, me embarqué en la investigación de fuentes de información alternativas que no estuvieran influidas por las viejas premisas adquiridas de las fuentes

---

30 Película dirigida por Joel Schumacher y protagonizada por Kiefer Sutherland, Julia Roberts, Kevin Bacon, William Baldwin y Oliver Platt.

tradicionales y de la literatura de la Nueva Era. Y encontré cinco. Cuatro de ellas procedían de exploradores que habían empleado su propia consciencia como medio de transporte para llegar hasta el mundo después de la muerte, tal y como hicieron los antiguos descubridores cuando viajaban en barco para atravesar los océanos desconocidos. La quinta fuente era un investigador que, partiendo de la historia de las religiones, había encontrado una nueva interpretación de los antiguos textos. Todas ellas fueron responsables de elaborar cinco modelos sobre el más allá totalmente originales, que distan mucho de los monótonos esquemas que aún siguen apaciguando nuestro miedo a la muerte. Por eso, consideré que debían ser rescatados del olvido.

La valía de las *cinco fuentes rebeldes*, como yo las denomino, reside en el hecho de que sus aportaciones superan la doctrina de la *puerta principal* que proponen casi todas las religiones y filosofías espirituales del pasado. ¿A qué me refiero con esto? A las dos premisas que dominan nuestro concepto de más allá. Primero, la idea de que la muerte es igual para todos los seres humanos. Y, en segundo lugar, el convencimiento, totalmente pesimista, de que nadie, a nivel individual, puede hacer nada por cambiar la premisa número uno. Los cinco informantes rebeldes, cuyo pensamiento analizaremos en las siguientes páginas, apoyaron la existencia de *puertas traseras* o *puertas de emergencia* en el proceso de supervivencia de la consciencia después de la muerte. Estas rutas o salidas alternativas permitirían al ser humano tomar el control de su viaje por el otro mundo para escoger el destino que cada uno desee y evitar así el final para el que hemos sido, aparentemente, diseñados según las religiones tradicionales. Usar estas puertas de emergencia es a lo que yo denomino *escapar de la muerte*, es decir, eludir el destino común de los seres humanos.

Cada una de las fuentes rebeldes difiere de las otras cuatro, fundamentalmente, en la combinación de vidas físicas y vidas *post mortem*, tanto su número como su duración. El primer informante rebelde defiende que los seres humanos disfrutamos de una sola vida en el plano físico y de una sola vida eterna en el más allá. Se trata del sueco Emanuel Swedenborg. Este hombre sabio del siglo XVIII d. C. era, en sus inicios, un fanático defensor del método científico para explorar el concepto de realidad. Pero, un día, con más de cuarenta años cumplidos, sufrió una profunda crisis existencial a raíz de una serie de experiencias espirituales impactantes. Entonces, comenzó un nuevo periodo en su vida en el que los sueños lúcidos y experiencias fuera del cuerpo cambiaron su concepto del más allá para siempre.

Tras Swedenborg, hablaré de las conclusiones a las que llegó Robert Monroe, el pionero en la investigación de las experiencias fuera del cuerpo en la primera mitad del siglo xx d. C. En sus fascinantes viajes en este estado de consciencia visitó otras realidades diferentes del mundo físico que lo llevaron a establecer una nueva teoría sobre el funcionamiento de la vida después de la muerte. Monroe también creía que solo tenemos una vida física y una sola vida en el más allá. Pero, a diferencia de Swedenborg, la vida después de la muerte no sería permanente, sino provisional.

En tercer lugar, nos sumergiremos en el budismo. Pero no en cualquier rama. Nos centraremos en el budismo tibetano. Su propuesta es que el ser humano pasa por muchas vidas físicas, pero ninguna permanente en el más allá. Aunque estas circunstancias, según esta corriente del budismo, pueden ser superadas si uno conoce las técnicas adecuadas. Pocas religiones, si exceptuamos el Antiguo Egipto, se han preocupado tanto por estudiar seriamente tales cuestiones. En este caso, no podemos hablar de un único explorador de la consciencia, pues el conocimiento sobre el más allá que esta filosofía de vida ha conservado en sus escritos es el resultado de los viajes ultramundanos de muchos monjes budistas anónimos a lo largo del tiempo.

El psicólogo Peter Novak será nuestro cuarto protagonista. Este estudioso de las religiones antiguas desarrolló, hace unos años, la denominada *teoría de la división de la consciencia*. Según los descubrimientos de Novak, la consciencia humana sufriría un proceso de separación en dos partes independientes justo después de la muerte. Esta ruptura tendría consecuencias serias para nuestro bienestar en el otro mundo, porque cada una de las partes seguiría un camino diferente. Conocer este proceso implica poder evitarlo. La teoría de la división de la consciencia considera que disfrutamos de muchas vidas físicas y de muchas vidas en el más allá. Pero estas últimas serían vidas vacías. Es decir, sin contenido original; algo parecido a la existencia de un fantasma encerrado en su castillo, que repite eternamente los mismos comportamientos automáticos.

Por último, nos sumergiremos en las seductoras teorías del antropólogo Carlos Castaneda, quien defendía que solo disfrutamos de una vida física, y de una vida breve y temporal en el más allá. Castaneda dijo haber encontrado un sistema diferente de cognición en una tradición milenaria de chamanes del antiguo Méjico, que propone un panorama poco halagüeño para la supervivencia del yo tras la muerte, visto como consciencia individual. Pero que, por contra, descubrió innovadoras técnicas para burlar ese fatídico destino.

¿Estamos ya dispuestos a descubrir, una a una, todas estas fascinantes propuestas? ¿Comenzamos?

Una sola vida física y una sola vida eterna en el más allá.

Cómo influir en nuestro destino después de la muerte según el cristianismo de Emanuel Swedenborg

> *A menudo se me ha permitido ver todo esto cuando estaba en el espíritu y por tanto fuera de mi cuerpo y en compañía de los ángeles.*
> *Del Cielo y del Infierno.* Enmanuel Swedenborg

La mayoría de las religiones de la humanidad ofrece un modelo similar de más allá. El esquema es simple: vivimos una única vida física, aquí en la Tierra, y, cuando fallecemos, nuestra alma, espíritu o consciencia viaja a otra realidad donde residirá para siempre. La calidad de esta segunda existencia quedará determinada por la conducta moral que hayamos seguido durante nuestra vida previa. En definitiva, casi todos los modelos se reducen a la existencia de un paraíso, al que uno va si se ha portado bien, y de un infierno, en el que ingresamos si hemos actuado en contra de las normas de nuestra religión.

El modelo que promueve el cristianismo es, posiblemente, el que más ha influido en el inconsciente de los países occidentales. Aunque es cierto que ciertas ramas del cristianismo manejan este esquema con matices. Por ejemplo, para las iglesias que se adhieren a las ideas originales defendidas por san Pablo, la resurrección no es un fenómeno etéreo que nos transportará a otra dimensión en un segundo cuerpo sutil: la resurrección es un evento totalmente físico. Esto es, creen que, al final de los tiempos, Dios despertará a los muertos y

Retrato de Emanuel Swedenborg sosteniendo su manuscrito de su libro «Apocalipsis Revelata» (c. 1766), del pintor Krafft el viejo. Museo Nacional de Estocolmo

los sacará literalmente de sus tumbas *con nuevos cuerpos materiales.* Lo mismo les sucederá a los que sigan vivos cuando llegue ese momento. Dios no les hará pasar por la muerte, sino que los enviará directamente al paraíso[31]. También las corrientes gnósticas tuvieron sus propias peculiaridades; ya comentamos que algunos investigadores han creído encontrar en ellas rastros de la doctrina de la reencarnación.

Sin embargo, un explorador cristiano lo cambió todo: Emanuel Swedenborg, un hombre culto que, en el siglo XVIII d. C. se rebeló contra la visión tradicional que tenía la Iglesia sobre el más allá. Aunque construyó su modelo partiendo de la habitual estructura cielo-infierno, aportó información valiosísima y totalmente revolucionaria. Él mismo cuenta cómo se indignaba al recordar las ideas que la jerarquía eclesiástica había extendido entre los feligreses a lo largo de los siglos:

> *En la actualidad los hombres de Iglesia no saben prácticamente nada sobre el cielo y el infierno o la vida después de la muerte, aunque existan descripciones comprensibles de todo ello en la Palabra. Incluso muchos que han nacido en la Iglesia niegan esas realidades, preguntándose en lo más profundo de sí mismos quién ha vuelto de allí para hablarnos de ello.*[32]

---

31 Es lo que se denomina la *doctrina del rapto.*
32 Emanuel Swedenborg. *Del Cielo y del Infierno.*

Precisamente, Swedenborg, una mente científica bien formada, afirmaba en sus libros que él mismo había viajado al más allá y había regresado de allí en innumerables ocasiones. En el lenguaje actual, diríamos que Swedenborg fue un soñador lúcido del siglo XVIII d. C. que dedicó gran parte de sus experiencias a la exploración del mundo que nos espera después de la muerte. Con las conclusiones de su investigación armó un completo modelo del mundo espiritual que jamás ha podido ser igualado en complejidad y riqueza. Lo más destacado de su legado es que el conocimiento transmitido no surgió de la elucubración intelectual, sino de la pura experimentación personal. Por eso, sus narraciones, cuando uno las lee, suenan a verdad.

En realidad, Swedenborg no es ningún personaje marginal. Más bien al contrario. Su pensamiento ha influido en grandes personajes de la historia, como el poeta Gérard de Nerval, el escritor Jorge Luis Borges, el poeta y pintor William Blake, el dramaturgo Honoré de Balzac, el poeta Charles Baudelaire o el filósofo y estudioso del islam, Henry Corbin. No tengo reparos en reconocer que, tal y como propuso el escritor Jorge Luis Borges, precursor del realismo mágico en la literatura, Swedenborg debería ser tratado como uno de los más importantes pensadores de la historia de la humanidad. Así lo describió Borges en uno de sus sonetos:

Más alto que los otros, caminaba
aquel hombre lejano entre los hombres;
apenas si llamaba por sus nombres
secretos a los ángeles. Miraba
lo que no ven los ojos terrenales:
la ardiente geometría, el cristalino
edificio de Dios y el remolino
sórdido de los goces infernales.
Sabía que la Gloria y el Averno
en tu alma están y sus mitologías;
sabía, como el griego, que los días
del tiempo son espejos del Eterno.
En árido latín fue registrando
últimas cosas sin por qué ni cuándo.[33]

---

33   Jorge Luis Borges. *El otro, el mismo.*

Estoy plenamente de acuerdo: después de haber buceado en su inmensa obra literaria, creo que Swedenborg era un genio. Desafortunadamente, aún está por descubrir.

UNA VIDA EN PERMANENTE BÚSQUEDA: DE CIENTÍFICO A MÍSTICO

La familia de Emanuel Swedenborg vivía en Estocolmo, Suecia. Su padre, Jesper Swedberg, era obispo de la iglesia luterana. Era un hombre bueno, íntegro y de mucha fe. Pero no de una fe teórica, sino una fe enfocada a servir a los demás. Esto no era nada habitual para la época. Además de unas sólidas creencias, el obispo Swedberg tenía la capacidad de recibir mensajes desde otras realidades. Afirmaba estar en contacto con ángeles y demonios desde que tuvo un accidente en su juventud. Cuenta en su autobiografía que un día se cayó en la rueda de un molino. Pero salió indemne. Esto lo llevó a convencerse de que un ángel lo había protegido. Después de este incidente, comenzó a estudiar los textos religiosos en mayor profundidad, buscando sentido a lo que le había sucedido. Desde aquel momento, relata que comenzó a sentir la presencia de ángeles, con los que podía mantener conversaciones.

Su hijo Swedenborg nació en 1688. El nombre de Enmanuel, que significa *Dios está con nosotros*, fue elegido por el padre para agradecer la protección divina de la que había disfrutado durante todos esos años. Cuando Swedenborg comenzó sus estudios, se inclinó por las ciencias, especialmente matemáticas y astronomía. Para ampliar su competencia académica, viajó a Inglaterra. Swedenborg soñaba con codearse con las principales figuras de la Royal Society, donde se cocía gran parte del conocimiento científico de Europa. Especialmente, deseaba conocer a Isaac Newton, que ya era todo un personaje de la época. Y, al menos, consiguió asistir a reuniones de personas que se movían en su círculo. Pero quedó un tanto defraudado. Consideraba que algunas de las ideas que circulaban en los foros científicos ingleses estaban ya desfasadas o eran patentemente erróneas. Así que decidió completar su formación en los Países Bajos y Francia. En seguida, comenzó a interesarse por la ingeniería. Diseñó diversos artefactos, como un submarino que botó en el río Támesis, un vehículo volador, un puente levadizo o un reloj de agua.

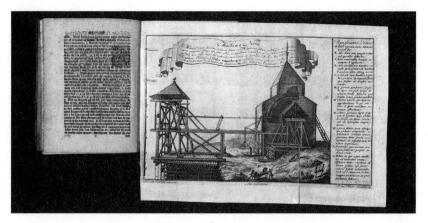

Uno de los inventos de Swedenborg, del libro «Daedalus Hyperboreus, o algunos nuevos experimentos matemáticos y físicos», Upsala 1716-1717

Swedenborg emprendió sus propias investigaciones científicas de una manera muy personal, sin asociarse con otros científicos de su época. Lo hacía de esta forma porque se sentía intelectualmente superior a todos sus colegas. Su orgullo creció hasta tal punto que comenzó a menospreciarlos públicamente. Llegó a exigir a las autoridades que a algunos de ellos, con nombres y apellidos, se les bajara el sueldo en las universidades donde trabajaban. En ocasiones, reclamaba los puestos ajenos para sí mismo, porque decía que solo él merecía estar en esa o aquella posición de prestigio. O solicitaba a la dirección de las universidades que crearan una nueva cátedra o un cargo especial que estuviese a la altura de su genio sin par. En definitiva, acabó convirtiéndose en un científico pedante y una persona bastante insoportable, devorado por su desmedido carácter competitivo. Ni que decir tiene que perdió muchos amigos.

Como nadie aceptaba sus demandas, la emprendió contra la comunidad científica de su propio país, Suecia. Aseguraba públicamente que esta estaba aún en pañales y que necesitaba aprender de las novedades que llegaban de otros países europeos. Intentó crear una sociedad científica a imagen de la Royal Society de Londres y la Académie Royale de París, idea que fue tomada como un insulto por el colectivo científico sueco. Como era de esperar, no obtuvo ningún apoyo para su empresa. Ni siquiera su padre accedió a ayudarlo económicamente.

Sin embargo, Swedenborg, a pesar de su escasa habilidad para conservar amistades, se ganó el favor del hombre más poderoso de

Suecia: el nuevo rey Carlos XII. Este monarca era un hombre muy culto. Amaba las ciencias, en especial las matemáticas. Cuando supo de la existencia de un científico con ese carácter tan arrollador, hizo llamarlo. Deseaba mantener con él una conversación interesante. Quedó muy sorprendido de los conocimientos de Swedenborg, así que comenzó a organizar charlas periódicas con él. Poco después, el rey decidió apoyarlo en algunos de los proyectos que había tenido que abandonar por falta de fondos. También ordenó que le dieran un puesto en la Junta de Minas, a pesar de que no tenía ninguna experiencia en minería y que no había hecho ningún mérito para llegar hasta allí, a diferencia del resto de directivos de esta institución. A partir de ahí, comenzó a disfrutar de una vida mucho más estable, al menos desde el punto de vista financiero. Pero seguía sin sentirse realizado como científico. Por eso, a la vez que desempeñaba sus funciones en la Junta de Minas, avanzaba en sus investigaciones personales. Publicó varios escritos teóricos sobre matemáticas, biología o ingeniería. Para mejorar sus conocimientos, solicitó al rey poder viajar a otros países. La excusa era visitar diferentes minas, pero su verdadera intención era hacer nuevos contactos entre las más importantes figuras europeas de la ciencia y presentarles sus conclusiones.

Pero, unos años después, el rey falleció. Swedenborg conservó su puesto y su sueldo, pero perdió todos los apoyos para continuar con sus proyectos de ingeniería. Estos, ya sin el patrocinio real, empezaron a ser rechazados por los estamentos universitarios. Todos dejaron de escucharlo en el mundo académico. Desafortunadamente, Swedenborg no llegaba a comprender la razón de este aislamiento, ya que se consideraba a sí mismo como un puntal de la ciencia. Lo que se negaba a ver es que esta situación no tenía nada que ver con su talento, sino con su insufrible personalidad, dominada por el orgullo y la soberbia.

Hasta ese momento, Swedenborg no había mostrado ningún interés por la religión ni por otras corrientes espirituales, al menos en su obra escrita. Y, eso, a pesar de que había crecido en un ambiente muy religioso. Recordemos que su padre era obispo. Su casa familiar era famosa en Estocolmo por organizar los más prestigiosos debates teológicos, que su padre Jesper Swedberg promovía entre los intelectuales de la ciudad. Sabemos que Swedenborg, cuando vivía en la casa familiar, había participado en las charlas con pastores luteranos, donde se discutía sobre los evangelios y otros asuntos del mundo espiritual. En realidad, el problema no es que no le interesasen los asuntos religiosos en general, sino que el luteranismo reinante en Suecia y en casi todo el norte de Europa no era de su agrado. Los textos eran interpretados exclusivamente en su sentido más literal, no dejando escapar su verdadero significado. Pero lo que más molestaba a Swedenborg es que, en el cristianismo luterano de aquellos tiempos, la fe era valorada muy por encima de las obras. Para decirlo de una manera más sencilla, se creía que la salvación solo dependía de aceptar la historia que cuentan los evangelios. Es decir, bastaba con creer en la figura histórica de Jesús como mesías e hijo de Dios. El comportamiento moral apenas tenía valor. Esto provocó, como respuesta, el surgimiento de una subcorriente luterana llamada *pietismo*, que trataba de recuperar la importancia de las obras y del amor, así como una relación más personal con Dios. Precisamente, el padre de Swedenborg fue un convencido seguidor, lo que afectó el pensamiento de su hijo. Esta herencia paterna es una de las claves para entender el radical cambio que Swedenborg sufriría más tarde. Mientras tanto, públicamente, él no parecía darse por aludido. Aparentaba estar concentrado en sus descubrimientos científicos y, sobre todo, en demostrar que la ciencia era el *único* camino correcto para encontrar respuestas a las inquietudes humanas.

Después de la muerte del rey Carlos XII, Swedenborg dejó apartados los proyectos de ingeniería. Comenzó a obsesionarse por otros asuntos más trascendentales, como descubrir el origen y el sentido de la vida. Estaba convencido de que era posible llegar a entender el papel de Dios en la creación del universo estudiando racionalmente la naturaleza y la Biblia, los dos libros sagrados que Dios había escrito para revelarse al ser humano. La naturaleza era el reflejo de la Biblia y viceversa.

Una de las ideas que adoptó durante ese periodo era el concepto del *hombre o el Adán primordial*. Según este pensamiento, que llevaba tiempo circulando por los ambientes intelectuales de Francia e Inglaterra, lo primero que hizo Dios fue crear al hombre a su imagen y semejanza. Solo después de la creación del primer ser humano, engendró el universo y la naturaleza a la imagen y semejanza de este hombre primigenio. Esta teoría justificaba que existieran infinitas correspondencias entre el mundo natural que nos rodea y la estructura del cuerpo humano. Por eso, se decía que la naturaleza podía ser comprendida solo si era comparada con el cuerpo de un hombre.

El esfuerzo de Swedenborg por entender los grandes misterios del hombre a través de la razón fue inmenso. Y acabó agotándose. Pronto comenzó a aceptar que los medios que le proporcionaba la ciencia eran, en verdad, muy insuficientes. Entonces, se decidió a incluir el pensamiento no racional o pensamiento intuitivo como vía alternativa de conocimiento. Una de las herramientas que incorporó fue el uso de los sueños. Se dio cuenta de que, cada noche que se hallaba inmerso en alguna investigación importante, acababa teniendo un sueño que corroboraba o corregía las teorías que andaba desarrollando. Al principio, solo aplicaba los sueños a los asuntos científicos. Pero pronto reconoció que también contenían importantes consejos para su vida espiritual. Y creó, para sí mismo, una clasificación. Swedenborg dijo que el hombre solo puede recibir dos tipos de sueños: *sueños de fantasía* y *sueños de lo alto*. Los primeros son generados por el recuerdo de los acontecimientos ordinarios del día a día. Estos sueños no tienen utilidad alguna. Sin embargo, los otros son enviados desde el más allá por los ángeles de Dios para ayudar a los humanos.

A los sueños siguieron otras técnicas. Desde hacía tiempo, venía experimentando un suceso cada vez más frecuentemente. Lo llamó *iluminación*. Se trataba de una especie de intuición repentina. En algunas ocasiones, cuando estaba escribiendo sobre un asunto en concreto y dudaba de la validez de sus conclusiones, veía frente a él un fogonazo de luz e, inmediatamente, tomaba este evento como la ratificación de la idea exacta sobre la que estaba reflexionando en ese preciso momento:

> *Algo de esta clase me aparecía muchas veces por la misericordia divina, en varios tamaños, colores y brillos, de modo que apenas pasaban meses sin que pasara un día sin que me pareciera una llama tan viva como la llama del hogar. En ese momento, esto era una señal de confirmación, y ocurrió antes de que los espíritus comenzaran a hablar conmigo con voces.*[34]

Al principio, estas iluminaciones llegaban de una manera aleatoria, sin previo aviso. Así que Swedenborg luchó por controlarlas, porque eran una magnífica herramienta. Un día, recordó que, de pequeño, adoptaba un patrón de respiración muy concreto durante las oraciones.

---

34 Emanuel Swedenborg. *The spiritual diary*. Traducción del autor.

Esto le permitía entrar en un estado de relajación y concentración muy intenso. Así que comenzó a aplicarlo para provocar esas experiencias a demanda. Supuso que el nuevo don de las iluminaciones, al igual que muchos de sus sueños, era también un regalo de los ángeles.

Todas estas experiencias no encajaban en el marco científico del que Swedenborg había sido tan devoto. Por eso, comenzó a tener conflictos internos. No sabía cómo integrarlas en la vieja visión del mundo que le había acompañado hasta ese momento. Se convenció, finalmente, de que estudiar la naturaleza íntima de las cosas según el método científico había sido una tarea inútil. Concluyó que su vida anterior había sido un fracaso. Solo una visión espiritual del mundo podría ofrecerle las respuestas que buscaba. Se arrepintió de su arrogancia, de su prepotencia y de su vanidad, que tantos enemigos le habían generado. Hasta hacía poco creía saber mucho de todo, pero, en realidad, no sabía nada de nada. Quizás Dios había enviado todo aquello para encargarle alguna misión.

A causa de estos debates internos, en 1743 sufrió una grave crisis personal que le cambiaría la vida para siempre. Cambió su conducta, desde su obsesión por la ciencia, hasta su exagerado gusto por las mujeres y el sexo. Estas alteraciones le provocaron una enorme ansiedad y pesadillas terribles. Casualmente, este patrón está presente en la vida de otras figuras claves de la historia, que también transformaron radicalmente su comportamiento buscando una vida más espiritual. Recordemos, por ejemplo, la vida de san Agustín, la de san Francisco de Asís o incluso la de Siddhartha Gautama (Buda). Todos ellos comenzaron siendo jóvenes de familias acomodadas, con vidas disolutas centradas en los placeres del mundo. Pero, más tarde o más temprano, también sufrieron una profunda crisis como la de Swedenborg. En cierto sentido, su metamorfosis también me recuerda a la famosa historia del miserable señor Scrooge en *Cuento de Navidad*, de Charles Dickens, escrita unos setenta años después del fallecimiento de Swedenborg.

Los cambios alcanzaron su punto más intenso en 1744, con una experiencia radical. Aunque, evidentemente, él no lo llamó así (porque el término aún no había sido inventado), Swedenborg tuvo su primer sueño lúcido completo. Después de un día agotador, en el que había tenido que luchar contra intensas tentaciones y pensamientos negativos, se fue a dormir. Al poco tiempo, tuvo un encuentro cara a cara con el mismo Jesucristo. Así lo cuenta:

A las diez me fui a la cama (…). Después de media hora, escuché un ruido bajo mi oído (…). Inmediatamente me recorrió un escalofrío, partiendo de la cabeza y extendiéndose por todo el cuerpo, con algo de estruendo, viniendo en oleadas, y me di cuenta de que algo santo me había sucedido. Con lo cual me fui a dormir, y como a las doce, o tal vez fuera a la una o dos de la mañana, me agarró un escalofrío tan fuerte, de la cabeza a los pies, como un trueno producido por varias nubes al chocar, sacudiéndome más allá de toda descripción y postrándome. Y cuando estuve postrado de esta manera, estaba claramente despierto (…)[35].

Swedenborg describe aquí, con todo detalle, la fase de transición por la que pasan muchos soñadores lúcidos. Los síntomas son los típicos que podemos encontrar en la literatura especializada: ruidos, vibraciones, zumbidos, estruendos. Cuando estos cesan, el sueño lúcido comienza y la persona se enfrenta a una nueva realidad, pues ha despertado dentro de su propio sueño. Como vemos, es exactamente esto por lo que pasó Swedenborg.

Pues bien, en esta experiencia de salida del cuerpo, Swedenborg vio a Jesucristo frente a él. Aclara expresamente que no era una alucinación, sino que ambos estaban en algún lugar, juntos físicamente. Algo característico de todo sueño lúcido, que se percibe como una realidad material, plenamente definida. Entonces, ambos iniciaron una conversación. Jesús le hizo una enigmática pregunta: «¿Tienes un certificado de salud?». Y, súbitamente, la experiencia finalizó. Swedenborg se encontró de nuevo en su cama. Había quedado muy intrigado por aquella cuestión, hasta que cayó en la cuenta: Jesucristo había usado un juego de palabras basándose en un acontecimiento de su pasado. Recordó, entonces, un incidente que le acaeció la primera vez que viajó a Inglaterra en busca de fama y reconocimiento como científico. Cuando desembarcó en este país, las autoridades le pidieron que mostrara su certificado de salud, trámite que era obligatorio si se quería entrar. Swedenborg había olvidado el documento y eso casi le cuesta la ejecución en la horca. Entonces entendió: en aquella época, Inglaterra era la tierra prometida para los científicos, un auténtico paraíso para el conocimiento. Pero para entrar era requisito estar libre de cualquier enfermedad, especialmente

35 Emanuel Swedenborg. *Dream diary*. Traducción del autor.

las infecciosas. Swedenborg comprendió la analogía: Jesús estaba haciendo un símil entre Inglaterra, el edén de la ciencia, y el paraíso del mundo espiritual. Jesucristo, con su cuestión, le estaba preguntando, por tanto, si era suficientemente puro como para entrar en el más allá y explorarlo. Swedenborg entendió que le estaba pidiendo abandonar toda enfermedad espiritual para acceder al conocimiento. Y la principal de todas sus enfermedades era la soberbia.

El impacto que produjo sobre él esta experiencia y la revelación que vino después, abrieron las puertas a un nuevo tiempo en la vida de Swedenborg, que nunca volvería a ser la misma persona. Supo entonces que Dios le había señalado con su gracia, encargándole un trabajo de la máxima importancia para la humanidad. Sin embargo, de momento, decidió no contar este suceso a nadie, no fueran a tomarlo por un loco o, lo que era peor, por un científico que se había vuelto un místico. Así que lo mantuvo en secreto.

Por otro lado, la visita de Cristo (que se repitió la noche posterior) le hizo convencerse de que el acceso al mundo espiritual no requería necesariamente de intermediarios. No dudaba de la misión de la Iglesia, que consideraba útil, pero consideraba que las organizaciones religiosas existentes en su época no habían dicho la verdad sobre la vida después de la muerte. Swedenborg estaba decidido a descubrirla. ¿Era esta la misión que Dios le estaba encomendando?

Todo se aclaró en 1745, debido a dos experiencias ocurridas en el mismo día, mientras se encontraba de viaje en Londres. En ellas recibió la revelación de que las Sagradas Escrituras ya contenían todo el conocimiento del universo. No era necesario buscar en otros lugares, ni siquiera en la ciencia. Los textos habían sido malinterpretados por parte de la misma Iglesia. Esta se había basado únicamente en la literalidad de los escritos, lo que constituía un tremendo error, según Swedenborg. Supo que la tarea que Dios le había asignado era explorar el mundo de los espíritus para que estos le ayudaran a encontrar el auténtico significado de la Biblia. Y, para ello, se le había capacitado para viajar hasta el más allá con plena consciencia, como si de una experiencia física se tratara.

Swedenborg creía que el cumplimiento de su misión sería lo que precipitaría la Segunda Venida de Cristo, pero no como era entendida en su tiempo. Según Swedenborg, la humanidad había confundido este acontecimiento con un advenimiento físico de Jesucristo al planeta Tierra. Para Swedenborg, el regreso de Cristo no sería un evento material, sino espiritual. La Segunda Venida de Cristo significaría la vuelta de Logos, es decir, de la Palabra Verdadera. Traducido a un lenguaje más cercano, el regreso de Cristo ocurriría cuando se hubiera revelado definitiva y correctamente el mensaje que Jesús vino a traernos. Este mensaje es que el ser humano realmente trasciende la muerte. Y para eso precisamente estaba aquí Swedenborg: para viajar al otro mundo y publicar sus descubrimientos sobre ello.

Una vez que entendió lo que Dios le pedía, Swedenborg abandonó el secretismo. Era el momento de dar vida a las Sagradas Escrituras y de acumular información sobre el más allá, para luego trasladar sus conclusiones a libros que todos pudieran leer. Y lo haría a pesar del riesgo que corría, ya que los visionarios y los profetas estaban especialmente mal considerados en aquellos tiempos. Por un lado, el colectivo científico, del que él mismo había formado parte, rechazaba cualquier fenómeno que la razón no pudiera explicar. Por otra parte, su religión no aceptaba más autoridad profética que la de los hombres santos del Antiguo y Nuevo Testamento, que habían preparado el terreno para la encarnación de Jesús. Algunos pastores pidieron, incluso, que lo encerraran en un manicomio. Pero Swedenborg se mantuvo firme y no cayó en provocaciones.

Hasta su muerte con ochenta y cuatro años, Swedenborg se conservó anormalmente joven y saludable. No tuvo una enfermedad importante en toda su vida y nunca dejó de trabajar ni de escribir. Su obra es extensísima, casi inabarcable. Escribió más de ciento cincuenta libros en latín, todos complejos y ricos en conclusiones. Se dijo, incluso, que sus manuscritos, antes de publicar los libros, no contenían jamás tachones o erratas. Analicemos entonces cómo los escribía.

VISIONES Y SUEÑOS

Después de aquellas experiencias tan significativas, Swedenborg adoptó un estilo de vida casi monástico. Y, eso, a pesar de que su situación económica era bastante buena: cobraba una pensión del Estado y había recibido una buena herencia de su padre. Sin embargo, escogió residir en una pequeña casa, humilde y sencilla. Ayunaba, meditaba, rezaba constantemente y leía las Sagradas Escrituras. También cambió sus rutinas y su forma de vida, incluso su vestimenta, que fue simplificada. Aprendió a comer y a beber con sentido, evitando los excesos.

Cuando no dormía, escribía. Comenzó redactando sus primeros dos trabajos no científicos: *Adversaria* y *Diario espiritual*. El primero de ellos es una profunda reflexión sobre las Sagradas Escrituras, donde intenta desvelar el verdadero significado de la palabra de Dios:

> *(…) quienes creen estas cosas no son conscientes de los abismos ocultos que se esconden en los detalles de la Palabra. En efecto hay en esos detalles un sentido espiritual, pues no solo se refieren a los acontecimientos terrenales y exteriores que encontramos en el nivel literal, sino también a acontecimientos de orden espiritual y celestial; y esto se aplica no solo al sentido global de las frases, sino incluso a cada palabra en particular.[36]*

Por otro lado, en su *Diario espiritual*, Swedenborg recoge todas sus experiencias en estados profundos de consciencia, tanto las visiones como los sueños ordinarios y los sueños lúcidos. Y las describe con todo detalle, como corresponde a un diario de campo de un auténtico explorador: hora y día, localización geográfica, estado anímico, desarrollo de los acontecimientos… Gracias a este libro podemos entender qué tipo de experiencias lo condujeron a tan grandes descubrimientos sobre el otro mundo. Buceemos en ellas.

El primer tipo de experiencias que Swedenborg tenía eran *visiones en estado de vigilia*. Swedenborg penetraba en el mundo espiritual y hablaba con los ángeles y los espíritus de los fallecidos estando totalmente despierto, con los ojos abiertos. Cuenta que una parte de su consciencia quedaba en el más allá, conversando, y otra parte de su consciencia continuaba aquí en el plano físico. Por tanto, llegaba a tener una percepción dual y simultánea de ambas realidades:

> *A diario, el Señor abría materialmente mis ojos, de modo tal que aun en mitad del día yo podía ver con toda claridad hacia el otro lado de la vida, y hablar con ánimo bien despierto con ángeles y espíritus.[37]*

Era capaz de realizar tareas cotidianas en este mundo, como charlar con amigos, y, a la vez, mantener una segunda conversación

---

36 Ibid.
37 Ibid.

con seres espirituales. Aunque reconoce que los sentidos externos (los físicos) y los internos (los del segundo cuerpo en el mundo onírico) no funcionaban con la misma eficiencia, ya que los primeros permanecían muy atenuados. Es difícil saber en qué estado entraba Swedenborg en dichas circunstancias, sobre todo si lo comparamos con las capacidades extrasensoriales que actualmente conocemos. Parece ser algo distinto a la videncia o a la mediumnidad.

Otro tipo de visiones ocurrían *con los ojos cerrados*. Tenían lugar a plena luz del día, aunque en un estado de consciencia diferente al que tenemos durante la vigilia. Se trataría, en estos casos, de un estado meditativo.

En estos dos tipos de experiencias visionarias, la voz que oía en su mente procedía del mundo espiritual. A veces eran ángeles, pero otras veces eran espíritus de personas fallecidas:

Hay muchos que dicen que solo podrían dar crédito a lo que escribo, si a ellos mismos se les permitiera entrar en el cielo y hablar con los muertos resucitados. Pero juro que he conversado durante ocho meses por la pura misericordia y gracia de Dios con los que están en el cielo como con amigos aquí en la tierra, y casi sin interrupción.[38]

Pero no solo escuchaba sus palabras, que él plasmaba inmediatamente en el papel, sino que, en ocasiones, podía sentir cómo guiaban su mano durante la escritura hasta el punto de no saber qué iba a escribir en los próximos segundos.

La tercera herramienta de Swedenborg era la interpretación de los sueños especiales. Ya vimos que él los denominaba *sueños de lo alto*. Eran sueños ordinarios, pero contenían información trascendental que aprendió a distinguir y a interpretar correctamente.

Sin embargo, su técnica principal era, como ya hemos adelantado, el sueño lúcido. En sus escritos, Swedenborg confiesa que su rutina nocturna era muy irregular. Solo dormía cuando tenía sueño; es decir, no respetaba un horario rígido. Y mantenía su dormitorio muy frío, sin ningún medio de calefacción. Da a entender que ambas cosas eran básicas para provocar estas experiencias. Y no andaba errado: actualmente sabemos que el sueño irregular (dormir a deshoras)

---

38 Emanuel Swedenborg. *Adversaria.*

y la incomodidad (por ejemplo, las temperaturas muy bajas o muy altas, o dormir en una cama desconocida) son dos de los factores principales que provocan sueños lúcidos espontáneos. No es de extrañar, entonces, que los tuviera frecuentemente. Para Swedenborg, los sueños lúcidos, experiencia a la que él llamaba *estar en el espíritu*, constituían la única manera de visitar el más allá de una manera inmersiva, tal y como si uno viajara físicamente a otro país y lo viera con sus propios ojos. Si exceptuamos, por supuesto, la muerte:

(…) no hay ninguna manera de que nuestros ojos vean las cosas del mundo espiritual a menos que se nos permita estar en el espíritu, o bien una vez que nos hayamos convertido en espíritus después de la muerte.[39]

No hay duda de que Swedenborg viajaba principalmente mediante los sueños lúcidos. Aun no empleando este término, que ha sido acuñado recientemente, en sus escritos da múltiples pruebas de ello. Por ejemplo, sabemos que el sueño lúcido se produce desde un estado entre medio dormido y medio despierto y, casi siempre después de haber dormido un número de horas. Esto coincide con lo que Swedenborg dice en su diario. Sus experiencias comenzaban siempre después de haberse despertado en mitad de la noche o al principio de la mañana, que es cuando el sueño lúcido aparece. Comienza sus relatos con «En el primer despertar…», «Después de un sueño profundo…», «Después de haberme despertado varias veces…», «Cuando desperté una mañana…». En otro lugar dice sobre la experiencia:

Ocurre en un intervalo entre el momento de dormir y el momento de despertar. En este estado, una persona se cree completamente despierta porque todos sus sentidos están activos.[40]

Y en otro párrafo, comenta:

Tiene lugar entre la hora de dormir y la hora de despertar, cada vez que la persona se despierta en el más dulce de todos, porque aquí el cielo obra pacíficamente sobre el espíritu razonable de una persona de manera intelectual.[41]

---

39 Ibid.
40 Emanuel Swedenborg. *Dream diary.*
41 Ibid.

Y la experiencia era absolutamente real, tal y como son los sueños lúcidos:

Estaba soñando y, a veces sucede, me parecía que estaba despierto y los espíritus presentes se convencieron de que estaba despierto y me respondieron como a una persona despierta.[42]

Afirma que no había diferencia entre estar despierto en este mundo y estarlo en el otro:

(…) el hecho de ser sacados del cuerpo sucede de este modo: somos llevados a un estado particular que está a medio camino entre el sueño y la vigilia, y, en ese estado, parece exactamente como si estuviéramos despiertos; todos nuestros sentidos —la vista, el oído y, aunque parezca extraño, el tacto— están tan alerta como cuando estamos físicamente despiertos. Estos sentidos son más perfectos que lo que pueden serlo durante la vigilia física (…). En una palabra, pasar de una vida a otra, o de un mundo a otro, es como pasar de un lugar físico a otro.[43]

Es fascinante la claridad con la que una persona del siglo XVIII d. C. es capaz de describir las sensaciones de un fenómeno al que no hemos dado un nombre hasta trescientos años después.

No podemos descartar que un pequeño porcentaje de sus experiencias oníricas fueran lo que ahora denominamos *sueños lúcidos de frontera*. También son conocidos como *sueños lúcidos hipnagógicos e hipnopómpicos*. Se trata de breves sueños lúcidos que se generan durante estas dos fases del sueño. La fase hipnagógica es el periodo que experimentamos entre la vigilia y el sueño, justo cuando nos estamos quedando dormidos. La fase hipnopómpica es por la que pasamos cuando empezamos a despertarnos. Aunque, posiblemente, estos sueños lúcidos de frontera hayan tenido cierta importancia en el recorrido de Swedenborg, no fueron los más habituales; tienen una duración muy pequeña, por lo que es difícil reconstruir con ellos una historia coherente.

Pero había cosas aún más asombrosas que Swedenborg era capaz de realizar. Cuenta que, en sus sueños lúcidos, fue entrenado por los

---

42 Ibid.
43 Ibid.

ángeles para entrar en los sueños de otras personas dormidas y enviarles así información:

Cuando estaba en un estado de vigilia y otro dormía, yo era un espíritu con los espíritus, y se me permitió morar con los espíritus que producen sueños. También se me permitió provocar sueños en la otra persona. Esto me lo enseñó la experiencia, porque cuando la otra persona despertaba tres o cuatro veces después de los sueños que le había dado, yo recordaba todo lo que él había conocido en el sueño. Los sueños que me permitieron darle fueron agradables y felices. Así me enseñaron quién da sueños a los hombres y cómo esto ocurre, es decir, a través de representaciones, para vigorizar a la persona que duerme.[44]

Esto es algo que ya conocemos por los relatos de los chamanes, antiguos y modernos. También es el tema central de la película *Origen*, en la que un grupo de soñadores lúcidos se ganan la vida entrando en los sueños de otros para robarles información o inducirles nuevas ideas.

¿Cómo interpretar lo que Swedenborg vio en el más allá? Debemos recordar que toda la información procedía de sus sueños lúcidos. Eso significa que, para conocer el auténtico significado de sus experiencias, es necesario tener en cuenta el concepto de *sentido* o *función*, del que ya hablé. Por ejemplo, cuando explica el *mundo de los espíritus*, es decir, el primer plano al que acceden los difuntos, dice que este parece un valle abrupto, rodeado por montañas. Un entorno más bien inhóspito, pero no del todo desagradable. Es evidente que en el mundo de los espíritus no hay montañas; estas son solo una elaboración racional que su cerebro, en calidad de soñador lúcido, realizaba para interpretar algo que no podría ser explicado con palabras. Es decir, en esa dimensión había algo que la mente de Swedenborg conectaba con la idea de montañas y relieve, según la función que aquello cumplía dentro de ese entorno. Debemos pensar qué nos sugiere una geografía escarpada. Claramente, un lugar incómodo; no es un sitio donde residir para siempre. Traduciendo entonces la visión de Swedenborg, tendríamos que decir que el mundo de los espíritus es un lugar de paso, no adecuado para largas estancias. Uno puede adaptarse temporalmente, pero no es el lugar ideal.

---

44 Ibid.

El mismo Swedenborg también parece ser consciente de que en ese lugar no hay montañas, sino que esto es el resultado de un proceso que realiza el cerebro para reinterpretar las energías desconocidas con objetos conocidos. Lo sabemos por muchas de las reflexiones que registró en sus libros. Por ejemplo, en una ocasión, en la que presenció el viaje de los difuntos desde el plano físico hasta el mundo de los espíritus, vio cómo todos avanzaban por un sendero que terminaba en una gran piedra. Desde ella, partía una bifurcación. Un camino conducía al cielo y otro al infierno. Los que iban hacia el cielo veían perfectamente la roca y la esquivaban para coger el camino correspondiente. Sin embargo, los que se dirigían hacia el infierno, tropezaban siempre con la piedra, lastimándose. Swedenborg dice claramente que, aunque él estaba viendo una roca, sabía perfectamente que en ese lugar no había una piedra, ni siquiera senderos como los conocemos en la vida física. Reconoce que todo ello no es más que una interpretación de su mente racional para dar sentido a un mundo exento de formas:

Más tarde se me explicó el significado de todo esto (…). La piedra que estaba en la bifurcación o esquina donde los réprobos tropezaban, y desde la que se precipitaban por el sendero que conduce al infierno, representaba la verdad divina, que es negada por las personas que están centradas en el infierno.[45]

¿Qué vio Swedenborg en sus viajes? ¿Cómo era el otro mundo? ¿Se parecía a la idea que tenían de él sus contemporáneos? En algunos aspectos sí, pero en la mayoría de los detalles sus relatos contradecían el esquema tradicional. Veámoslo.

La idea clave del innovador pensamiento de Swedenborg es que el cielo no es, para nada, un espacio etéreo donde sus habitantes permanecen en un estado de suspensión beatífica. Tampoco es un lugar de residencia y nada más. La razón de ser del cielo, es decir, para lo que fue creado, es, según Swedenborg, la progresión espiritual del ser humano. Ese mundo acoge a los difuntos para que continúen aprendiendo después de la muerte. No es un lugar pasivo, sino que está diseñado para la formación integral del alma. Allí hay escuelas, academias y universidades donde se debaten profundas cuestiones, muchas

---

45   Ibid.

de ellas de carácter teológico. Swedenborg se sentía en estos lugares espirituales como pez en el agua. Ya vimos que era tremendamente competitivo y que le encantaba tener la razón. Según afirmó, sus mejores discusiones en el cielo las mantuvo con figuras de la historia cuyas almas habían pasado al más allá. Con los ángeles, Swedenborg se manejaba de otra manera. Los sentía tan sabios que le era imposible polemizar con ellos. Simplemente los escuchaba y aprendía.

Esta concepción del otro mundo era, para su tiempo, algo totalmente diferente. Era viento fresco. Con toda la información que obtuvo de sus exploraciones, compuso una obra fundamental para nuestra investigación: *Del Cielo y del Infierno*[46]. En esta obra, Emanuel Swedenborg detalla las conversaciones que mantuvo con espíritus de los muertos, con ángeles y con demonios. *Del Cielo y del Infierno* está estructurado según las tres áreas principales que Swedenborg atestiguó en el más allá: *el mundo de los espíritus, el cielo y el infierno.* Hablemos brevemente de cada una de ellas. Pero recordemos, antes de comenzar, que Swedenborg no especulaba como los autores de relatos sobre el más allá que escribieron antes que él. Swedenborg solo cuenta lo que literalmente vio en experiencias reales en mundo reales, tal y como ocurre en los sueños lúcidos, donde el protagonista mantiene el control de sus capacidades cognitivas.

PRIMER REINO: EL MUNDO DE LOS ESPÍRITUS

Swedenborg llamó *mundo de los espíritus* al primer espacio al que acceden los difuntos. Descubrió que era un estado intermedio, situado bajo el cielo, pero por encima del infierno. La llegada a este lugar ocurre inmediatamente después de la muerte. Aunque ahora esta idea nos puede parecer normal, era novedosa para la época. Hasta la contribución de Swedenborg, el mundo cristiano creía, en general, que el fallecimiento precedía a un profundo sopor, una especie de letargo que se prolongaba hasta la llegada del Juicio Final. En este

---

46 Ibid. El título original era *El cielo y sus maravillas y el infierno, a partir de las cosas oídas y vistas.* Las ideas contenidas en esta obra proceden, en realidad, de otra mucho más extensa, repartida en ocho volúmenes y titulada *Los arcanos celestiales.* Pero esta última es tan compleja que Swedenborg decidió escribir otro libro más accesible, centrándose en los misterios del más allá.

evento cósmico, todos los seres humanos serían despertados y volverían a disponer de un cuerpo como el que tenían en su vida anterior. Después, un tribunal divino juzgaría a las almas y estas serían condenadas o recompensadas según los actos realizados en la vida física. En función del resultado del juicio, cada hombre y mujer sería destinado bien al cielo o bien al infierno.

Sin embargo, Swedenborg atestiguó que esto no estaba ocurriendo así. Se dio cuenta de que no había tiempos intermedios ni suspensión de la consciencia. Si una persona muere, inmediatamente viaja al otro mundo. Swedenborg tuvo la suerte de contemplar este proceso innumerables veces. Lo definió como un *despertar*. El proceso siempre es el mismo. Dos ángeles de Dios se encargan de cada moribundo. Acuden para estar cerca de él y facilitarle el tránsito. Para ello, lo recubren con una ola de amor incondicional y lo mantienen en un estado parecido al sueño mientras dura este intermedio. Cuando la muerte ha vencido, lo despiertan, como si descorrieran un velo sobre su cara. Entonces, la persona comienza a percibir el mundo espiritual. Dos nuevos ángeles lo reciben después para convencerle de que ya no tiene cuerpo, pues ahora es todo espíritu.

Es interesante que Swedenborg relacione la muerte con dormir y la resurrección con despertar dentro de un sueño. En una ocasión, los ángeles le permitieron experimentar la muerte de una manera simulada. Esta experiencia le llevó a comparar el proceso de morir y resucitar con las experiencias de sueño consciente que él tenía cada noche.

No solo se me ha dicho cómo se produce el despertar, sino que se me ha mostrado directamente, mediante la experiencia. Se me ofreció la posibilidad de una experiencia real para que pudiera tener un conocimiento pleno de cómo sucede. Fui llevado a un estado en el que mis sentidos físicos eran inoperantes, muy semejante, pues, al estado de las personas que mueren. Sin embargo, mi vida y pensamiento profundos permanecían intactos, de manera que podía percibir y recordar lo que me estaba sucediendo y lo que les sucede a quienes son despertados de la muerte. Observé que mi respiración física estaba casi suspendida, con una respiración más profunda, una respiración del espíritu, que continuaba junto con una respiración física muy ligera y silente (…). Vi también ángeles de dicho reino, algunos a distancia, pero dos de ellos sentados cerca de mi cabeza. (…) Permanecí en este estado

durante varias horas. Luego los espíritus que estaban a mi alrededor se ale-
jaron gradualmente, pensando que estaba muerto.[47]

Continuemos con la descripción de Swedenborg. Una vez trasladado a la otra vida, el recién llegado contempla las maravillas del
mundo espiritual. Solo ve paisajes de una belleza impensable en el
mundo físico. Pero los ángeles le informan de que aquello es solo un
aperitivo. Ese es solo el mundo de los espíritus. Nada de lo que ahí
percibe es comparable a lo que encontrará si finalmente ingresa en el
cielo. Swedenborg dice que el difunto se maravilla de cómo las cosas
son tan parecidas a las que encontraba durante su vida en la Tierra.
Todo parece físico. Los objetos pueden ser vistos, palpados y olidos.
Hasta se puede hablar. El fallecido se siente tal y como era antes de
morir, con sus mismos pensamientos y recuerdos.

Esta es otra de las importantes conclusiones de Swedenborg.
El más allá no es una entelequia, ni una alucinación fantasmagórica, sino que tiene una naturaleza concreta. En muchos sentidos, es
una dimensión paralela al mundo físico. Hay ciudades, paisajes, edi-
ficaciones, aunque nada esté hecho de la materia que conocemos en
este plano:

> *En el mundo espiritual, el mundo donde viven ángeles y espíritus, las cosas*
> *son más o menos iguales a las del mundo natural en que vivimos, tan simi-*
> *lares que a primera vista no parece existir diferencia alguna. Allí se ven pla-*
> *nicies, montañas, colinas y acantilados con valles entre ellos; se ven masas de*
> *agua y muchas otras cosas de las que encontramos en la tierra.*[48]

Este dato me parece muy relevante. Aunque en tiempos pasados,
el más allá sí que era considerado como un lugar real, esta idea fue di-
luyéndose con el tiempo, hasta llegar a la época moderna. Hemos llegado a pensar que el cielo, por ejemplo, debe de ser un estado difuso,
etéreo, poco concreto. Sin embargo, la descripción de Swedenborg
confirma las previsiones del mundo antiguo: el otro mundo es tan
físico y tan sólido como este, aunque esté construido de una sustancia diferente a la que compone esta dimensión.

---

47 Ibid.
48 Ibid.

Swedenborg también confirmó que los fallecidos son recibidos por familiares y amigos que habitan este mundo espiritual. Y si alguien echa en falta a alguien, el difunto lo busca y lo encuentra fácilmente. Esto lo hace simplemente manteniendo su imagen en la mente:

> *En la otra vida, cuando pensamos en alguien hacemos surgir su rostro en nuestro pensamiento junto con muchos detalles de su vida; y cuando hacemos esto, el otro se hace presente.*[49]

Los soñadores lúcidos modernos, cuando están en otra realidad, convocan la presencia de otras personas exactamente de la misma manera. Una prueba más de que, para Swedenborg, el más allá se comporta exactamente como un sueño consciente.

En definitiva, para el difunto nada cambia en el otro lado de la realidad, salvo que el cuerpo que disfruta ahora ya no es físico sino espiritual. En un principio, el cuerpo espiritual tiene el mismo aspecto que el cuerpo físico, pues el cuerpo espiritual refleja temporalmente el pensamiento exterior de la persona; es decir, su máscara social. Sin embargo, al poco tiempo de estancia en el mundo de los espíritus, la personalidad interior, la esencia del yo, comienza a brotar hacia la superficie. Y entonces el cuerpo espiritual comienza a cambiar, revelando el verdadero ser. Esto es especialmente notable en el rostro: si el difunto ha llevado una vida orientada hacia el mal y la mentira, entonces la cara se tornará fea y desagradable. Y ocurrirá al contrario si se ha dejado guiar por el amor. A partir de este crucial momento, la persona ya no podrá engañar ni pretender ser algo que vaya en contra de su auténtica naturaleza. Porque, en el más allá, todo lo que se piensa queda reflejado inmediatamente en el aspecto que se muestra a los demás:

> *La razón de que nuestro rostro cambie es que en la otra vida no está permitido fingir sentimientos que en realidad no se tienen, por eso no podemos tener un rostro que sea contrario a nuestro amor. Todos somos purificados hasta llegar a un estado en el que decimos lo que pensamos, y manifestamos mediante la expresión y los actos aquello que queremos. Por eso el rostro se convierte en forma e imagen de los sentimientos (…).*[50]

---

49   Ibid.
50   Ibid.

Es decir, los actos que realicemos en la vida física definirán nuestra naturaleza interior, que permanecerá oculta bajo el barniz de la naturaleza exterior y que es la que deseamos mostrar al mundo. Pero esta naturaleza interior acabará saliendo a la luz después de la muerte, ya que la exterior, que es falsa y artificial, quedará destruida. Por tanto, cada uno de nosotros somos responsables del cuerpo que tendremos en la otra vida.

Esto también sucede con respecto al comportamiento. Una vez ha surgido la naturaleza interna del difunto, lo que es verdaderamente su esencia, sin fachadas ni subterfugios, ya no podrá aparentar obrar de una manera y pensar íntimamente de otra. Por eso, quienes hayan ocultado conductas aberrantes o hayan deseado el mal de los demás, no podrán evitar realizar acciones malvadas. Ya no podrán controlarse, ya no dispondrán de caretas detrás de las que esconderse. Por otro lado, los recién llegados que hayan buscado siempre el bien del prójimo, olvidándose de ellos mismos, continuarán haciendo buenas obras en el más allá:

En el mundo espiritual todos somos incapaces de resistir a nuestros impulsos porque los impulsos proceden de nuestro amor, y el amor procede de nuestro deseo, y el deseo procede de nuestra naturaleza, y allí todos actuamos desde nuestra naturaleza.[51]

Swedenborg también vio cómo algunos difuntos se alejaban poco a poco de la compañía de los ángeles que los acababan de escoltar. ¿Cómo podría suceder esto, si ellos nunca abandonarían a un fallecido y desean estar siempre a su lado? Swedenborg preguntó esta cuestión y le fue respondido que, en este nuevo mundo, la distancia ya no es geográfica, sino que es una distancia de estado o de naturaleza. Es decir, dos personas cuyas esencias estén enfocadas hacia el amor y la verdad, estarán «físicamente» juntas. Si una lo está y la otra se siente inclinada hacia el mal y la mentira, estarán «geográficamente» separadas por una enorme distancia y, por tanto, no podrán verse. Así que, si la naturaleza esencial de la persona que acaba de llegar es muy diferente de la de los ángeles, entonces el fallecido estará muy alejado de ellos y no podrá percibirlos, aunque los ángeles deseen

---

51 Ibid.

ayudarlo constantemente. Este es un concepto muy bello. Responde al antiguo principio de que *lo semejante atrae a lo semejante* y, por evolución, a la llamada *teoría de las correspondencias*. Por eso, tal y como muchos soñadores lúcidos modernos aseguran, la exploración del más allá mediante las técnicas de acceso al mundo onírico no es nunca una actividad peligrosa, ya que uno solo atrae aquello con lo que verdaderamente resuena. Como no hay distancias, sino diferencias de estado o vibración, si el viajero solo porta intenciones positivas, solo atraerá buenas y enriquecedoras experiencias.

Después de aterrizar en el mundo de los espíritus, y habiendo adoptado una apariencia que se corresponde con su naturaleza interior, el difunto es libre de explorar esta nueva realidad. Ya dijimos que esta es un calco del mundo físico, pero aún más maravilloso. Como ahora su naturaleza exterior ha desaparecido, serán sus intereses más profundos los que atraigan a su lado a personas semejantes. Es decir, el fallecido se sentirá en paz únicamente con los que vibran a su misma frecuencia. En el lenguaje de Swedenborg, el difunto busca a aquellos que tienen un mismo grado de orientación que ellos hacia el bien y la verdad, o hacia el mal y la mentira; estos serán sus nuevos amigos. A partir de ahí, comienza a vivir una vida completa, tal y como estaba acostumbrado a hacer en la Tierra. Durante este tiempo, incluso tendrá la oportunidad de viajar al plano físico para despedirse de sus familiares y amigos.

A partir de ahí, los espíritus permanecen entretenidos en quehaceres cotidianos, muy parecidos a los de la vida física. Hasta que, en un momento dado, *ellos mismos* deciden si prefieren ir al cielo o al infierno. Es decir, Swedenborg encontró que es el propio fallecido el que decide su destino final de una manera voluntaria. No hay ninguna autoridad superior ni un dios vengativo que obligue a tomar una decisión u otra. Por eso, Swedenborg afirmaba que el Juicio Final era un proceso individual y no colectivo como opinaba la Iglesia. Y no entendía por qué las altas jerarquías no habían llegado a la misma conclusión, independientemente de que no tuvieran la capacidad de viajar espiritualmente al más allá: eso no era necesario, porque la historia sagrada ya lo confirma. En efecto, si la encarnación de Dios en hombre, en la persona de Jesús, y su posterior sacrificio, tuvo como fin la destrucción de la muerte y el regalo de la resurrección, ¿por qué los difuntos tenían que seguir esperando miles de años en sus tumbas, según postulaba la doctrina, hasta la llegada de un Juicio Final en grupo? ¿Para qué tanto lío con la muerte de Jesús en la cruz si luego todo continuaba igual que antes de su venida?

Sin embargo, la decisión de ir al cielo o al infierno, aun siendo tomada individualmente, no es un proceso realmente consciente. La naturaleza esencial de cada difunto, que ha sido construida durante la vida física mediante el pensamiento y las inclinaciones básicas, genera una fuerza de atracción irresistible hacia lo semejante. Esto significa que el fallecido es conducido hasta el lugar que es más compatible con su esencia interior: el cielo o el infierno. Por supuesto, la esencia espiritual que conduce directamente al cielo es aquella basada en los ideales más puros: el amor al prójimo y a Dios. Y la que empuja al infierno es el amor por uno mismo y por el mundo material. En algunas ocasiones, Swedenborg contempló cómo la naturaleza interna de algunas personas no se inclinaba inmediatamente ni hacia el cielo ni hacia el infierno. En ese caso, el difunto debía pasar más tiempo en el mundo de los espíritus hasta que su estado fuese clarificado. También, todos aquellos que no querían o que no podían reconocer su propia muerte permanecían allí durante un tiempo indeterminado.

Este proceso de elección de un destino u otro se realiza a través de una operación especial. Swedenborg vio cómo ciertos ángeles se acercaban a la persona y analizaban su cara, que es lo que refleja la verdadera esencia del yo. Entonces les eran mostrados todos los eventos de su vida pasada en un gran libro. Swedenborg llama a esto *la lectura del Libro de la Vida* o *revisión de la vida*, un concepto que sigue circulando, tres siglos después, en la cultura de la Nueva Era. De sus letras no se escapa nada de lo que el difunto hizo o pensó en vida. Ni un ápice. Esta operación no tiene el castigo como fin, sino que tiene lugar para que cada persona disponga de la información necesaria para descubrir su verdadera naturaleza. Según Swedenborg, es necesario que cada difunto entienda en qué estadio de evolución está para conocer cuánto camino le queda por recorrer. Por eso la revisión de la vida es tan importante. Swedenborg cuenta también que, en algunas ocasiones, los ángeles le concedieron autorización para leer en este libro los detalles de las vidas de otras personas, algunos grandes dignatarios de su época.

Pues bien, una vez descubierta esta naturaleza interior, gracias al examen de todos y cada uno de los recuerdos en el Libro de la Vida, la personalidad exterior queda destruida para siempre. Así que el difunto ya no puede mentir a los demás ni a sí mismo. Como consecuencia, empieza a sentirse seducido por el cielo o por el infierno, según corresponda. Esta idea también es revolucionaria. Swedenborg está diciendo con esto que *Dios no castiga ni premia en función de los actos humanos*. Dios solo desea que todos comprendan que el estado natural del hombre es el amor y la verdad. Por tanto, todos deberían disfrutar del cielo para continuar con su evolución. Pero no puede obligar a vivir ahí a quienes desean el mal y la mentira. Estos renegados eligen por sí mismos construir otro hogar para ellos y todos los que son semejantes a ellos; un lugar en el que el dolor y el sufrimiento suponen el mayor de los disfrutes. Dios no puede hacer nada frente a esto, pues es la elección de la naturaleza esencial de cada uno. Repito: esto ahora nos puede parecer lógico, pero no es precisamente como los contemporáneos de Swedenborg veían la vida después de la muerte.

Los difuntos que anhelan los principios del cielo son conducidos a unas *áreas educativas,* donde serán instruidos por ángeles. Allí trabajarán en la comprensión de todos los apegos que aún les quedan de la vida material, eliminando todo resto de egoísmo y maldad. Swedenborg observó que, además de piadosos cristianos, otras muchas personas eran admitidas en estas escuelas de adaptación, a pesar de profesar otras religiones. Lo único que importa es que la naturaleza íntima haya sido forjada a semejanza del cielo.

Es decir, en esta etapa, los fallecidos limpian su cuerpo espiritual. Ingresar puros en el cielo es la *única manera de sobrevivir al peso de su poderosa energía*. Es un lenguaje moderno, diríamos que los difuntos deben adaptar su frecuencia vibratoria a la frecuencia del cielo. Así lo explica Swedenborg:

Muchos que llegan a la otra vida desde el mundo cristiano llevan consigo la fe de que serán salvados por pura misericordia, porque la imploran. Sin embargo, cuando se les examina, resulta que piensan que entrar en el cielo es simplemente una cuestión de admisión, y que quienes habían sido admitidos estaban en la alegría celestial. No tienen la menor idea de lo que es el cielo o la alegría celestial. Se les dice entonces que el Señor no niega el cielo a nadie. Pueden ser admitidos en el cielo si desean y soportan estar allí. Algunos que lo querían fueron realmente admitidos; pero en el mismo umbral, al contacto con el calor del cielo (es decir, con el amor de los ángeles que allí se encuentran) y ante el influjo de la luz del cielo (que es la verdad divina), se sintieron embargados de tal dolor en el corazón que les pareció encontrarse en los tormentos del infierno antes que en las alegrías del cielo. Sobrecogidos por esto, se han arrojado de cabeza hacia abajo. De esta manera han aprendido mediante una experiencia directa que nadie puede entrar en el cielo por misericordia directa.[52]

De nuevo, esta circunstancia también tiene un paralelo claro con lo que cuentan los soñadores lúcidos actuales. En ocasiones, cuando estos intentan pasar de una realidad a otra que se supone más elevada, dicen sentir una presión tal que piensan que están a punto de desintegrarse. Y tienen que abortar y regresar a la seguridad de su cama en el mundo físico. Es como si la evolución de la consciencia determinara en qué planos esta puede entrar y en cuáles todavía no es capaz de sobrevivir.

SEGUNDO REINO: EL CIELO

Swedenborg fue testigo de cómo los fallecidos, una vez que su esencia ha sido acomodada para soportar la energía del cielo, son revestidos de túnicas blancas y se convierten en ángeles. Entonces ingresan en el cielo y reciben el encargo de dedicarse a una actividad concreta, siempre enfocada a servir al bien común. Todos adquieren una nueva profesión y después son destinados a una comunidad determinada, donde también viven otros ángeles de similar naturaleza a la suya. Y aquí entramos en el asunto de los ángeles. La opinión de Swedenborg sobre ellos es, de nuevo, revolucionaria. En su tiempo, el dogma cristiano definía a los ángeles como criaturas intermedias entre Dios y los hombres. Por ejemplo, el Salmo 6 dice, refiriéndose al ser humano:

Le has hecho poco menor que los ángeles, y lo coronaste de gloria y de honra.[53]

Es decir, los ángeles, según el pensamiento cristiano, son seres de una naturaleza diferente. Pero esta idea no era fruto de la experiencia con los propios ángeles, sino que procedía de la tradición eclesiástica

---

52   Ibid.
53   Salmo 8:5.

y del análisis de los textos sagrados. Por contra, Swedenborg convivió con ellos en numerosas ocasiones, dentro de sus sueños lúcidos. Ellos mismos le dijeron que son solo personas. Personas cuya esencia, gracias a haber llevado un estilo de vida basado en el amor y la verdad, resuena con la energía del cielo. En definitiva, los ángeles son criaturas que previamente fueron seres humanos. Y, por tanto, a diferencia de lo que se pensaba en su época, no son entidades fantasmagóricas. Tienen un cuerpo, aunque no está hecho de materia física, sino de la materia de la que está construido el cielo. Por eso, solo pueden ser percibidos con los ojos del espíritu. Por ejemplo, en un sueño lúcido, tal y como Swedenborg los contemplaba. Los ángeles hablan, se ríen y se mueven como lo hacemos nosotros aquí en el mundo físico.

Las exploraciones de Swedenborg también le permitieron hacer un mapa del cielo. Este se divide en tres grandes regiones, denominadas *cielo exterior, cielo medio* y *cielo interior*. El último de ellos es el que más próximo está de Dios, la fuente de todo. Pero recordemos que, en el más allá, la distancia no es geográfica, sino una diferencia de estado. Cada difunto tiene un estado que es consecuencia de su naturaleza interior. Dicho estado solo es capaz de soportar un tipo de ambiente con el que se corresponde, pero no tolera dimensiones cuya «vibración» sea superior. Por eso, los tres cielos no están separados entre ellos por la distancia, sino que se diferencian por el estado de sus habitantes. Por eso, los ángeles del cielo exterior no pueden resistir la fuerza del cielo medio ni la del cielo interior. Lo mismo sucede con los que habitan el cielo medio respecto al cielo interior:

> *Hubo quienes, procedentes del cielo exterior y no instruidos acerca de que el cielo depende de las cualidades más profundas de los ángeles, creyeron que encontrarían mayor felicidad angélica con tan solo ser admitidos en el cielo en que aquellos ángeles vivían. Se les permitió visitarlos (…). Muy pronto se apoderó de ellos tal angustia que, al final, apenas podían decir si estaban vivos o no, así que rápidamente decidieron volver al cielo del que procedían (…).*[54]

Dado que los ángeles son hombres y mujeres normales, Swedenborg deduce que el cielo no es una dimensión preexistente

---

54 Ibid.

creada por Dios, tal y como piensa el cristianismo tradicional. Para él, el cielo es solo una creación colectiva de los seres humanos que se han convertido en ángeles. Ellos lo fabricaron y ellos lo mantienen con la fuerza de su voluntad para tener un lugar adecuado donde continuar viviendo en paz:

(…) el cielo no está fuera de los ángeles, sino dentro de ellos. Por eso, a menos que el cielo esté dentro de cada hombre, nada del cielo que está fuera entra ni es aceptado en él.

Casi todos los que llegan a la otra vida piensan que el infierno es el mismo para todo el mundo y que el cielo es el mismo para todo el mundo, cuando en realidad existen infinitas variaciones y diferencias en función de cada uno. El infierno no es nunca el mismo para dos personas distintas, ni tampoco el cielo (…).[55]

Ni siquiera Dios es el mismo para todos, sino que cada uno lo reinterpreta en función de su estado. Swedenborg dice, por ejemplo, que cuando la divinidad visita alguno de los tres cielos, no todos lo perciben igual:

(…) cuando el Señor se hace presente en una comunidad particular, su apariencia depende de la naturaleza del bien que actúa en esa comunidad. Por lo tanto, no es exactamente la misma en todas las comunidades. La diferencia no está en el Señor: está en los individuos que le ven desde su propio bien y por consiguiente en concordancia con él.[56]

Esto es un concepto absolutamente renovador que rompe con la idea cristiana del cielo único e inmutable que sus contemporáneos defendían. Y coincide con lo que los soñadores lúcidos han descubierto sobre las otras realidades: en buena medida, el observador construye su entorno con el poder creador de su consciencia.

Swedenborg también habló del concepto de tiempo y de espacio, a la luz de sus exploraciones. Descubrió que, en el más allá, el tiempo es solo una *variación de estado de consciencia* y el espacio es una *diferencia de estado de consciencia.*

---

55 Ibid.
56 Ibid.

Vayamos primero con el tiempo. En este mundo, el tiempo no existe. Es cierto que las cosas y los seres cambian, pero la sucesión de eventos no es una línea temporal. Como he adelantado, Swedenborg afirma que los cambios que nosotros interpretamos como «tiempo» son *variaciones de estado*. Es decir, traducido a un lenguaje moderno, en el más allá solo existen cambios en el estado de consciencia que, para un observador encarnado como Swedenborg, son interpretados como una concatenación de sucesos ordenados. Por eso, si alguien observara a un ángel en un instante determinado y luego viera cambiar su aspecto, eso significaría que el tiempo habría pasado de un momento hasta el otro, aunque, en realidad, no existiría tal concepto de tiempo, sino simplemente el cambio de estado de una apariencia a la siguiente. Sabiendo esto, la vida eterna de la que disfrutan los ángeles es un hecho fácilmente entendible. Swedenborg dice que *por «eternidad» los ángeles perciben un estado infinito, no un tiempo infinito*.

El concepto de espacio les es igualmente ajeno a los ángeles. Cuando se desplazan de un punto a otro, en realidad no hay movimiento, sino *cambio en su estado*:

> *Todo movimiento en el mundo espiritual es consecuencia de los cambios de los estados interiores, hasta el punto de que el movimiento no es otra cosa que un cambio de estado. Así es como yo fui conducido por el Señor a los cielos y también a otros planetas del universo. Esto le sucedió a mi espíritu, mientras mi cuerpo permanecía en el mismo lugar. Así es como se mueven los ángeles, lo que significa que no hay distancias para ellos; y si no hay distancias, no hay espacio. En su lugar tienen los estados y sus cambios. Siendo esta la naturaleza del movimiento, podemos ver que el acercamiento es semejanza con el estado interior, y el alejamiento, diferencia. Por eso las personas que están cerca se encuentran en un estado semejante, y las que están lejos, en estados diferentes. Por eso en el cielo el espacio no es nada sino los estados exteriores que corresponden a los estados interiores.*[57]

Precisamente esa es la forma de viajar de la que informan los soñadores lúcidos. Para trasladarse desde un punto a otro, especialmente si el destino no está a la vista, lo más eficiente es modificar el estado de consciencia; lo que Swedenborg denomina el *estado interior*.

---

[57] Emanuel Swedenborg. *Del Cielo y del Infierno.*

Esto implica emitir una orden con mucha emoción. Es como si uno se montara en el propio deseo y este lo transportara, como si fuese una barca, al otro lado del río. Al hacerlo, el soñador lúcido aparece instantáneamente en el lugar previsto, sin haber sido consciente del trayecto, es decir, del espacio recorrido. ¿No es justo esto lo que asegura Swedenborg que contempló estando en el cielo, fuera del cuerpo? En otro lugar, dice:

> *Cuando alguien se traslada de un lugar a otro, sea en su propia ciudad, por sus patios y jardines, o fuera de su comunidad, lo hace con mayor rapidez si tiene un vivo deseo de llegar a ese lugar y más lentamente si no lo tiene. El camino se alarga o se acorta en función de su deseo, aunque sea el mismo. He visto esto con frecuencia, para mi gran sorpresa. Una vez más podemos ver que la distancia y el espacio dependen enteramente del estado interior de los ángeles y por eso ninguna idea o concepto de espacio cabe en su pensamiento, aunque tengan espacio como lo tenemos en nuestro mundo.*[58]

Por otro lado, Swedenborg reconoce que en el más allá hay algún tipo de orientación, similar a la geográfica, pero que esta es claramente de otra naturaleza:

> *(…) en el mundo espiritual los puntos cardinales no se fijan como en el mundo natural, sino que están determinados por la dirección hacia la que se mira (…) en el cielo, llaman «Este» a la dirección en que el Señor es visto como sol. Oeste es la dirección opuesta, el Sur en el cielo está a la derecha y el Norte a la izquierda. Esto se mantiene independientemente de hacia dónde se pueda dirigir el rostro o el cuerpo. De esta manera, en el cielo todas las direcciones están determinadas sobre la base del Este (…) el oriente está siempre enfrente de los ángeles cualquiera que sea la dirección hacia la que dirijan su rostro o su cuerpo. Esto es aún más difícil de comprender en nuestro mundo, dado que, para nosotros, la dirección que tenemos enfrente depende de la dirección a la que estemos mirando.*[59]

Esto coincide con lo que experimentan los soñadores lúcidos en la actualidad. En mi libro sobre los sueños lúcidos hablo precisamente de este misterio, desde la perspectiva de un onironauta:

---

58 Ibid.
59 Ibid.

En un sueño lúcido o en un sueño ordinario no existen referencias tan concretas. Pero, reflexionando sobre ello, comencé a entender: es cierto que, cuando uno sueña con un lugar, lo visualiza siempre delante de uno mismo, a su izquierda, a su derecha o detrás. Si haces caso de tu intuición, siempre hay una orientación que corresponde con la localización de un lugar enfrente de ti. Solo tienes que dejarte llevar por las sensaciones y descubrirás si, para ti, enfrente quiere decir al norte, al oeste, al este o al sur. Es probable que, para la mayoría, enfrente sea el norte. El resto de los rumbos quedan definidos por descarte.[60]

¿Por qué es esto así? En el sueño lúcido y, por tanto, en el más allá, el sujeto solo puede crear objetos allá donde pone su atención. Donde uno no mira, no hay nada. Por eso, lo de enfrente es su propio estado de consciencia. Es decir, *dirección y estado son lo mismo.* A esa dirección, que es hacia donde uno mira, unos los llamarán su norte, otros su este, su sur o su oeste.

Otro asunto que preocupó a Swedenborg, y a lo que dedicó varios de sus sueños lúcidos de exploración, fue el uso del lenguaje. En el cielo, dijo, hay una sola lengua común a todos los ángeles. Es decir, *todos se comprenden unos a otros, sin que importe la comunidad de la que procedan, sea esta próxima o remota.* Lo sabemos por los informes de soñadores lúcidos: estos pueden comunicarse con otros seres conscientes sin que el idioma sea un impedimento. Es como si fuese una transmisión del pensamiento. Así lo expresa Swedenborg:

(...) las palabras de un ángel o un espíritu fluyen primero en nuestro pensamiento y después, por una ruta interior, en nuestro órgano auditivo, como si lo activara desde dentro. Cuando hablamos entre nosotros, las palabras fluyen primero en el aire y llegan a nuestro órgano auditivo activándolo por vía externa. Es decir, que la conversación con un ángel o un espíritu la oímos desde dentro, pero las palabras activan nuestro mecanismo auditivo tanto como en nuestras conversaciones habituales y, en consecuencia, resultan igualmente audibles.[61]

Los ángeles también andan vestidos, como cuando eran seres humanos y vivían en la Tierra. Excepto que sus ropajes desprenden una

---

60 Enrique Ramos. *Los sueños lúcidos. Una realidad alternativa.*
61 Ibid.

luz maravillosa cuya tonalidad varía en función del estado de consciencia de su portador. Cuanto más cerca de Dios, más finos y etéreos son los trajes. Por eso, en el cielo interior los ángeles van desnudos. Swedenborg dice que estos ángeles del cielo interior no llevan ropas porque han destruido ya todo su sistema de creencias; recordemos que la imagen queda determinada por los pensamientos.

En el cielo también hay ciudades con edificios. Swedenborg deja esto muy claro, mostrando su enfado hacia quienes creen que los ángeles viven como espíritus feéricos, pululando por el aire:

> *En el cielo hay comunidades y los ángeles, como nosotros, viven en casas que difieren según el estado de la vida de cada uno (…) actualmente casi nadie admitiría que ellos puedan tener hogares y casas: algunos porque no las ven, otros porque no comprenden que los ángeles son personas, otros porque creen que el cielo angélico es el firmamento que ven por encima de ellos con sus ojos, puesto que este parece estar vacío y ellos piensan que los ángeles son formas etéreas, llegan a la conclusión de que los ángeles viven en el éter (…). Los ángeles me han dicho que eran conscientes de esa ignorancia que prevalece en nuestro mundo en la actualidad (…) los ángeles son personas, que tienen casas y hogares y no vuelan por el aire, que, aunque sean llamados «espíritus» no son viento, como la ignorancia (que los ángeles llaman locura) de algunos pretende (…).*[62]

Las casas son como las de la Tierra, pero más bellas. En realidad, son creaciones de los propios ángeles con el poder de su pensamiento. La intención de los ángeles toma la energía del entorno y fabrica las viviendas, y solo la percepción de un visitante externo acaba interpretándolas como edificios. Swedenborg nos cuenta que los ángeles del cielo interior, los más cercanos a Dios, viven en casas situadas en altas montañas. Los del cielo medio residen en edificios sobre colinas suaves. Y los del cielo exterior viven en casas construidas sobre pequeñas rocas a nivel del suelo. Todo esto, como vimos, hay que interpretarlo empleando el concepto de *sentido* o *función*.

En una ocasión, fue informado de lo que les ocurría a los niños cuando morían. Descubrió que todos son admitidos directamente en el cielo porque, al no disponer de una naturaleza interior

---

62   Emanuel Swedenborg. *Del Cielo y del Infierno.*

completamente configurada, esta no puede sentirse atraída por el infierno. También vio que son recibidos por ángeles femeninos, que los cuidan y los instruyen. Después de un periodo de aprendizaje, dejan de ser niños y adquieren el rango de adultos jóvenes, convirtiéndose en ángeles. Pero olvidan al completo su corta estancia en la Tierra, creyendo que han nacido directamente en el cielo.

Otro asunto interesante que trata Swedenborg es el del matrimonio. Los ángeles, que eran seres humanos en la vida física, también se unen en parejas y se casan en el cielo. En esto, Swedenborg contradice incluso al evangelio: *Porque en la resurrección ni se casarán ni se darán en casamiento, sino serán como los ángeles de Dios en el cielo*[63]. Una prueba más de que los relatos de sus exploraciones eran sinceros, ya que muchas veces desmentían los postulados de la Iglesia.

Sin embargo, Swedenborg encontró que el matrimonio del cielo es diferente del que celebramos en la Tierra. En el más allá, cuando los esponsales finalizan, los dos ángeles funden sus consciencias en una sola. Aunque siguen siendo dos entidades independientes, tienen una sola mente. Esto es muy interesante. Recuerda al resultado de las investigaciones que realizó la Iglesia y Escuela de Wicca, dirigida por el físico y matemático Gavin Frost y su esposa Yvonne Frost, y del Instituto Canterbury. Este último es el seudónimo de una organización privada formada por ocultistas y otros investigadores en los años 1960. Ambas instituciones publicaron un libro conjuntamente, en 1982, dedicado a la divulgación de la proyección astral[64]. Ya he comentado que este fenómeno es el mismo que el llamado sueño lúcido. En esta obra de los Frost, entre otros asuntos, se exponen los resultados de mil doscientas entrevistas a personas que habían vivido experiencias en el más allá. Pues bien, una de las conclusiones que obtuvieron fue que, en los ámbitos espirituales, sucede un fenómeno que consiste en la fusión espontánea entre varios espíritus. Dedujeron que el fin de este acontecimiento era la creación de otro ser independiente producto de la unificación de los anteriores seres individuales. ¿Podría ser esto mismo lo que Swedenborg contempló y que luego interpretó, a la luz de sus creencias, como un matrimonio?

Otra diferencia entre el matrimonio terrenal y el celestial es que en el cielo los ángeles no tienen hijos. Precisamente por eso,

---

63   Mateo 22:30.
64   Gavin Frost e Yvonne Frost. *Proyección astral.*

Swedenborg consideraba que la procreación en el mundo físico era una tarea sagrada de las parejas humanas, ya que es la única fuente de la que disponemos para «fabricar» ángeles que continúen poblando el cielo.

TERCER REINO: EL INFIERNO

Swedenborg afirma que los humanos que ingresan en el infierno lo hacen simplemente porque la idea de vivir en el cielo les repugna. Y que, por tanto, el infierno les agrada intensamente. La naturaleza íntima del difunto, la que ellos mismos han construido y de la que no pueden escapar, es la que se acomoda al ambiente y no al contrario. Los que han dedicado su vida a practicar el mal y solo valoran las cosas materiales, pasan a la otra vida deseando hacer lo mismo:

> *Su mal (el infierno) tira de ellos como si fuera una cuerda; y como son atraídos y quieren seguir al mal debido a su amor por él, se arrojan libremente al infierno (…) entran voluntariamente, y los que lo hacen por un ardiente deseo de mal parece como si saltaran de cabeza.*[65]

También observó que, en el mundo infernal, los seres humanos no sufren el castigo de seres diabólicos. Esta idea también iba en contra de todo lo que defendía el pensamiento religioso de su propia época. Swedenborg vio que los habitantes del infierno *se castigan entre ellos mismos*. Viven en una constante lucha, unos contra otros. Por eso, el dolor no es infligido por criaturas especiales, sino por sus semejantes. Por tanto, los demonios, tal y como los entiende el cristianismo, no existirían. Los diablos son, según Swedenborg, simples seres humanos que han optado voluntariamente por el infierno.

Swedenborg dice que este reino, cuando su mente racional trataba de poner orden a lo que atestiguaba, le recordaba a una ciudad infestada de criminales. Allí las violaciones, la tortura y la delincuencia son la norma. Vio que, a semejanza de las sociedades humanas corruptas, hay ciertos individuos que se hacen con el poder para controlar al resto. Y que forman verdaderas organizaciones mafiosas.

---

65   Emanuel Swedenborg. *Del Cielo y del Infierno.*

A sus integrantes se les encarga la misión de sembrar el miedo entre los habitantes del infierno. Pero nadie está libre. Todos pertenecen a alguno de estos grupos del mal que, a su vez, están dirigidos por otros capos similares. Al final, todos hacen daño a todos, continuamente, por puro placer. Swedenborg dice que, en ciertas ocasiones, algunos ángeles tienen permiso para bajar a los infiernos y frenar los desvaríos de algunos ciudadanos a los que la violencia se les va de las manos. Si no fueran detenidos, el infierno podría llegar a autodestruirse y entonces el equilibrio de todo el universo correría peligro.

En el infierno, las personas también viven en ciudades con edificios, pero, a diferencia de las del cielo, estas están en ruinas. Son lugares malolientes y sucios. Algunas parecen ciudades arrasadas por un incendio. También hay eternos paisajes desolados, desérticos y pedregosos, donde son apartados los más extremistas. Pero, a diferencia de lo que postulaba el cristianismo en tiempos de Swedenborg, Dios no ha creado este lugar para mortificar a sus moradores. En realidad, es tal y como sus habitantes quieren que sea, pues es una construcción suya.

El aspecto físico de las personas que viven en el infierno también es horrendo. Algunos están deformados, otros tienen un aspecto monstruoso, otros son como cadáveres andantes…La descripción de Swedenborg recuerda a un apocalipsis zombi. ¿Por qué los habitantes del infierno eligen ser así? Por causa de su naturaleza íntima, que es la que fabrica automáticamente tal fisionomía. Así como piensan, así aparentan. Sin embargo, entre ellos se ven como personas normales. No son conscientes de su fealdad. Swedenborg contó que solo los visitantes, como los soñadores lúcidos, son capaces de ver su verdadera imagen. Cuando los ángeles bajan al infierno y aparecen ante ellos, la cosa es aún peor: su poderosa luz ilumina los rostros de los moradores del infierno y, en ese instante, todos comienzan a percibir su horripilante figura como es auténticamente. Es por eso por lo que todos prefieren vivir en lugares lóbregos, donde no llega el resplandor de los ámbitos superiores.

Swedenborg también dedica tiempo a describir las entradas al infierno, que son numerosas. Todas están en el mundo intermedio de los espíritus. No olvidemos que este reino es el lugar donde son recibidos los difuntos recién llegados y que, desde ahí, todos los seres humanos eligen su destino, ya sea el cielo o el infierno. Es decir, no existe una vía de comunicación directa entre esos dos reinos; siempre es necesario pasar, en un sentido u otro, por el mundo de los espíritus. Las puertas que dan al infierno están habitualmente ocultas a la vista y solo se hacen visibles cuando se abren para admitir a algún candidato. La mayoría son grietas en la roca o túneles bajo las montañas que dan paso a cuevas oscuras. A veces, las puertas están en ciénagas o lagos contaminados. Swedenborg vio que, cuando son abiertas, sale de ellas un intenso fuego, a veces con humo negro, y entonces el interesado entra con gusto; aunque desconoce el sufrimiento que le espera.

En cuanto a la estructura del infierno, esta es equivalente a la del cielo. Así como hay tres cielos, hay también tres infiernos: el exterior, el medio y el interior. Swedenborg describe profusamente estos tres círculos infernales, como también hace con los tres cielos.

Y, ¿qué hay de la reencarnación? En esto, Swedenborg coincide con el cristianismo oficial: una sola vida en el mundo físico y una sola vida eterna en el más allá. Pero hay quien opina diferente y afirma que Swedenborg sí apoyaba la doctrina del renacimiento. Se toma como ejemplo el siguiente párrafo de su obra *Del Cielo y del Infierno*:

Un ángel, valiéndose de su sabiduría, describía el proceso de regeneración y presentaba los arcanos que a ello hacían referencia, en número de cien. Exponía cada arcano con ideas que contenían otros aún más profundos, e hizo esto de principio a fin, explicando cómo la persona espiritual es concebida de nuevo, es luego llevada en el útero, por decirlo así, y después nace, madura y es perfeccionada gradualmente.[66]

Algunos han pretendido ver en este pasaje una muestra de que los ángeles le transmitieron el secreto (*arcano*) de la reencarnación a Swedenborg. Y que este no lo entendió correctamente. Lo justifican también con este párrafo que sigue al anterior:

Estas y otras cosas del mismo tipo que he escuchado de los ángeles me han mostrado cuánta sabiduría tienen y cuánta ignorancia tenemos nosotros en comparación con ellos, con apenas algún conocimiento de lo que es la regeneración e inconscientes de cualquier paso cuando estamos siendo regenerados.[67]

---

66 Emanuel Swedenborg. *Del Cielo y del Infierno*.
67 Ibid.

Pero resulta extraño que un hombre tan inteligente y culto como Swedenborg, que expuso conceptos mucho más complicados a lo largo de su extensa obra literaria, no se diera cuenta de que los ángeles le estaban enseñando los detalles de la reencarnación, un concepto conocido, al menos, desde los escritos de Platón. Pero quienes defienden esta posibilidad, dicen que quizás Swedenborg ocultó que lo sabía porque no encajaba con el dogma. Esto tampoco tiene sentido, pues Swedenborg era un hombre muy valiente. Como consecuencia de sus viajes fuera del cuerpo, se atrevió a escribir sobre conceptos novedosos para su época y sobre asuntos que se oponían frontalmente a la doctrina cristiana. Por ejemplo, Swedenborg ¡negaba el misterio de la Trinidad! Según le confesaron los ángeles, Dios no podía ser dividido en tres personas. Quienes llegaban al cielo y trataban de convencer a otros de este principio, eran apartados a lugares solitarios hasta que comprendieran la verdadera naturaleza de los tres aspectos de la divinidad: Dios, Hijo y Espíritu Santo. Por tanto, de haber estado convencido de la reencarnación, exponerlo en sus escritos le hubiera parecido un problema menor. Nunca lo hubiera escondido. Creo que los párrafos anteriores han sido, simplemente, malinterpretados. Poco después, Swedenborg, aclara que cuando los ángeles le hablaron de *regeneración*, estaban apuntando a algo muy concreto:

(…) las cosas de las que hablaba se referían sólo a la regeneración de la persona exterior. Innumerables eran las que hubiera podido contar acerca de la regeneración de la persona interior.[68]

Ya vimos que la *persona exterior*, para Swedenborg, es un concepto muy específico que él desarrolla a lo largo de sus libros. Se refiere a la parte de nuestro ser que mostramos hacia los demás, esto es, nuestro comportamiento social. Por eso, en esta vida física, muchos actúan de una manera, pero interiormente están pensando otra cosa. Los ángeles le dijeron que solo puede ingresar en el cielo la *persona interior*, por lo que es necesario desprenderse, de alguna manera, de esa otra mitad. Por eso, en este caso, parece que, cuando habla de *regeneración*, está hablando de algún proceso de limpieza que elimina

---

68   Ibid.

ese falso componente de nuestra personalidad que ya no necesitaremos en el cielo. Cuando esto ocurre, solo queda del difunto la *persona interior*. Por eso, cuando Swedenborg dice que la persona «es concebida de nuevo» y «es luego llevada en el útero», intercala la expresión «por decirlo así». Claramente, está empleando una metáfora para simbolizar el surgimiento de una persona renovada, libre de condicionamientos sociales y apegos. Aunque otros intenten forzarlo, no hay evidencias que demuestren que Swedenborg tenía pruebas de la reencarnación.

Escapando de la muerte, según Swedenborg

Además de todas las novedades que aportó a la arquitectura del más allá, de las cuales hemos hablado muy brevemente, Swedenborg descubrió algo maravilloso: que el destino que nos espera después de la muerte puede ser construido ya, desde ahora, en esta existencia física. Pero, a diferencia de lo que decía el cristianismo de la época, nuestro control va mucho más allá del cumplimiento de unas rígidas normas morales. Es decir, Swedenborg, en cierto sentido, encontró que había otra manera de morir. En el tiempo en el que Swedenborg escribió, y aún en la actualidad, todo lo que una persona puede hacer es llevar una vida según los evangelios y luego confiar en la misericordia de Dios para evitar el infierno. Esto provoca en el feligrés, como poco, ansiedad. Ya que, aunque uno cumpla con la voluntad divina, respetando sus normas morales, nadie te asegura nada, pues nadie conoce verdaderamente los designios de Dios.

Swedenborg creía que uno puede hacer las cosas de otra manera. La clave es que los actos que cometemos durante la existencia física no son utilizados en un juicio después de la muerte, tal y como admite la Iglesia. Los ángeles le dijeron a Swedenborg que nuestras acciones no sirven como pruebas de nuestra salvación o de nuestra condena, sino que *sirven para construir, en vida, nuestra esencia espiritual*. Cada acto realizado en la Tierra es como un «ladrillo» que se pone para levantar nuestro segundo cuerpo, el vehículo que utilizaremos en la otra vida. Y ¿por qué es esto importante? Porque, como ya hemos dicho, nuestro cuerpo se comportará después, en el más allá, como un imán que será atraído por uno de los dos destinos posibles: el cielo o el infierno.

Pero esto no es lo mismo que cumplir solo con la voluntad de Dios. Swedenborg descubrió que estos ladrillos, nuestras acciones, pueden ser puestos y eliminados, según vamos construyendo el cuerpo espiritual. De esta manera, gobernamos el proceso. ¿Cómo puede hacerse esto? Veamos, primero, lo que Swedenborg propone para colocar buenos ladrillos. Después, comentaremos qué sugiere hacer para eliminarlos o sustituirlos por otros. Para colocar ladrillos orientados hacia el cielo y no hacia el infierno, *es necesario llevar una vida útil en la Tierra.* ¿A qué se refiere con esta expresión? A que nuestro día a día no debe estar aislado del prójimo. Incluso el estilo de vida del eremita o del monje, aunque esté enfocado hacia el bien y a la oración, no es válido. Swedenborg vio a algunos de estos hombres de fe durante sus exploraciones en el más allá. Fue informado de que, durante la vida, estas personas se habían refugiado en sus estudios y solo vivían para alabar a Dios; sin embargo, habían descuidado la vida social y, por tanto, la asistencia a sus congéneres. Swedenborg vio cómo acababan siendo apartados por los ángeles a ciertas áreas del cielo donde pasaban la eternidad en absoluta soledad, privados de una felicidad plena. Swedenborg aconseja, por tanto, llevar una vida de acción en la que la ayuda a los demás sea nuestra prioridad:

El amor y la voluntad son el alma de la acción o la obra, que forma su propio cuerpo en las cosas honradas y rectas que hacemos. Esta es la única fuente del cuerpo espiritual, el cuerpo de nuestro espíritu; es decir, el cuerpo espiritual está enteramente formado de lo que hemos hecho con nuestro amor o nuestra voluntad (...). En una palabra, toda nuestra condición y nuestro espíritu están encarnados en nuestras obras o acciones.[69]

Todo lo anterior está muy bien, pero debemos reconocer que este comportamiento ya ha quedado prescrito por el cristianismo tradicional. ¿Qué hay, entonces, de novedad en este consejo? Swedenborg dice que lo que permite construir una adecuada esencia interior orientada al cielo es ayudar, *pero desde la ausencia de importancia de uno mismo.* Muchas personas auxilian a sus semejantes por pura misericordia, lo que usualmente alberga sentimientos de vanidad. Es

---

69   Ibid.

decir, ayudar no puede ser una moda, ni un símbolo de estatus social o de una moral superior. Debe actuarse verdaderamente desde el corazón. Esto es precisamente lo que el mismo Jesús de Nazaret quiso decirnos:

Guardaos de hacer vuestra justicia delante de los hombres, para ser vistos de ellos; de otra manera no tendréis recompensa de vuestro Padre que está en los cielos. Cuando, pues, des limosna, no hagas tocar trompeta delante de ti, como hacen los hipócritas en las sinagogas y en las calles, para ser alabados por los hombres; de cierto os digo que ya tienen su recompensa. Mas cuando tú des limosna, no sepa tu izquierda lo que hace tu derecha, para que sea tu limosna en secreto; y tu Padre que ve en lo secreto te recompensará en público.[70]

Por eso, para Swedenborg, lo único que nos aparta del cielo es el *amor extremo por uno mismo*. O lo que es lo mismo, *sentirse* más *importante que los demás*. Pensar así es como comprar un billete con destino a los peores lugares del más allá. Y esto es precisamente lo que les ocurre a los eremitas: «Me aparto de todo porque he sentido la llamada de lo más alto; ergo, soy un ser especial». Además, la vida solitaria puede conducir a una vida ociosa. Y esto nos llevaría a cometer el mal, porque nuestra naturaleza innata tiende a ello cuando se aburre.

Swedenborg advierte que la importancia de uno mismo no tiene nada que ver con la posesión o la carencia de bienes materiales. Por eso, los ricos no son necesariamente excluidos del cielo. Dependerá de qué tipo de naturaleza interior hayan construido. Si su atención no está enfocada en el dinero, sino en auxiliar al prójimo, la autoimportancia será mantenida a raya. Y, por el contrario, ser pobre tampoco asegura la entrada. Swedenborg conoció en el más allá a personas que habían padecido una vida en la indigencia, y que dirigían malos pensamientos contra su prójimo, envidiando sus posesiones de una manera enfermiza.

Swedenborg explica todo esto, con mayor claridad, en este párrafo que me parece absolutamente magistral y sobre el que merece reflexionar:

---

70 Mateo 6: 1-6.

Algunas personas creen que es difícil vivir una vida orientada hacia el cielo, lo que se denomina una vida «espiritual», porque han oído que debemos renunciar al mundo y abandonar los deseos del cuerpo y la carne y «vivir espiritualmente». Todos entienden que eso consiste en despreciar los asuntos mundanos, especialmente los referidos al dinero y el prestigio, vivir en constante meditación devota sobre Dios, la salvación y la vida eterna, y dedicar la vida entera a la oración y la lectura de la Palabra y la literatura religiosa. Piensan que esto es renunciar al mundo y vivir para el espíritu y no para la carne. Sin embargo, la realidad es muy distinta, como he aprendido de mi abundante experiencia y conversación con los ángeles. En realidad, quienes renuncian al mundo y viven para el espíritu de esa manera adoptan una vida lúgubre, una vida que no está abierta a la alegría celestial, puesto que nuestra vida permanece con nosotros después de la muerte. No, si queremos aceptar la vida del cielo, debemos por todos los medios vivir en el mundo y participar en sus deberes y asuntos. De esta manera, aceptamos la vida espiritual por medio de nuestra vida civil y moral; no hay ninguna otra forma de que la vida espiritual pueda formarse en nosotros, ninguna otra manera de que nuestros espíritus puedan ser preparados para el cielo. Y esto es así porque vivir una vida interior sin vivir al mismo tiempo una vida exterior es como vivir en una casa que no tiene cimientos, en la que gradualmente se abren grietas, y que se va desmoronando hasta que se derrumba.[71]

Además de visitar a monjes y eremitas, Swedenborg tuvo la oportunidad de conversar en el más allá con santos católicos que, según él, no acabaron precisamente en el cielo. Algunos de ellos le confesaron que el lugar al que habían sido destinados no era lo que ellos esperaban. Su situación era el resultado de haber llevado una vida de devoción *separada de una vida de caridad*.

En definitiva, los seres humanos debemos buscar la manera de ser útiles al plan de Dios aquí en la Tierra. Una existencia improductiva no abre las puertas del cielo:

«Ser de utilidad» es querer el bien de los otros por el bien común, mientras que «no ser de utilidad» significa querer el bien de los otros no por el bien común, sino por el de uno mismo. Quienes actúan de esta última forma

---

71   Ibid.

son aquellos que se aman a sí mismos sobre todas las cosas, mientras que los que actúan de la primera forma son aquellos que aman al Señor sobre todas las cosas.

(...) el sentimiento de lo que es verdadero está unido en cada uno al sentimiento de la utilidad, hasta el punto de que actúan como uno solo. De esta manera se siembra la verdadera comprensión de la utilidad, de manera que las verdades que aprendemos son percepciones verdaderas de lo que es útil. Así es como los espíritus angélicos son enseñados y preparados para el cielo.[72]

Pero ¿y si nos equivocamos y caemos en la autoimportancia? Al fin y al cabo, no somos perfectos. Cuando esto sucede, estamos contribuyendo a la construcción de nuestra naturaleza interior, es decir, de nuestro cuerpo espiritual, con un ladrillo más que puede hacernos sentir atraídos por el infierno cuando hayamos fallecido. Es aquí donde Swedenborg vuelve a aportar una visión muy valiosa, para mí una de las más importantes: no debemos angustiarnos, porque la situación es reversible. A Dios no le preocupa tanto que hagamos el bien y que amemos la verdad. *Dios solo quiere que nos mantengamos orientados hacia el bien y la verdad.* ¿Qué significa esta expresión? Quiere decir que ¡no es tan grave cometer errores, pecar o realizar malas acciones! Según lo que Swedenborg escuchó de los ángeles, a Dios le importa realmente que después de cada uno de tus fallos, te hagas consciente de lo que has hecho. Esto es, que te des cuenta del error, con todo tu corazón y que desees no volver a hacerlo. Y si vuelves a caer, Dios tampoco se preocupará en lo más mínimo siempre que seas juicioso de nuevo. Esto es lo que Swedenborg denomina *estar orientado hacia el bien y la verdad.* Tal perspectiva quita mucha presión, ¿verdad? Pero, de nuevo, alguien podría argumentar que esto ya también está presente en la doctrina cristiana. El pecado puede ser borrado si hay arrepentimiento y el feligrés se somete al sacramento de la confesión. Sin embargo, esto no es lo que propone Swedenborg. Para él, Dios no desea participar en el proceso de eliminación de los errores cometidos, uno a uno, tras cumplir una penitencia. Para Dios solo cuenta tu actitud en genérico, es decir, hacia dónde se orienta tu intención. En mi opinión, esta es una

---

72   Ibid.

visión preciosa. No hay pesado de almas, no hay juicio, no hay separación de ovejas blancas y negras. El ser humano está en esta vida física únicamente para construir el cuerpo que le permitirá existir por siempre en un lugar maravilloso más allá de la materia.

Un hombre valiente y sincero

Las obras de Swedenborg inauguraron una nueva etapa en el estudio de la vida después de la muerte. Es, en cierto sentido, el padre del cielo moderno. Ese es su primer legado.

Por otro lado, sus escritos teológicos son tan profundos que dieron lugar al surgimiento de una nueva rama de la Iglesia protestante, tan solo quince años después de su muerte: la *Nueva Iglesia* o *Iglesia Swedenborgiana*. Sin embargo, Swedenborg nunca habría querido tal cosa. Respetaba mucho a las Iglesias existentes en su tiempo, y nunca aconsejó a nadie que actuara contra ellas o que las abandonara. Consideraba que no era necesario destruir lo construido. Su esperanza era que estas iglesias evolucionaran, de manera natural y no forzada, si los dirigentes de estas leían sus libros. Por eso, se tomó la molestia de estructurar todas sus obras como si se trataran de libros de ciencia, con profusión de notas y referencias cruzadas a otros de sus textos y a las Sagradas Escrituras. Y las escribió todas en latín, la lengua culta de la época. Cada vez que publicaba una nueva, se la enviaba, junto a una carta personalizada, a religiosos que ocupaban

Sarcófago de Swedenborg en la catedral de Upsala (Suecia)

importantes puestos en la Iglesia, y a los profesores universitarios. En muchos casos, estos no le respondían. En ocasiones, le contestaban agradeciéndole el detalle de forma hipócrita. Nunca llegaron a leerlas. Sin embargo, Swedenborg no se rindió. En una ocasión, un buen amigo le preguntó si creía que, en algún momento en el futuro, su pensamiento acabaría siendo valorado. Respondió: *sospecho que será aceptado a su debido tiempo, porque de lo contrario el Señor no habría revelado lo que ha permanecido oculto hasta el día de hoy.*

Swedenborg tenía plena confianza en sí mismo, pues su fuente de información no era el intelecto, sino el otro mundo. Todo lo que había descubierto era el resultado de auténticos viajes espirituales de los que *él mismo*, al menos, no podía dudar. Por eso, Swedenborg nunca hizo proselitismo de sus ideas, ni dio discursos públicos. De haberse inventado todo para sacar un beneficio, fuese dinero o fama, hubiera actuado de manera opuesta.

Una sola vida física y una sola vida provisional en el más allá.

Cómo influir en nuestro destino después de la muerte según el modelo de reencarnación de Robert Monroe.

La supervivencia del yo más allá de la existencia física es un proceso natural y automático. Nos preguntamos en qué momento nos volvimos tan limitados en nuestra forma de pensar para afirmar lo contrario.
El viaje definitivo. Robert Monroe

UN PRECURSOR DE LA INVESTIGACIÓN MODERNA

Robert Monroe también fue un pionero. En mi opinión, fue el Swedenborg del siglo xx d. C. En un tiempo y en una sociedad en los que no se hablaba de estos asuntos, este hombre arriesgó su prestigio por divulgar un fenómeno que, hasta ese momento, no había sido abordado de una manera responsable. Me refiero a la llamada *experiencia fuera del cuerpo*. En esta experiencia, la persona está totalmente consciente mientras se percibe a sí misma como situada en un lugar diferente. Esta segunda posición puede ser un punto a pocos centímetros de su cuerpo físico, o un escenario conocido o desconocido, en cualquier lugar del mundo físico o fuera de él. La experiencia fuera del cuerpo no es una alucinación, ni imaginación, ni un sueño. Es una experiencia cuyo protagonista percibe como absolutamente física. Ya he comentado que la mayoría de los investigadores y practicantes con experiencia consideran que la experiencia extracorporal es el mismo fenómeno que otros han llamado *proyección astral* en el pasado o *sueños lúcidos* en la actualidad.

Robert Monroe nació en 1915 en el estado de Indiana, en los Estados Unidos. Creció en una familia normal de cinco hermanos. Desde pequeño mostró tener una gran inteligencia, siendo capaz de ejecutar tareas intelectuales que no le correspondían por edad. Por ejemplo, podía escribir y leer con mucha soltura con tan solo cuatro años. En la edad adulta, comenzó a interesarse por los aviones, especialmente por el vuelo sin motor. Según contó él mismo, esta circunstancia pudo haber influido, inconscientemente, en la activación de sus experiencias fuera del cuerpo que llegarían más tarde. Se casó dos veces y tuvo varios hijos. Su carrera profesional se centró en los medios de comunicación. Llegó a ser productor de muchos programas de radio y televisión por cable. En esto también fue un pionero. Por ejemplo, fue de los primeros en emplear cinta magnetofónica para almacenar grabaciones que luego usaría para sus programas. También fue uno de los más tempranos productores de novelas radiofónicas en los que se incluían efectos de sonido, algo novedoso en aquellos tiempos.

Cuando se trasladó a vivir al estado de Virginia, su pasión por el sonido y los efectos que estos pueden producir sobre las emociones humanas le animaron a experimentar sobre sí mismo. Por las noches, escuchaba diferentes grabaciones que él había creado, usando auriculares. La finalidad de estos experimentos caseros era medir el grado de influencia que dichos sonidos podían tener en la capacidad de aprendizaje durante los ciclos del sueño. Incluso experimentó con su hija Laurie, a la que ponía audios que contenían sonidos de olas del mar junto a su voz repitiendo las tablas de multiplicar y algunas frases concretas.

Una noche de 1958, Monroe se quedó dormido escuchando las grabaciones. Se despertó abrumado por una poderosa vibración que le recorría todo el cuerpo, acompañada de un zumbido insoportable. Creyó que se estaba muriendo. Pero nada ocurrió. La misma experiencia se repitió otras noches. Él siempre trataba de abortarla, presa de un miedo atroz. Pero algo cambió una noche de primavera. Las vibraciones regresaron, pero esta vez aguantó el tipo. Entonces, sintió que su brazo atravesaba la cama y luego el suelo de su dormitorio. ¡Podía sentir el techo de la habitación que había debajo! El resto del cuerpo lo tenía paralizado. Palpó lo que parecía agua, algo desconcertante. Poco después, la experiencia colapsó y regresó a un estado normal de vigilia. Algo parecido sucedió unas semanas más tarde,

pero, en esta ocasión, tras sentir los temblores, se encontró flotando muy cerca del techo de su dormitorio. Al principio no fue consciente de que era el techo, porque lo primero que percibió fue una fuente. Al afinar su atención sobre el objeto, se dio cuenta de que se trataba de la lámpara de araña que tenía sobre la cama de matrimonio. Entonces comprendió su verdadera situación: estaba suspendido en el aire. Se dio la orden de girar para mirar hacia el suelo y es entonces cuando vio el lecho, en el que su mujer yacía plácidamente dormida con otro señor. Cuando enfocó la vista, comprobó con espanto que otro Robert dormía con su esposa. Entró en estado de pánico y, de repente, se encontró de nuevo en la cama. Pensó que una enfermedad repentina lo había llevado al borde de la muerte y que había estado a punto de fallecer.

Como las experiencias continuaron, convencido de tener un problema grave de salud, acudió a diferentes médicos. Pero todas las pruebas fueron negativas: estaba perfectamente sano. Poco a poco empezó a aceptar su situación. Buscó toda la información que pudo sobre experiencias similares a las suyas. Desafortunadamente, no había mucho escrito sobre este asunto. Uno de los doctores que estaban examinándolo le comentó que esta experiencia era conocida, en algunos círculos, como *proyección astral*. Este dato le dio la clave para comenzar su investigación personal.

Con el tiempo, fue controlando el proceso hasta lograr reproducir la experiencia a voluntad. Y, sobre todo, consiguió prolongarla lo suficiente para convertirla en una excelente herramienta de exploración de las otras realidades. Las conclusiones extraídas durante los primeros años fueron incluidas en su primer libro, publicado en 1971: *Viajes fuera del cuerpo*[73]. En esta obra recogió cientos de exploraciones que se sucedieron en un periodo de doce años. Además de las narraciones de sus aventuras, Monroe reflexionó sobre la naturaleza del fenómeno, pues deseaba encontrar un patrón que le condujera a una técnica efectiva para él y para los demás. Este primer libro fue todo un éxito. Era previsible, ya que muchas personas anónimas estaban experimentado el mismo fenómeno alrededor de todo el mundo y estaban ávidas de información. Comenzó a recibir miles de cartas de gente que solo deseaba aliviar la tensión de estar sufriendo esos mismos eventos nocturnos.

Las experiencias de Monroe también atrajeron el interés de algunos científicos, como el ya mencionado Charles Tart. Este condujo varios experimentos, primero en la Universidad de Virginia y después en la de California, donde Robert Monroe tuvo que producir a voluntad varias experiencias fuera de cuerpo mientras Tart realizaba determinadas comprobaciones. En uno de estos ensayos, Tart le pidió a Monroe que, una vez fuera del cuerpo, saliera de la habitación y entrara en la sala de control. Su misión sería leer y memorizar una serie de números escritos en una de las paredes. Robert Monroe logró provocar la experiencia y trasladarse a sala. Pero olvidó completamente cumplir con su tarea. No obstante, antes de regresar, pudo contemplar la escena que estaba ocurriendo en la sala de control. Después, al regresar a la realidad de vigilia, fue capaz de describir físicamente al técnico que allí se encontraba, y al que Monroe no conocía ni había visto nunca, así como otra serie de detalles de la estancia. Sin embargo, algunos de los datos aportados por Monroe fueron erróneos.

---

73   Robert Monroe. *Viajes fuera del cuerpo.*

En paralelo a su investigación sobre la experiencia fuera del cuerpo, Monroe continuó practicando con el sonido. Siempre pensó que, de alguna manera, esas grabaciones que había estado escuchando durante las primeras noches tuvieron algo que ver con sus experiencias. Construyó en casa un pequeño laboratorio, con un cubículo de aislamiento para ensayar. Comenzó a experimentar con audios que contenían tonos binaurales que él mismo diseñaba junto a algunos amigos científicos. Con el paso del tiempo, este sistema de audio sería denominado *Hemi-Sync* porque, entre otros efectos, es capaz de sincronizar el funcionamiento de los dos hemisferios cerebrales.

Monroe continuó realizando más y más experimentos con personas de confianza. Durante las sesiones de audio, los sujetos eran llevados a un estado de relajación y meditación muy profundo; algunos tenían intensas experiencias espirituales. La fama de sus actividades se extendió por otros estados del país y cada vez más gente acudía a su casa para probar la tecnología. Para evitar que cualquiera pudiera interferir en su trabajo, creó el Instituto Monroe, una fundación para la investigación de la consciencia humana. Robert Monroe se rodeó de personas muy capacitadas: médicos, físicos, ingenieros, psicólogos... Una de las personas que entró en contacto con él fue Elisabeth Kübler-Ross, afamada terapeuta y escritora cuya actividad se había centrado en ayudar a otras personas durante los procesos del duelo por la muerte de un familiar. También instruía en el acompañamiento a los moribundos, enseñándoles a hacer más fácil el tránsito. En aquellos tiempos, ya era considerada como una de las principales expertas en la investigación sobre el más allá y las experiencias cercanas a la muerte. Elisabeth había leído el libro de Monroe y decidió viajar hasta Virginia para conocer la labor que este desarrollaba en sus instalaciones. Asistió a uno de los programas que ya ofrecía en su instituto. En la segunda sesión con la nueva tecnología de Monroe tuvo una experiencia fuera del cuerpo. Ella lo comparó con una muerte y un regreso a la vida. La noche después de este episodio, mientras dormía, comenzó a tener intensas visiones. Según ella misma relató, fue algo aterrador. En unas pocas horas fue reviviendo, uno a uno, el fallecimiento de todas las personas a las que ella había ayudado a morir en los últimos años. No es que simplemente recordara aquellos momentos, sino que experimentaba en sí misma el proceso de morir de cada una de ellas. Seguidamente, cuando este proceso finalizó, tuvo otra experiencia fuera del cuerpo en la que alcanzó un estado de profunda paz espiritual. Merece la pena leer el relato con sus propias palabras:

> *Y entonces tuve una de las experiencias más increíbles de mi vida. En una frase: pasé por cada muerte de cada uno de mis mil pacientes. Y me refiero al dolor físico, la disnea (respiración dificultosa), la agonía, los gritos de auxilio. El dolor estaba más allá de cualquier descripción. No hubo tiempo para pensar y no hubo tiempo para nada excepto que dos veces cogí aire, como entre los dolores de parto. Pude recuperar el aliento como por una fracción de segundo, y supliqué, supongo, a Dios por un hombro en el que apoyarme, por un hombro humano, y visualicé el hombro de un hombre en el que pudiera poner mi cabeza. Y vino una voz atronadora: «No se te dará». Esas palabras. Y luego volví a mi agonía y dolor y disnea y me doblé en la cama. Pero estaba despierta. Quiero decir, no fue un sueño. Estaba reviviendo cada muerte de cada uno de mis pacientes moribundos, y cada aspecto de la misma, no solo el físico.*
>
> *Luego, una eternidad después, rogué por una mano que sostener. Mi fantasía era que una mano saldría del lado derecho de la cama y podría sostenerla. Y luego otra vez esta voz: «No se te dará». Luego, ya sabes, vino todo el viaje de autocompasión por el que pasé: «He sostenido tantas manos y, sin embargo, no tengo ni una mano en mi propia hora de agonía (…)». Ese fue mi último estallido de ira e indignidad hacia Dios o quien sea (…). Era algo así como ira o desafío, pero también la comprensión de que en la agonía final tienes que hacerlo solo, nadie puede hacerlo por ti.*
>
> *Una vez que me di cuenta de esto, dije de una manera casi desafiante (…) «Está bien. Dámelo. Sea lo que sea que tengo que tomar. Estoy lista para tomarlo». Supongo que, para entonces la agonía y el dolor, que duró horas, eran tan grandes que 10.000 muertes más no habrían hecho ninguna diferencia, ya que todo el dolor que podía soportar ya estaba allí de todos modos. Pero en el momento en que le dije que sí y lo dije en serio desde el fondo de mi corazón, en el momento en que sentí la confianza de que realmente podía soportar lo que viniera, toda la disnea, la hemorragia, el dolor y la agonía desaparecieron en una fracción de segundo, y de ahí surgió la experiencia de renacimiento más increíble.*
>
> *Fue tan hermoso que no hay palabras para describirlo. Empezó cuando la pared de mi vientre vibraba, y miré (…) con los ojos abiertos, completamente consciente, dije: «Esto no puede ser». Quiero decir, anatómicamente, fisiológicamente, no era posible. Vibraba muy rápido. Y luego, dondequiera que miraba en la habitación, mis piernas, el armario, la ventana, todo*

*comenzó a vibrar en un millón de moléculas. Todo vibraba a esta incre-
íble velocidad. Y frente a mí había un formulario. La forma más cercana
de describirlo es como una vagina. Miré eso, y cuando me enfoqué en él, se
convirtió en un capullo de flor de loto. Y mientras observaba esto con total
asombro, había colores, olores y sonidos increíblemente hermosos en la habitación, se abrió en la flor de loto más hermosa. Y detrás era como un amanecer, la luz más brillante que puedas imaginar sin lastimarte los ojos. Y al
abrirse la flor, su plenitud absoluta en esta vida estaba totalmente presente.
En ese momento la luz estaba llena y abierta, como si todo el sol estuviera
ahí, y la flor estaba llena y abierta. Las vibraciones se detuvieron y el millón
de moléculas, incluyéndome a mí (todo era parte del mundo), se desmorona-
ron. Fue como si un millón de piezas cayesen en una, y yo era parte de esa.
Y finalmente pensé: «Estoy bien, porque soy parte de todo esto».*[74]

Esta experiencia cambió su vida. Elisabeth quedó tan impactada
que pidió a Monroe colaborar con él. Juntos desarrollaron un programa especial para explorar el más allá empleando la tecnología de
audio del Instituto.

Durante aquellos años, Monroe continuó con sus prácticas noc-
turnas, muchas de las cuales desembocaron en exploraciones de la
vida después de la muerte. Estos nuevos relatos fueron plasmados
en dos libros más, *Viajes lejanos* y *El viaje definitivo*. Junto al primer
título de Monroe, *Viajes fuera del cuerpo*, los libros se convirtieron
en clásicos de la literatura especializada en la experiencia fuera del
cuerpo.

EL MAPA DE ROBERT MONROE: EL ÁREA I

Al igual que Swedenborg, gracias a sus viajes fuera del cuerpo,
Monroe pudo construir un mapa del más allá. Lo creó por su propia
tranquilidad, pues necesitaba un esquema que le permitiera avanzar
cómodamente en sus investigaciones. En una primera etapa, Monroe
dividió el otro mundo en tres regiones distintas. Las denominó Área
I, Área II y Área III. Aunque concibió estos territorios como si fueran anillos concéntricos alrededor del planeta Tierra, Monroe aclara

---

74 Extracto de una entrevista a Elisabeth Kübler-Ross publicada en 1980 en la revista
   Cosmopolitan. Traducción del autor.

en sus libros que no son lugares geográficos, sino que representan diferentes estados de consciencia.

Sus primeras experiencias fuera del cuerpo tuvieron lugar en una réplica del mundo físico. A este plano, Monroe lo llamó Área I o también el *Aquí y el Ahora*. En el Área I encontró un mundo conocido, aunque percibido desde una perspectiva no física. Más tarde, con la publicación de su segundo libro, recibió el nombre de *Zona de Tráfico Local*. Con este término quería hacer referencia a los viajes cortos que uno realiza diariamente dentro de su pueblo o ciudad de residencia. Todo lo que encontró en esta dimensión fueron seres y objetos idénticos a los del mundo cotidiano. El Área I era, pues, una copia de nuestra realidad física de todos los días, una realidad paralela. Para Monroe, la experiencia de estar en el Área I era como la de estar en el mundo de la vigilia, pero con la diferencia de que lo veía todo desde un segundo cuerpo hecho de un tipo especial de materia sutil:

> *El Escenario I es el más creíble. Lo componen las personas y lugares que existen verdaderamente en el mundo material y conocido en el mismo momento del experimento. Es el mundo representado para nosotros por nuestros sentidos físicos, el que la mayoría de nosotros estamos seguros de que existe. Las visitas al Escenario I, mientras se está en el Segundo Cuerpo, no deben contener seres, hechos o lugares extraños. Insólitos quizás, pero no extraños ni desconocidos. Si se da este último caso la percepción queda distorsionada.*[75]

Durante esa etapa, Monroe se dedicó a explorar el mundo físico desde la perspectiva de su segundo cuerpo. Visitó a amigos, vecinos y familiares, mientras estos hacían su vida normal en la realidad cotidiana. Su máxima preocupación era demostrar que este mundo paralelo era objetivo, es decir, que tenía existencia por sí mismo y que no era una alucinación o una invención de su mente. Para ello, realizó varios experimentos. Pero pronto se daría cuenta de que estas pruebas de verificación eran demasiado complejas. Sobre todo, porque, en ese estado, dirigir el segundo cuerpo a un destino concreto del mundo físico era tremendamente difícil. En efecto, el movimiento de un punto a otro se realiza mediante la concentración

---

75 Robert Monroe. *Viajes fuera del cuerpo*. En la traducción original de este libro se llama «escenario» a lo que yo he preferido traducir como «área» en el presente libro.

del pensamiento en el lugar de destino y, dado que en esta Área I los pensamientos son incontrolables, los errores eran continuos; a veces, hasta olvidaba su experimento y ni siquiera lo ejecutaba.

Tampoco los intentos de afectar la materia física con el segundo cuerpo fueron concluyentes. Aunque uno de los experimentos arrojó resultados interesantes: en una ocasión, organizó una visita, fuera del cuerpo, a la casa de una amiga suya. La idea era viajar hasta allí y hacerse notar por ella. Cuando logró acceder a la casa, vio que la mujer estaba acompañada por dos chicas. Se colocó a su lado, habló con ella y ella le contestó. Le pidió que recordara que él había estado allí. Incluso logró pellizcarla, acción que su amiga pareció sentir en ese mismo instante. Días después hablaron, pero su amiga no recordaba nada acerca del encuentro. Aunque es cierto que se sorprendió al escuchar la descripción de la escena que Monroe proporcionó: en la franja de tiempo en la que se produjo la experiencia, ella había estado tomando algo con su sobrina y una amiga; en un momento dado, se asustó mucho porque notó un doloroso pellizco al que no encontró explicación. De hecho, le mostró la marca que este extraño suceso había dejado en su cadera. Sin embargo, otros muchos detalles no encajaban. Estaba claro que, aunque el Área I parecía ser una copia del mundo físico, ambas realidades estaban separadas de alguna manera. Por ejemplo, la conversación entre Monroe y su amiga solo aconteció en el plano en el que él se encontraba. El Área I, aun siendo una réplica de nuestro mundo, no era exactamente lo que Monroe había visitado. Por tanto, dedujo que, en una misma realidad, no podían coexistir personas viajando fuera del cuerpo y personas en su estado físico.

El mapa de Robert Monroe: el Área II

Años después, Monroe logró desplazarse más allá de ese duplicado de nuestro mundo cotidiano. Y encontró que había otro territorio mucho más vasto, que no se correspondía con la realidad física. Lo denominó el *Área II*. Más tarde, Monroe comenzó a llamarlo *Zona de Tráfico Interestatal*, incluyendo dentro al *Área III*, de la que hablaremos más adelante. Aludía, con este nombre, a las autopistas que conectan los estados de los Estados Unidos y que reciben el nombre de *carreteras interestatales*. Estas conectan territorios con culturas y paisajes muy diferentes, tal y como ocurría en esta vasta extensión no física que Monroe estaba comenzando a explorar, plagada de mundos dispares. Entre estos lugares, Monroe pudo explorar lo que ahora denominamos *más allá*, es decir, el lugar a donde viajan las consciencias humanas después de la muerte. Comprendió que el Área II era el ambiente natural del segundo cuerpo. Era allí donde este realmente encajaba, y no en el Área I. Por eso los intentos de manipular el mundo físico desde el segundo cuerpo eran siempre un fracaso.

Pero ¿dónde exactamente estaba esta Área II? ¿Estaba también aquí mismo, con nosotros, coexistiendo con el mundo físico?

> *(…) el Escenario II es un medio no material con leyes de movimiento y materia relacionadas sólo remotamente con las del mundo físico. Es una inmensidad con unos límites desconocidos (para este experimentador) y una profundidad y dimensión incomprensibles para la mente finita y consciente.*
>
> *En esta inmensidad están todos los aspectos que atribuimos al cielo y al infierno (…), que no son sino parte del Escenario II. Está habitado, si puede decirse así, por entidades con diversos grados de inteligencia con los cuales es posible la comunicación.*[76]

Monroe encontró que las leyes que rigen este plano son muy distintas a las que sustentan nuestra realidad cotidiana. Por ejemplo, en el Área II, las emociones tienen un importante papel. Los miedos, las preocupaciones y las dudas influyen instantáneamente en el entorno. Por eso, Monroe tenía que extremar la vigilancia para que sus sentimientos no desestabilizasen el entorno durante las exploraciones.

El Área II comprendía varias subzonas. Unas más cercanas al mundo físico y otras más alejadas, como si fuesen las capas de una cebolla rodeando al planeta Tierra. Monroe coincidió con Swedenborg en que el distanciamiento entre estos estratos no era un asunto de kilometraje, sino que la diferencia entre ellos era una diferencia de estado, vibración o frecuencia. La zona más próxima a la realidad cotidiana es lo que Monroe denominó *Banda H*. Este no es un lugar en sí, sino más bien un sumidero donde acaban los pensamientos de todas las personas vivas del planeta. Se asemeja a una banda radiofónica donde todas las ideas humanas entran y salen caóticamente. Cuando se penetra en ella, el ruido es casi imposible de soportar.

---

76   Ibid.

Después, Monroe localizó una segunda subzona dentro del Área II: el mundo de los sueños. Fue descrita por Monroe como la región donde acuden, sin consciencia, las personas durante el sueño ordinario. Pero también es una zona visitable por cualquiera que controle la experiencia fuera del cuerpo o sueño lúcido. Monroe vio que el estado de somnolencia en el que se encuentran los soñadores hacía difícil la comunicación entre ellos y un viajero consciente. Le parecieron personas drogadas. ¿Era esto la interpretación que su cerebro hacía al centrar su atención en seres humanos que, en definitiva, estaban durmiendo plácidamente en sus camas?

Un poco más allá del mundo de los sueños, Robert Monroe descubrió una realidad ocupada por consciencias cuyos cuerpos aún estaban vivos en el mundo físico, pero que tenían las capacidades cognitivas afectadas o dañadas: enfermos en estado de coma, personas alcoholizadas o drogadas, y gente con todo tipo de demencias. Teniendo en cuenta que, según Monroe, las emociones son las responsables de crear los detalles de la realidad de todo el Área II, aquel lugar le pareció muy poco agradable. Así que no quiso entretenerse demasiado allí.

El siguiente estrato que visitó era inmenso, ya muy distante de la realidad física (recordemos: distante en vibración). En este lugar, personas de todo tipo permanecen en un estado de ensimismamiento, enfocadas hacia dentro. Parecen estar atrapadas en aquella zona, sin posibilidad de avanzar hacia ningún otro lugar. ¿Qué les ocurre? Monroe descubrió que todas ellas son personas fallecidas, pero que, por diversas razones, desconocen su estado o no quieren asumirlo. Algunos de estos individuos han tenido muertes repentinas, como un accidente de tráfico, un asesinato o una enfermedad fulminante. Otros han muerto convencidos de que el ser humano es solo materia física, y que esta queda destruida al final de la vida; es decir, no creen en la supervivencia de la consciencia. Todas las personas que habitan estos territorios no han pasado por ninguna fase de transición y aceptación, y por ello se encuentran en este lamentable estado de suspensión. Debido a que el más allá es, al fin y al cabo, como una experiencia fuera del cuerpo o un sueño lúcido, pero sin retorno, el mundo que estas personas perciben es una realidad absolutamente física. Por eso actúan como si continuaran vivos en el mundo de todos los días, aunque sin voluntad alguna. En cierto sentido, el lugar se parece mucho al mundo de los sueños, pues todos actúan de una manera automática, reproduciendo acciones en bucle en escenas recientes de su vida o del instante de su muerte.

En una ocasión, por ejemplo, encontró a un chico que yacía enfermo en su cama, en el Área I (la réplica del mundo físico), pero no interactuó con él. Días después, volvió a encontrárselo, pero ya estaba en el Área II. Era evidente, por tanto, que había fallecido. El muchacho le preguntó hacia dónde debía dirigirse. Monroe, sin saber muy bien qué contestar, le aconsejó que permaneciese allí, sin moverse, hasta que sus amigos fueran a recogerlo. Parece que el joven se tranquilizó, pero, cuando Monroe se disponía a continuar con la conversación, fue arrastrado abruptamente a la realidad física.

Monroe relata otras visitas al más allá del Área II, sobre todo de personas allegadas, como un conocido suyo que había sufrido un accidente de avioneta. En otro lugar cuenta el encuentro que tuvo con un amigo médico que había muerto recientemente a causa de un cáncer. En su viaje fuera del cuerpo, apareció directamente en una sala de espera de una clínica. Dentro de la consulta había un doctor muy joven que hablaba con otras personas. Cuando trató de interrumpir para preguntar por su amigo, uno de estos individuos le dijo que esperase un poco más a que el médico lo pudiese atender. Monroe no pudo aguantar mucho más y la experiencia acabó, regresando a la realidad de vigilia. Pero no desfalleció. Unos días después, lo intentó por segunda vez. En esta ocasión, se topó con un sujeto desconocido que le preguntó por qué deseaba ver a su amigo si hacía poco que lo había encontrado. No entendió esta afirmación tan críptica. A su vuelta al mundo físico, recordó la cara del joven doctor de la primera experiencia y se puso a investigar. Encontró una fotografía antigua de su amigo cuando este era joven. ¡Comprobó que era el mismo doctor que había visto en aquella consulta médica del Área II! Pensó que su amigo no era consciente de haber fallecido, y por eso continuaba alimentando una existencia autocreada que imitaba un día cualquiera de su trabajo cotidiano. Otros viajes posteriores le confirmaron que los fallecidos siempre se mostraban más jóvenes de lo que eran en el mundo físico cuando habían muerto. De ahí la confusión inicial.

Con el paso de los años, Monroe continuó avanzando. Dejó atrás esta subzona del Área II donde los difuntos permanecían encarcelados dentro de sus recuerdos. Encontró miles de otros mundos independientes, donde grupos de personas vivían simulando sociedades parecidas a las que han existido en la Tierra. Todos sus habitantes eran conscientes de que habían muerto y de que, por tanto, ya no estaban en la realidad física. Cada uno de esos mundos estaba formado por personas afines que convivían según un sistema de creencias compartido. Monroe localizó grupos que comparten elementos culturales, otros que profesan las mismas religiones y conceptos de más allá, y otros que tienen ideas o filosofías de vida parecidas. A todas estas regiones, en global, decidió llamarlas *Territorios de los Sistemas de Creencias*.

Aquellas realidades son auténticos mundos completos. Hay ciudades, casas, calles y paisajes interminables. El aspecto de cada uno de estos lugares queda determinado por las creencias que sus habitantes comparten sobre la vida después de la muerte, sobre la religión, y otros asuntos culturales. Para todos ellos, su mundo es su esperado cielo. Hay, por consiguiente, un cielo cristiano católico, un cielo cristiano protestante, un cielo musulmán, un cielo celta, un cielo vikingo… Según Monroe, nadie puede evitar estar donde tiene que estar, ya que, al morir, los ideales verdaderos de cada uno lo atraen hacia los territorios habitados por personas que son compatibles en su sistema de creencias. Este concepto, recordemos, ya aparece en el modelo de Swedenborg.

Pero las circunstancias de los habitantes de los Territorios de Sistemas de Creencias distan mucho de ser perfectas. Todos ellos han llegado allí directamente desde el mundo físico sin pasar por ningún proceso depurativo. Por eso, la personalidad que han exhibido en vida es transferida al detalle en la vida después de la muerte. Es decir, cargan con todos los defectos, vicios, manías y miedos que ya tienen aquí. Así, Monroe encontró que algunas de estas comunidades estaban formadas por personas que compartían el amor por el mal. Se preguntó si tales regiones se correspondían con los infiernos descritos en las culturas antiguas.

Finalmente, más allá de los Territorios de Sistemas de Creencias, Monroe encontró un lugar maravilloso. Lo describió como un parque muy bello, con diferentes edificios. Todo en este lugar desprendía armonía, paz y amor. Por lo que pudo averiguar, era el destino óptimo y final de las consciencias humanas. Allí se recuperan del trauma de la muerte física con la ayuda de otros seres de apariencia humana que poseen una sabiduría mucho más profunda. A estas entidades las llamó *ayudantes*. Aunque Monroe podría haber estado condicionado por la visión que se tenía en su época de los ángeles, sus experiencias con estos seres fueron diferentes. En determinadas ocasiones, lo ayudaban en sus viajes. Unas veces, los veía y conversaba con ellos; y otras veces solo los sentía cerca, pero sin percibir su imagen. Lo que sorprendió a Monroe es que no encajaban en el prototipo moderno de guías espirituales o de ángeles, pues no se mostraban infinitamente amorosos, al menos si pensamos en el amor como un sentimiento humano. Eran, más bien, serios y observadores. Pareciera como si estuviesen permanentemente analizando cada acto que Monroe ejecutaba. Y, aunque casi siempre procuraron su bienestar, cuando más los necesitó no respondieron a sus súplicas. Monroe entendió que debían ser entidades muy poderosas que seguían su propia agenda, no la agenda de los viajeros; un propósito final cuyo significado era desconocido para él.

Cuando la mujer de Monroe enfermó de cáncer y su estado empeoró, Monroe decidió dedicarse en exclusiva a explorar ese territorio, al que denominó *El Parque*. Necesitaba saber si ese era el mundo al que viajaría su esposa, en caso de fallecer. Para confirmarlo, volvió a buscar a su amigo el doctor, para ver qué había ocurrido con él. La última noticia era que estaba en los Territorios de los Sistemas de Creencias. De haber sido trasladado a El Parque, tendría al menos una prueba de que los cielos tradicionales no son el final, sino que existe algo mejor. Provocó una nueva experiencia para localizar a su amigo, y acabó otra vez en la misma clínica. Preguntó por él, pero le dijeron que ya no estaba allí. Había pasado un tiempo en esta dimensión transitoria, que reproducía su centro de trabajo, solo para dar la oportunidad a su consciencia de adaptarse a la nueva situación. Le indicaron que, una vez pasada esa fase preparatoria, su amigo había sido trasladado a El Parque. A partir de ahí, Monroe comenzó a explorar este lugar con mayor asiduidad. Descubrió que es también una creación del pensamiento humano. Así como creamos este mundo físico, entre todos, El Parque también está construido con la intención de los difuntos que ya han logrado superar los límites de su sistema de creencias. Es, pues, una estructura artificial, pero de carácter objetivo. Es decir, según Monroe, aquel lugar existe independiente de que creamos o no en él.

Como dije, en sus viajes por los mundos autocreados encontró consciencias que habían quedado retenidas a consecuencia del trauma de la muerte. Monroe se dio cuenta de que podría ayudarlas a llegar hasta El Parque. Para ganar su confianza, les hacía ver que su situación había cambiado. Cuando lograba conectar con ellos, los acompañaba hasta este bello lugar. Allí, pudo observar cómo los ayudantes tomaban el relevo y se encargaban del cuidado de estas personas a partir de ese momento.

Pero, a pesar de todas estas visitas a El Parque, Monroe comenzó a sospechar que este plano tampoco era el destino último de las consciencias. De hecho, intuía que nuestra estancia allí podría ser únicamente temporal, terminando después en la extinción total de la persona. Se planteó si nuestra energía vital remanente, después de la muerte, podría acabar por agotarse, poniendo punto final a nuestra existencia. La duración de estas reservas dependería de la fuerza de nuestra personalidad o de la intensidad con la que disfrutamos de nuestras vidas físicas:

> *Por los experimentos no se sabe si todos los que mueren «van» automáticamente al Escenario II. Además, no existe material probatorio que indique que la presencia de una personalidad humana en el Escenario II sea permanente. Puede ser que, al igual que un remolino o un vórtice, perdamos energía paulatinamente y acabemos disipándonos en el medio del Escenario II una vez que hemos abandonado el Escenario I (Aquí y Ahora). Es concebible que el resultado de este proceso garantice el reconocimiento de la inmortalidad en el sentido de que sobrevivimos a la tumba, pero no para siempre. Quizás, cuanto más fuerte sea la personalidad, más larga será la «vida» en este estadio diferente del ser. Por lo tanto, podría ser que la supervivencia sea a la vez una realidad y una ilusión.*[77]

Entonces, si nuestro tiempo de estancia en el otro mundo es limitado, deberíamos organizar rápidamente un plan para asegurar nuestra supervivencia. El Parque sería, por tanto, solo un lugar de reposo provisional que no asegura nuestra evolución, a no ser que nosotros mismos nos preocupemos por conseguirla. Esto cambiaba mucho la concepción que Monroe había tenido del más allá hasta esos instantes. Volveremos a ello más adelante. Antes, terminemos con el mapa.

---

77   Monroe, Robert. *Viajes fuera del cuerpo*. Editorial La Esfera de los libros, 2008.

El concepto que Robert Monroe denomina Área III es complejo. Parece no encajar con la serie de ambientes que Monroe solía visitar. Por orden de cercanía al mundo físico, en cuestión de «frecuencia vibratoria», estos eran: Banda H, Mundo de los Sueños, Mundos Autocreados, Territorio de los Sistemas de Creencias y El Parque. Así como estas regiones del más allá son coherentes en sí mismas y entre sí, el Área III existía independientemente de todo lo demás.

Monroe comenzó a viajar a este lugar muy desde el principio, en 1958. Alternaba sus visitas con la exploración del Área I y el Área II. Describe el Área III como una dimensión muy parecida a nuestro mundo físico, pero, a la vez, muy diferente. Por eso, Monroe sabía que el Área III no era una sección más del Área I, ni siquiera una versión del pasado ni del futuro. Tampoco podría ser el Área II, porque era un mundo tan anodino y estable como el nuestro. Pensó que quizás fuese algún lugar de otro planeta que había evolucionado de manera parecida a la Tierra, y que por eso era tan similar. También valoró la posibilidad de que se tratase de una dimensión paralela que estuviera expresando una de las infinitas probabilidades o versiones de nuestro mundo:

> (…) el Escenario III resultó ser un mundo de materia física casi idéntico al nuestro. El medio natural es el mismo. Hay árboles, casas, ciudades, personas, objetos y todos los demás elementos de una sociedad razonablemente civilizada. Hay casas, familias, empresas y personas que trabajan para ganarse la vida. Hay carreteras por donde transitan los vehículos. Hay trenes y vías.
>
> Vayamos con el «casi». Al principio, pensé que el Escenario III no era más que una parte de nuestro mundo que me era desconocida a mí y a las demás personas preocupadas por estos asuntos. Tenía todo el aspecto de ser así.
>
> Sin embargo, un estudio más atento demostró que no pudo ser ni el presente ni el pasado de nuestro mundo de materia física.
>
> El desarrollo científico es muy peculiar. No hay ninguna clase de aparatos eléctricos. La electricidad, el electromagnetismo y cosas por el estilo son inexistentes. No hay luz eléctrica, teléfono, radio, televisión ni energía eléctrica.[78]

---

78 Ibid.

Explorar este plano resultó ser para Monroe una experiencia totalmente inmersiva. En uno de sus viajes, vio a un hombre que trabajaba como arquitecto y, por alguna razón desconocida, se encontró de repente dentro de él. Es como si hubiera ocupado su cuerpo y el lugar de su consciencia. Monroe podía pensar como él, sentir como él, reaccionar como él. Es decir, podía experimentar la vida de este hombre como si fuera la suya, con todas las consecuencias. Pero, al mismo tiempo, sabía que continuaba siendo Robert Monroe. En sus diferentes salidas fuera del cuerpo, cuando visitaba el Área III, siempre terminaba instalándose en el cuerpo de este señor que, por lo demás, llevaba una vida normal. En una ocasión, el arquitecto conoció a una mujer. Se enamoraron, se casaron y tuvieron hijos. Monroe comenzó a disfrutar de una segunda vida familiar en esa otra dimensión. A veces, se metía en problemas porque, aunque podía sentir las emociones de su anfitrión, no le era posible adelantarse a todos sus pensamientos; ya que solo visitaba el Área III de tanto en cuando, se perdía muchos de los eventos cotidianos. Así que no sabía qué contestar a su esposa cuando esta le preguntaba sobre lo que había pasado tal o cual día. Cuando esto sucedía, abortaba inmediatamente la experiencia y se daba la orden de regresar a su cama.

Después de dos años viajando al Área III, viviendo la vida del arquitecto en sus sueños lúcidos, Monroe se sintió mal por lo que estaba haciendo. Le pareció poco ético mantener una doble vida. Decidió no regresar nunca más.

MONROE Y LA REENCARNACIÓN: NO ES CÓMO SOSPECHÁBAMOS

El modelo de más allá de Monroe tiene puntos en común con el de Swedenborg. Pero también hay diferencias importantes. Para este último, la vida en la Tierra y la vida en el más allá son dos existencias únicas. Monroe, por el contrario, contemplaba algún tipo de reencarnación, aunque, en sus escritos, no queda muy claro cuál era su modelo exacto. Intentaremos descifrar este asunto a partir de sus relatos.

Monroe comprobó que había tres destinos claros para los seres humanos después de la muerte. Un porcentaje queda atrapado en los mundos autocreados. Son los que han tenido un fallecimiento inesperado o traumático, y los que, en vida, no creen en la existencia del más allá. Un segundo grupo de personas, aquellos que sí reconocen su muerte, terminan en mundos colectivos creados por la fuerza del pensamiento humano: los Territorios de los Sistemas de Creencias, donde conviven con otros que defienden sus mismos esquemas mentales y pautas de comportamiento. Sus habitantes creen que han llegado al final, al cielo. Un tercer porcentaje de personas, sin embargo, vuelan directamente hasta El Parque. Son aquellos que han logrado deshacerse de sus creencias limitantes. Esto les permite viajar ligeros de equipaje y, por eso, no se ven atraídos por los reinos consensuados. En este lugar son ayudados a tomar nuevas decisiones.

¿Qué posibilidades se les ofrece a los que llegan a El Parque? En principio, dos. Monroe había interpretado que algunas de las personas que vio en sus viajes eran vidas pasadas suyas, así que adoptó el esquema tradicional de la reencarnación típico de la Nueva Era. Se dejó llevar por este exitoso esquema, encajando en él aquellos encuentros. Pero, en realidad, no tenía pruebas, salvo su intuición de que las vidas anteriores sí que existían. En línea con este modelo, Monroe asumió que una de las opciones que tienen los residentes en El Parque es preparar su nueva existencia física en la que van a reencarnarse. Dedujo que esto implica olvidar temporalmente toda la información recogida en la vida anterior para que esta no influya en el desarrollo de la siguiente. El fin de este proceso de renacimiento sería experimentar diversas encarnaciones hasta darnos cuenta de que son nuestras creencias las que limitan nuestro verdadero progreso. Monroe descubrió que incluso seres de todo el universo acogen con beneplácito encarnarse en un cuerpo humano, sin plantearse otras alternativas, porque el sistema de vida de la Tierra es altamente adictivo debido a sus intensos placeres y a la velocidad con la que nos hace aprender. Es algo a lo que resulta difícil renunciar, parecido a lo que les ocurre a algunas personas cuando juegan, por ejemplo, a una máquina tragaperras. Después de unas cuantas tiradas dicen «¿y si pruebo una vez más? ¡Qué divertido!». Y vuelven a caer. Pero, en cualquier caso, la experiencia en la Tierra es demasiado dura.

La segunda opción que tienen los difuntos que han logrado acceder a El Parque es permanecer allí para actuar como guías de otros recién llegados, ayudándolos a recuperarse del trauma de la muerte o a tomar decisiones importantes sobre su destino.

Sin embargo, este concepto de reencarnación que Monroe había adoptado cambió radicalmente poco después, según avanzaba su investigación. Se dio cuenta de que el proceso no funcionaba tal y como hasta ahora había creído. En este giro de pensamiento reside, precisamente, la excepcionalidad del modelo de Monroe. ¿Qué había ocurrido? Ya he comentado que, en algunos de sus viajes fuera del cuerpo, había tenido encuentros especiales con ciertos individuos que él identificaba con sus vidas pasadas. Uno de los casos que más le impactó fue el de un constructor de castillos y catedrales en la Francia y en la Inglaterra de la Edad Media. Muchos de sus trabajadores morían por el esfuerzo o por los accidentes. Así que se quejó a las autoridades que financiaban las obras. El escándalo que generaron sus protestas lo condujo a morir decapitado. Años antes de este descubrimiento, Monroe había viajado a Francia y, al visitar una de sus catedrales, se puso muy enfermo. Después de la experiencia con aquel constructor, Monroe atribuyó ese malestar al desgraciado final que había tenido en esa vida anterior. Pero esta no fue la única confirmación. Un día vio una fotografía de un castillo de Escocia[79]. El corazón le dio un vuelco: la torre que había diseñado para el frontal del nuevo edificio del Instituto Monroe era exactamente igual a la torre de este castillo escocés que había sido levantado por un constructor medieval, sin que él hubiera tenido el más mínimo conocimiento de que dicha construcción existiera. En otras salidas fuera del cuerpo, tuvo conocimiento de otras supuestas vidas pasadas: un sacerdote de una antigua religión, un aviador o un marino. Todos ellos estaban en problemas, pues habían quedado detenidos en los mundos autocreados o en los Territorios de los Sistemas de Creencias. Monroe los ayudó a salir de allí y los trasladó hasta El Parque.

Pero se preguntaba si este modelo lo explicaba todo. ¿Estaba condenada la raza humana a girar en una rueda infinita de reencarnaciones según el esquema oriental? Esto le parecía demasiado simple y, al mismo tiempo, excesivamente injusto. Todo dio un vuelco cuando descubrió que ciertos seres conscientes de gran sabiduría, a los que él había tomado por guías espirituales, y que lo habían acompañado en muchas de sus exploraciones, en realidad no eran guías al uso[80]:

---

79   Se trata de *Foulis Castle*, cerca de la ciudad de Evanton.

80   A uno de estos seres, por ejemplo, Monroe lo llamó *INSPEC*. Este es el acrónimo de la expresión en inglés *intelligent species*, es decir, *especie inteligente*.

estaban estrechamente relacionados con él, casi como si fueran vidas pasadas. Supo que previamente habían estado atascados en las realidades autocreadas o los Territorios de Sistemas de Creencias, y que luego alguien las había liberado y trasladado a El Parque. Allí habían adquirido todos sus impresionantes conocimientos. Sin embargo, esta vez, Monroe tenía la sensación de que él no era el protagonista de esas vidas. En cierto sentido eran él mismo, pero, a la vez, parecían consciencias independientes. Pues bien, gracias a las conversaciones que mantuvo con estas entidades, Monroe descubrió algo revolucionario: no existen las vidas pasadas tal y como las entendemos actualmente. En verdad, lo que sucede es que cada ser humano pertenece a una familia determinada de consciencias que han sido creadas con un mismo «molde». Monroe describió cada una de estas familias como un *racimo de consciencias*. Así como un racimo de uvas, por ejemplo, está formado por diferentes frutos, pero todos son autónomos, o un collar está construido con varias perlas entrelazadas, pero todas son ligeramente diferentes, así un grupo de consciencias está compuesto de varias personas que viven o han vivido físicamente en diferentes épocas. Cada una de esas consciencias es independiente del resto, pero, a la vez, *comparten su destino final con el grupo*. Por eso, todas pueden llegar a recordar las vidas de otros compañeros y sentirlas como propias, aunque, en realidad, nunca las hubieran experimentado. Monroe comprendió que esta era la razón de que algunas personas acaben confundiendo los recuerdos de los compañeros del racimo con las memorias de auténticas vidas pasadas.

A su racimo de consciencias hermanas, Monroe lo llamó su *Yo-Allí*. Así lo explica en su tercer libro *El viaje definitivo*:

> *Entonces comprendí que cada rayo de luz era una parte de mí, una de mis personalidades de mi Yo-Allí con su propia y exclusiva experiencia vital. Mi Yo-Allí albergaba el correspondiente modelo vital de cada personalidad con todos sus pormenores. Admito que esta descripción no es demasiado precisa, puesto que cada una de ellas representa a un ser consciente y sensible con percepción, mente y memoria propias. ¡La comunicación era fluida porque hablaba conmigo mismo!*

La primera conclusión que Monroe extrajo de todo esto es que los ángeles o guías espirituales, que aparecen en muchas tradiciones religiosas, existen. Todos tenemos, a nuestro lado, estas entidades que velan por nosotros. Pero no son lo que pensamos. En realidad, ¡son los miembros de nuestra propia familia espiritual! Los ángeles que nos cuidan son seres humanos conectados a nosotros y que han vivido en otras épocas; después de fallecer, han evolucionado hasta perder su sistema de creencias, lo que les permitió viajar hasta El Parque.

La segunda información clave que Monroe recibió es que la más alta misión de todo ser humano es lograr contactar con las otras consciencias de su racimo y lograr que todas se reúnan en El Parque. El problema es que algunas de estas otras personalidades, al morir sus respectivos cuerpos físicos, pueden haber quedado retenidas en los mundos autocreados o en los Territorios de los Sistemas de Creencias. Por eso, la tarea prioritaria debe ser rescatar a esas consciencias en problemas y conducirlas hasta El Parque. Cuando todas están juntas, se produce la fusión de todas ellas, dando como resultado una única consciencia superior. Esto supone el final de la evolución humana de cada uno de los individuos y el inicio de un nuevo ser.

Monroe recibió toda esta información de una parte de su propio Yo-Allí que se encargaba de la comunicación con el resto de los miembros de la agrupación. A esta inteligencia rectora la llamó *EXCOM*, acrónimo de la expresión inglesa que podemos traducir como *Comité Ejecutivo del Yo-Allí*. Esta entidad estaba formada por las consciencias del Yo-Allí que ya se habían liberado de los mundos intermedios. La misión de todo EXCOM es seguir la trayectoria del resto de miembros de la familia para ayudarles a recordar quién realmente son. La idea es que, gracias a este apoyo, otros componentes del Yo-Allí puedan escapar definitivamente del sistema de creencias que los mantiene encarcelados lejos de El Parque, donde deben reunirse con los demás. ¿Cómo se comunica el EXCOM con el resto de las consciencias? El diálogo se establece a través de sueños, señales, sincronicidades o de experiencias espirituales determinadas que el EXCOM provoca sobre los miembros del grupo. Por ejemplo, a Monroe le ayudaron a desarrollar, sin que él lo supiera, la capacidad de tener experiencias fuera del cuerpo o sueños lúcidos. Esta habilidad se convirtió en una poderosa herramienta que, por un lado, le permitió rescatar a otros compañeros mientras aún vivía; y, por otro lado, le ayudaría a superar sus propias creencias limitantes para no quedar él mismo retenido en los primeros planos después de su muerte física.

¿Qué ocurre después de la reunificación de un Yo-Allí? Monroe le hizo esta pregunta a su EXCOM, en una de sus experiencias fuera del cuerpo, pero no obtuvo una respuesta clara. Solo le dijo que era necesario tener paciencia, pues todo sería conocido a su debido tiempo. Pero añadió que el destino concreto de su Yo-Allí estaba en sus propias manos. Le encargaron encontrar *su verdadero hogar*, ya que El Parque no es el final. Este no es más una construcción ficticia sustentada por la voluntad de las consciencias humanas que sirve de plataforma para facilitar la reunión de las consciencias del racimo.

Monroe había sido elegido, por tanto, entre todas las consciencias de su Yo-Allí, para realizar un viaje más allá de El Parque, con el fin de encontrar un lugar adecuado para que todos ellos, ya como una única entidad consciente, continuaran con su existencia. Monroe se puso manos a la obra, sin saber muy bien qué debía encontrar. Una noche atravesó los Territorios de Sistemas de Creencias, después transitó por El Parque y continuó aún más lejos. A partir de ese punto, Monroe narra una experiencia casi mística muy difícil de entender. Es como si solo hablara para él mismo, pues se nota que le faltan las palabras. Entre otros sucesos, tuvo un encuentro con otro Yo-Allí que ya había completado la reunificación y que, por tanto, se encontraba existiendo en un estado superior, muy lejos del sistema de vida de la Tierra. También presenció una abertura cósmica por la que percibió una poderosa presencia. En un principio, pensó que se trataba de Dios, aunque pronto descubrió que ese no era el auténtico creador de universos, sino una entidad parcial o inferior. A esta energía la llamó el *Emisor*, porque sintió que estar junto a ella era como enfrentarse al poder del sol. Más tarde, recibió una información trascendental: el verdadero dios, al que Monroe no llegó a conocer, es una entidad sin nombre a la que todos los Yo-Allí están obligados a entregar un «regalo» tras la correspondiente reunificación. ¿En qué consiste este presente? Pues ni más ni menos que en las experiencias vitales que cada una de las consciencias individuales de los Yo-Allí han generado en sus respectivas existencias físicas en la Tierra.

Escapando de la muerte, según Robert Monroe

Una de las conclusiones más interesantes que podemos extraer de las exploraciones de Monroe es que nuestra vida presente podría marcar nuestro destino final más allá de la muerte. Este explorador descubrió que la clave para asegurarnos un buen viaje es ocuparnos de nuestro sistema de creencias, aquí en la Tierra, y tratar de reducirlo al máximo. Esto evitará que quedemos atascados en falsos mundos, lejos de El Parque. Recordemos que El Parque es nuestra plataforma de lanzamiento para transcender la naturaleza humana a través de la reunificación del Yo-Allí.

El sistema de creencias humano abarca una infinidad de premisas, imposibles de enumerar aquí. Según Monroe, la más importante de todas y la más limitante es la convicción de que somos solo materia física y de que vivimos en un mundo exclusivamente hecho de objetos materiales. O lo que es lo mismo, la negación de todo componente espiritual y de la existencia de otras realidades alternativas a la realidad física de vigilia. Trabajar con nuestro sistema de creencias solucionaría, al menos, el problema del acceso directo a El Parque. Pero esto es solo un pedazo de la solución. Este lugar está diseñado para ayudar a nuestra recuperación y, sobre todo, para facilitar la búsqueda de nuestra familia espiritual. La cuestión es que algunos miembros del racimo de consciencias no consiguen llegar a El Parque porque no han hecho ese trabajo con su sistema de creencias. Ya dijimos que estos acaban apresados en los mundos autocreados o en los Territorios de Sistemas de Creencias. Es entonces cuando entra en juego el trabajo espiritual de rescate de algunas de las consciencias hermanas.

¿Qué puede hacer, entonces, cada uno de nosotros para ayudar a nuestros compañeros de viaje? Según Monroe, mediante el manejo de estados profundos de consciencia, como la meditación o los sueños lúcidos y experiencias fuera del cuerpo, es posible localizar a las personalidades de nuestro Yo-Allí que están encarceladas en las diferentes dimensiones del más allá y ayudarlas a trasladarse a El Parque. También, con las mismas herramientas, uno podría entrar en contacto con su propio EXCOM, el Comité Ejecutivo del Yo-Allí, para obtener guía y consejo de cómo proceder en esta maravillosa tarea. Parece muy sencillo, ¿no?

Muchas vidas físicas y ninguna vida en el más allá.

Cómo influir en nuestro destino después de la muerte según el budismo tibetano

Recuerda: esta es la hora de la muerte y el renacimiento. Aprovecha esta muerte temporal para obtener el perfecto estado. Ilumínate.
Bardo Thodol o Libro tibetano de los muertos

Un budismo chamánico

El budismo que se practica en el Tíbet tiene orígenes misteriosos y características muy particulares, que lo diferencian del resto de ramas del budismo. Parece ser una fusión de la tradición Bon y del budismo inicial de la India. ¿Qué es la tradición Bon? Es un conjunto de prácticas budistas que tienen un substrato chamánico cuya procedencia parece estar en tierras de Irán y Afganistán. En algún momento, el budismo de la India fue exportado hasta estas regiones. Allí se fusionó con antiguas costumbres procedentes de la religión persa y una tradición chamánica y animista nativa. Poco después, hacia el siglo II a. C., misioneros procedentes de estas zonas asiáticas penetraron en la región occidental de Tíbet, denominada Tazig, al oeste del reino de Zhang-zhung, y extendieron este budismo especial que traían con ellos.

La tradición dice que el primer rey del Tíbet, Songsten Gampo (siglo VII d. C.), contrajo matrimonio con tres esposas: una de Nepal, otra de China y otra del reino de Zhang-zhung, a donde había arribado la corriente persa del budismo procedente del oeste. Cada una de las esposas aportó a la corte los escritos religiosos de sus propias tradiciones. Todas estas ramas del budismo convivieron durante un tiempo en aquellas tierras. El monarca Songsten Gampo nunca llegó a convertirse al budismo, pero respetó sus prácticas, pues cada vez más súbditos las seguían. Un ejemplo de esta mezcolanza de tradiciones chamánicas y budistas es el antiguo relato que nos cuenta cómo, en aquellos tiempos, se pensaba que el país estaba dominado por un gigantesco demonio femenino. Este yacía tumbado ocupando todo el territorio del Tíbet. El rey Songsten Gampo ordenó la construcción de templos budistas en lugares específicos que coincidían con los puntos clave del cuerpo del demonio, para así contener su furia con la potencia de la nueva religión incipiente.

Aproximadamente un siglo después, el budismo fue declarado religión oficial del Tíbet. Entonces comenzó una persecución contra la tradición Bon, la que había llegado desde el reino occidental de Zhang-zhung. Los políticos y nobles seguidores de esta rama del budismo fueron enviados al exilio. Sin embargo, sus creencias sobre el más allá y sus prácticas funerarias habían calado tan profundamente entre el pueblo que nunca pudieron ser eliminadas del todo. Por eso, cuando los sabios Bon fueron expulsados del reino, tomaron la precaución de enterrar sus textos más valiosos para impedir que fueran destruidos. Más tarde, en el siglo x d. C., ocurrió un suceso que recuerda mucho al descubrimiento casual de los manuscritos del Mar Muerto. Estos últimos habían sido escondidos en cuevas en el desierto de Qumrán, Israel. En 1947, un pastor beduino lanzó una piedra hacia la boca de una gruta (dicen que buscando una cabra perdida) y oyó como algo se quebraba. Cuando entró en la cueva, descubrió unas vasijas de barro que contenían rollos de pergamino. Resultaron ser textos sagrados de la religión hebrea de más de dos mil dos cientos años de antigüedad. En el caso de la ocultación de los escritos de la tradición Bon en el Tíbet, cuentan que unos pastores estaban refugiados en un monasterio abandonado. Al apoyarse en una pared, esta se derrumbó revelando la ubicación de los manuscritos sagrados.

En realidad, la tradición original de la India y el budismo del Tíbet tienen muchos puntos en común, pero también muchas diferencias. Por eso, dentro del mundo budista, la tradición Bon, que supone el más antiguo substrato de la corriente tibetana, no tiene buena prensa. Sus orígenes están en el chamanismo asiático, por lo que ha conservado multitud de creencias milenarias, como la existencia de dioses, demonios y otros espíritus que interactúan con las personas y traen las enfermedades. Por eso, los monjes-chamanes siguen ocupando un lugar importante en la sociedad, ya que son capaces de mediar entre el mundo de los hombres y el mundo de los muertos, donde moran diablos y otras criaturas malignas. La magia y los rituales también ocupan un espacio central, lo que ha hecho que muchos occidentales se sientan atraídos por sus misterios. En comparación, el budismo tradicional parece, para algunos, un poco descafeinado.

Como ya he comentado, la tradición tibetana tiene una intensa preocupación por la muerte y los ritos funerarios. Estos asuntos adquieren, en el Tíbet, una relevancia casi étnica. Su conocimiento sobre el más allá es tan detallado que parece que alguien hubiera regresado del otro mundo para contarlo. El origen de este saber hay que buscarlo en el legado persa, que fue transmitido durante la expansión del budismo hacia tierras afganas e iraníes. Sabemos que los antiguos persas eran unos verdaderos expertos en los viajes espirituales hacia las regiones celestiales e infernales. Pocos pueblos han generado tantos relatos de exploradores que, durante experiencias fuera del cuerpo, visitaron el más allá para traer consigo información detallada. Estas prácticas, de corte totalmente chamánico, permanecieron entre la población durante mucho tiempo después, a pesar de la reforma de Zoroastro.

Las enseñanzas generales del budismo tibetano sobre la muerte siguen el siguiente esquema: en cada vida física, las personas van acumulando deudas por los errores cometidos con respecto a ciertas leyes universales. Estas faltas reciben el nombre genérico de *karma*. En realidad, el karma es el resultado de nuestra identificación con los objetos de este mundo. Según el budismo, el plano físico es pura ilusión. Sin embargo, no somos conscientes de ello y nos dejamos atrapar por su aspecto material, lo que desemboca en una poderosa idea del yo. Esta identificación conduce al sufrimiento.

Acumular *karma* es como llenar una mochila con piedras pesadas, mochila que luego tendremos que llevar al otro lado de la muerte. En este trayecto, deberemos superar ciertas pruebas. Si sale mal y no lo logramos, será debido al peso excesivo de nuestras deudas kármicas. Entonces, seremos obligados a buscar unos nuevos padres y un nuevo lugar donde renacer físicamente. Es la rueda de las reencarnaciones, que girará indefinidamente hasta que la persona consiga escapar de ella. En el mejor de los casos, si el karma de la persona no es excesivo y su entrenamiento es el adecuado, quizás podrá elegir una buena vida.

Todo el conocimiento sobre el más allá tibetano fue registrado en un texto sagrado: el *Libro tibetano de los muertos*. El verdadero nombre de este texto es *Bardo Thodol*, que se traduce como *La salvación mediante la escucha mientras se permanece en el estado intermedio*. Se desconoce su origen exacto. La tradición lo atribuye a Padma Sambhava, uno de los más grandes maestros budistas que vivió en el siglo VIII d. C. Dicen que este sabio lo enterró para protegerlo y que fue encontrado más tarde, en el siglo XI d. C. Pero esto no está claro. Tiene el aspecto de ser solo una historia inventada para concederle al texto la reputación que se merece. De hecho, los expertos coinciden que es mucho más antiguo de lo que esta historia pretende; seguramente fue compuesto dentro de la tradición Bon, pues claramente tiene influencias de un chamanismo ancestral.

Cuando uno lee sus versos, se da cuenta de que contiene un valioso conocimiento sobre la vida después de la muerte que no puede ser fruto de la imaginación de nadie. Parece más bien el resultado de auténticos viajes espirituales de uno o más exploradores antiguos, posiblemente monjes-chamanes, que obtuvieron información en sueños lúcidos y en meditaciones especiales. Pero esto no es una mera suposición: tengamos en cuenta que algunas ramas del budismo, como la tibetana, practican el llamado *yoga de los Sueños*, término equivalente a los sueños lúcidos del mundo occidental. La única diferencia entre el yoga de los Sueños y los sueños lúcidos es que, en el budismo, estos se emplean exclusivamente con motivos espirituales y nunca por motivos recreativos. Un posible vestigio de la existencia de estos soñadores lúcidos antiguos podría ser la figura de los *délok*. Esta palabra significa *el que ha regresado de la muerte*. Se trata de personas que, por a causa de una enfermedad u otras razones, han entrado en un estado comparable al de la muerte y han vuelto poco después para contar su viaje por el más allá. En muchos casos, se trata de experiencias cercanas a la muerte, pero en otros estaríamos hablando de viajes fuera del cuerpo o sueños lúcidos.

El *Bardo Thodol* fue diseñado para ser leído en presencia de una persona que está a punto de fallecer o que ya ha muerto. De hecho, es recomendable leerlo en voz alta durante cuarenta y nueve días después del tránsito, pues ese es el tiempo que el difunto está recorriendo el más allá; según la tradición tibetana, una persona puede seguir escuchando sonidos aun después de muerta. El propósito de la lectura es dar seguridad a la consciencia del difunto, ya que el texto va describiendo con mucho detalle todo lo que está a punto de encontrar en la otra dimensión y ofrece consejos para superar los obstáculos. Pero, aunque el libro está destinado a los moribundos y fallecidos, es también objeto de estudio y meditación para los vivos que desean prepararse para su último viaje.

Es necesario aclarar, antes de continuar, que en el budismo no existe el concepto de alma como lo conocemos en las religiones occidentales: un vehículo imperecedero. El mismo Buda negó la realidad de cualquier elemento permanente en el ser humano. Según sus enseñanzas, todo es efímero. Por eso, no puede existir en nosotros un componente espiritual que haya existido y exista por siempre. Sin embargo, el budismo sí que cree en algo que sobrevive a la muerte y que se reencarna. El término empleado para nombrarlo es *anatta*. Esta palabra no tiene una explicación sencilla, aunque podría traducirse como *no-yo*[81]. La mejor forma de comprender este concepto es pensar en un objeto físico cualquiera. Por ejemplo, un teléfono móvil. Este está construido con multitud de piezas y mecanismos: circuitos integrados, lentes para la cámara, la carcasa y otros muchos. Ninguno de estos elementos por separado es el teléfono. Todos juntos hacen el objeto. Pero no hay tal objeto. Visto así, no podemos decir que exista nada que podamos llamar *teléfono móvil*: solo hay una serie de elementos independientes que, unificados, dan lugar a la idea de teléfono. De la misma manera, el ser humano es un conglomerado de cinco partes: la materia o forma, los sentimientos, las percepciones, la mente y sus acciones, y el conocimiento consciente de sí mismo. Ninguno de estos elementos es el ser. Es decir, no podríamos decir que el ser es únicamente la mente y sus acciones, porque si faltaran las percepciones, por ejemplo, ya no podríamos hablar de una persona.

Por tanto, cuando alguien renace en otro cuerpo, lo que se ha encarnado no es la misma persona. Es cierto que tendrá algo de su esencia, pero no es exactamente ella. Imaginemos que abrimos una

---

81 Por el contrario, el hinduismo, de donde surgió el budismo, cree en la existencia del *atman*. Es la tradicional idea de alma, esencia imperecedera de la persona.

manguera de agua. El caudal va saliendo poco a poco, derramándose hacia delante sobre el suelo. El agua va llegando cada vez a más distancia porque se extiende en todas direcciones. Si enfocamos nuestra atención sobre la avanzadilla del charco, unos cuantos metros más allá del final de la manguera, no podremos decir que esa agua es la misma que está, en ese instante, saliendo por el tubo. Pero, a la vez, son una sola agua. El agua del extremo sería el anatta de una persona renaciendo a una vida en concreto, y al agua de otros puntos del charco serían el anatta que renace en otras existencias diferentes. En verdad, todo esto es muy difícil de comprender para un occidental. De hecho, nos movemos por terrenos inestables, ya que las diversas ramas del budismo ni siquiera están de acuerdo sobre qué es lo que se reencarna. Para hacer las cosas más fáciles, a partir de aquí, me referiré a aquello que sobrevive a la muerte como *consciencia*, o simplemente *el difunto* o *el fallecido*, aunque no sean términos exactos desde el punto de vista del budismo.

EL MAPA DEL BUDISMO TIBETANO

El *Libro tibetano de los muertos* es un texto de enorme complejidad. Desde hace siglos es motivo de debate y, sobre todo, de reflexión. Muchos de los conceptos que maneja están abiertos a diferentes interpretaciones. Por eso, he decidido no incluir citas o extractos del texto, como sí he hecho al analizar el pensamiento de Swedenborg o de Monroe. En el caso del *Libro tibetano de los muertos*, unas pocas frases extraídas de contexto podrían perder todo su valor.

Pasemos ahora a hablar de las enseñanzas del budismo tibetano centrándonos en aquello que nos interesa: su mapa del más allá y las escapatorias que este propone. El trayecto por el otro mundo, según este libro sagrado, pasa por varias fases llamadas *bardos*. El título original del libro, *Bardo Thodol*, incluye esta palabra, un concepto fundamental para entender el pensamiento budista sobre el más allá. El término hace referencia a un *estado entre estados* o a un *estado intermedio*; no hay una mejor traducción. En la existencia de todo ser humano hay seis bardos, tres durante la vida y tres después de la muerte. Los bardos de la vida son el bardo del nacimiento, el bardo del sueño y el bardo de la meditación. Los bardos de la muerte son bardo del morir, el bardo del *dharmata* y el bardo del devenir.

El bardo del nacimiento es el periodo entre el nacimiento físico y la muerte. El bardo del sueño es el que experimentamos entre el momento de dormir y el despertar por la mañana. El bardo de la meditación discurre entre la entrada a un estado profundo de consciencia y la salida de él. Los otros tres bardos, correspondientes a la muerte, son los que ahora nos interesan. Analicemos estos estados uno a uno.

El bardo del morir es el estado que comienza en el instante del fallecimiento y que termina cuando la consciencia del sujeto se topa con una luz intensa y pura, llamada la *Luz Clara*. Las enseñanzas budistas comparan el momento de morir con el momento de dormirnos. Cuando conciliamos el sueño, caemos inconscientes y nos dejamos llevar por las imágenes oníricas. Dejamos de ser nosotros mismos, para convertirnos en marionetas del sueño. Pero algunos individuos adecuadamente entrenados, cuando se disponen a dormir, son capaces de penetrar en el sueño con lucidez, sabiendo quiénes son y qué deben hacer a partir de ahí: son los soñadores lúcidos. Pues bien, esto es muy parecido a lo que sucede con la muerte. La mayoría de las personas caen en un estado tan profundo que no reconocen la Luz Clara cuando esta se presenta. A semejanza de los soñadores lúcidos, que son capaces de tomar las riendas de su experiencia, los textos sagrados instan al difunto a no perder la consciencia en el tránsito y a penetrar en esa luminosidad. Las personas preparadas, como los monjes, saben lo que esto significa y logran ingresar en ella *porque han conservado su lucidez dentro del bardo*. Entonces, se abandonan plenamente al poder de la Luz Clara, que destruirá toda identificación con el yo y con el mundo material. Esto significará, en última instancia, que el monje se libera totalmente del ciclo de las reencarnaciones, alcanzando lo que los budistas llaman *nirvana*. Este es otro concepto complejo. En efecto, hay cierta controversia entre las diferentes ramas del budismo sobre su verdadero significado. Para algunos, implica la aniquilación total del ser, que se disuelve para siempre en la fuente de todo, en el universo. Para otros, es un estado que supone la extinción de los deseos y las emociones, pero que no implica la destrucción absoluta de la propia identidad.

Por el contrario, una persona que no ha sido entrenada pasará de largo sin percibir la Luz Clara, o bien huirá asustada por su imponente radiación. ¿Por qué? Porque carecen de voluntad y de lucidez. Para ellas, los bardos de la muerte son como un sueño profundo o una pesadilla. Así que fracasan en reconocer la Luz Clara, lo que los conducirá al segundo bardo, el bardo del *dharmata*. Este comienza en el momento de la desaparición de la Luz Clara y finaliza con la preparación de la siguiente reencarnación. En esta etapa, múltiples visiones abordan al fallecido. Primero, los siete budas, cada uno de un color. El *Libro tibetano de los muertos* dice que estas imágenes son una segunda oportunidad de liberación, después de haber desaprovechado la aparición de la Luz Clara. El objetivo, en este caso, es tratar de identificarse con una de esas entidades sagradas. Si el difunto se deja acoger por ellas, se convertirá en un *bodhisattva*, término que designa a un ser superior cercano a la condición de Buda. Y, entonces, también quedará libre de la rueda del renacimiento. Esto, salvo que la persona decida, como acto de compasión, reencarnarse voluntariamente en el mundo físico, por última vez, para iluminar y ayudar a otros.

Pero si el karma de la persona es pesado, en lugar de prestar atención a estos seres benéficos, será presa de sus propios miedos y terrores, que tomará por reales. Estos adoptarán la forma de demonios-buda terribles, denominados *Herukas*. El fallecido debe reconocer estas apariciones como puras alucinaciones, si es que quiere superar la nueva prueba. Si no lo logra, la persona sucumbirá ante ellas, y los siete Budas, con los que debería haberse identificado, desaparecerán.

Tras este otro fracaso, el difunto es trasladado inmediatamente al siguiente bardo, el bardo del renacimiento. En este estado, el difunto será dotado con un cuerpo. Será una réplica del físico, pero sin defectos ni deformidades. Eso sí: los textos dejan claro que este vehículo es solo creación de la mente, como otras muchas cosas que la persona encontrará durante el trayecto. Ahora, la persona siente que debe viajar al mundo material. Visita a sus familiares como un fantasma, e intenta relacionarse con ellos. Es en este momento cuando se hace consciente de su verdadera condición, pues hasta ahora había estado como dormido, sin suficiente lucidez para manejar su capacidad crítica. Por fin, asume que está muerto. Y se llena de una profunda tristeza. Desea intensamente regresar con los suyos, pero no puede tocar nada ni nadie lo escucha. Cuando la desesperación toca techo, aparece el rey de todos los demonios: el Señor de la Muerte. Acude con su séquito para juzgar la vida física anterior del difunto. Pero, en realidad, esos seres demoníacos no existen: solo están en su mente. El muerto, que cree que va a ser torturado por su mal karma,

Representación de un demonio Heruka, cuya misión es acosar a los fallecidos que no han despertado dentro del sueño de la muerte

generará su propio castigo de manera inconsciente. Si hubiera sido debidamente instruido en vida, sería capaz de reconocer que estas visiones son solo una ilusión. Y, entonces, habría tenido una tercera y última oportunidad de escapar del ciclo de las reencarnaciones. Pero la mayoría de las personas no ha recibido esa instrucción, así que la situación se hace insoportable. La solución más inmediata para escapar de ahí lo antes posible que se le ocurre al fallecido es tirarse de cabeza hacia una nueva vida física. Y, entonces, este deseo lo atrae hasta las puertas de la reencarnación.

Nuestro mundo físico es solo uno de los seis reinos en los que un difunto puede renacer. Todos ellos son mundos colectivos. Es decir, están habitados por seres con un karma similar. Es el karma acumulado lo que determina que cada individuo acceda a uno u otro plano. Pero en todos estos lugares, la estancia es solo temporal. Aunque sea muy larga, de cientos de miles de años, sus habitantes tendrán que volver a reencarnarse en algún momento.

El primer mundo es el reino de los dioses. Sería comparable a lo que nosotros llamamos «cielo». Es un lugar maravilloso, un paraíso. Únicamente se permite la entrada a personas con un karma muy depurado.

El siguiente reino es el de los titanes. Allí acaban las personas que han realizado grandes hazañas. Aunque este lugar también parece un cielo, sus moradores tienen un peor karma y, por eso, las rencillas son frecuentes.

El tercero es el mundo de los hombres. Aquí vuelve quien tiene un karma equilibrado: un mismo número de acciones buenas y malas. Le serán mostradas muchas parejas practicando sexo. Es el momento de que elija a sus nuevos padres para encarnarse justo en el momento en que ocurra una de esas inminentes fecundaciones. El *Libro tibetano de los muertos* insta a la persona a escoger muy bien a sus nuevos padres. Debe rehuir a las parejas cuyas condiciones de vida le vayan a proporcionar aún más karma negativo. Pero muchos no atienden a esta recomendación y seleccionan solo en función de sus impulsos.

El cuarto mundo es el reino animal. Según algunas ramas del budismo, un mal karma puede hacerte renacer en otra especie.

El quinto y el sexto son el reino de los fantasmas hambrientos y el de los demonios, respectivamente. Son algo parecido a lo que llamamos infierno. Solo aquellos con un karma desastroso finalizan aquí su trayecto.

PRIMER RECURSO PARA ESCAPAR DEL DESTINO COMÚN: RECONOCER EL CAMINO

Según el budismo tradicional, los seres humanos únicamente pueden optar por dos destinos básicos en la vida después de la muerte: el estado nirvana o la reencarnación. Ya comenté que el nirvana tiene difícil explicación. Algunos opinan que supone la aniquilación absoluta del yo, de manera que uno deja de existir como individuo para siempre, disuelto en la divinidad. Otros creen que es un estado de suspensión beatífica en el que ya no hay emociones. En cualquier caso, este final no está al alcance de todos. Por eso, el renacimiento es el destino común de la mayoría. Vimos también que la reencarnación puede ocurrir en diferentes mundos; el más habitual es el mundo físico de los hombres. La mayoría de las personas, durante su vida física, se limita a comportarse de la mejor manera posible para generar un buen karma, confiando que esto sea suficiente para lograr elegir una buena familia en la siguiente vida. Y, así, ciclo tras ciclo. Este proceso es largo y tedioso. Algunos, después de cientos o miles de vidas, acaban cancelando el total de su deuda kármica y entonces alcanzan la liberación definitiva en el nirvana. Esto es todo lo que se puede conseguir si eres un ser humano medio. Fin de la historia.

Sin embargo, algunos monjes, después de siglos de exploración y experimentación, descubrieron que, además de mantener una vigilancia férrea sobre los propios actos, confiando en que algún día el ciclo de las reencarnaciones pueda ser vencido, existen ciertos métodos alternativos que permiten alcanzar el nirvana de una manera más rápida y directa o, al menos, asegurar una buena reencarnación mientras esto no suceda. El primer paso es el estudio. Los monjes opinan que es fundamental conocer bien el mapa para luego disfrutar de un trayecto seguro. El *Libro tibetano de los muertos* es, según ellos, la mejor fuente de información que podemos utilizar. Como hemos visto, en este texto se describen con mucho detalle los diferentes territorios que atravesaremos, territorios que son en realidad estados de consciencia. Cuando un monje que ha fallecido va pasando por cada uno de ellos, reconocerá, gracias a la lectura del libro, en qué punto se encuentra y sabrá cómo evitar los obstáculos que están por llegar. Por tanto, la primera herramienta que tienen los monjes es *estudiar, meditar y reflexionar sobre el Bardo Thodol* para no distraerse, en el más allá, con lo que no es real. Es decir, tratan de habituarse de antemano a las visiones que van a confrontar. De esta manera, serán capaces de rechazarlas como puras alucinaciones.

Hace años, cuando estudiaba el *Libro tibetano de los muertos* desde mi perspectiva de soñador lúcido, creí haber descubierto que este primer consejo era una profunda contradicción. En efecto, los monjes memorizan todos los obstáculos que se van a encontrar con el fin de reconocerlos más fácilmente como una creación de su mente. Pero, a la vez, este libro repite incansablemente la idea central de que nuestra consciencia, una vez abandonado el mundo físico, genera un nuevo mundo con el poder del pensamiento; es lo que conocemos como «más allá» que, según el texto, se comporta como un sueño lúcido. Esto parece no tener sentido. Porque, dado que en el más allá, como en los sueños lúcidos, lo que piensas se convierte en objetos reales, si estamos esperando que ocurra algo después de la muerte, ¿no será lógico esperar que eso mismo suceda? Así que estudiar el *Libro tibetano de los muertos* sería como provocar las mismas trampas que deseamos evitar, ¿verdad?

Pues, al contrario, me equivoqué. Reflexionando más en profundidad, lo entendí. Veamos: un soñador lúcido o un difunto, aunque viaje sin ideas predefinidas y con las emociones mantenidas a raya, lleva consigo un proceso de pensamiento inconsciente que sigue siempre ahí, haciendo de las suyas. Así que sus miedos y sus fobias pueden acabar saliendo igualmente, fabricando un escenario concreto que puede llegar a asustarlo. ¿Por qué? Precisamente *porque no estaba esperando que aparecieran dichas emociones.* Esta es la clave. Por eso, los monjes, gracias a su experiencia con los sueños lúcidos, dedujeron que es preferible encontrarse con algo conocido que no con algo inesperado que, de todas maneras, va a manifestarse. Por eso, lo más inteligente, pensaron, es prediseñar y elegir las formas que los obstáculos de los bardos deberían adoptar. Así que fabricaron variadas representaciones pictóricas, de carácter genérico, que podrían funcionar bien para cualquier persona integrada en la cultura tibetana. Si estas son convenientemente memorizadas, una vez en el bardo, las emociones comenzarán a tomar forma *de una manera dirigida.* Habiendo delineado previamente estos impedimentos, será fácil reconocerlos como una creación propia y, por tanto, se tornarán inofensivos. Un ejemplo de estas imágenes prediseñadas son los *mandalas*[82], empleados como apoyo a la meditación mientras se lee el *Libro tibetano de los muertos.*

Pero, además de esta inteligente treta, los monjes inventaron otra serie de prácticas que mejoran sus probabilidades de éxito en el más

---

82   Los mandalas son imágenes pintadas que simbolizan el universo, ya sea el microcosmos o el macrocosmos, la naturaleza, la vida después de la vida y muchos otros conceptos budistas.

allá. Las llamaron *yogas*. Todas ellas forman parte de una antigua tradición cuyo origen algunos adjudican al mismo Buda y otros a ciertos maestros espirituales del budismo. Son el *Yoga del Calor Psíquico*, el *Yoga del Cuerpo Ilusorio*, el *Yoga de los Sueños*, el *Yoga de la Luz Clara*, el *Yoga del Estado de Posmuerte* y el *Yoga de la Transferencia de Consciencia*. A continuación, hablaré brevemente sobre algunos de ellos, porque de ellos se deducen diferentes escapatorias de la muerte.

SEGUNDO RECURSO PARA ESCAPAR DEL DESTINO COMÚN: MEDITACIONES ESPECIALES

Practicar la meditación profunda implica conocer los métodos específicos para entrar en estados de consciencia muy alejados de los que producimos en nuestra actividad de vigilia. Los monjes budistas crearon diferentes tipos de meditación como ayuda para superar el viaje *post mortem*. Veamos qué prácticas diseñaron para tal fin.

Según el *Libro tibetano de los muertos*, el miedo es una de las causas principales por las que los fallecidos no son capaces de reconocer las diferentes oportunidades que el más allá les ofrece para escapar de un nuevo renacimiento. Ya hemos comentado que el otro mundo, desde la perspectiva budista, funciona exactamente como un sueño. En el caso de las personas corrientes, es como un sueño ordinario; en el caso de los monjes, es como un sueño lúcido, es decir, con pleno control. En ambos casos, esto implica que las emociones afectan al entorno, siendo responsables de crear parte o la totalidad de la nueva realidad que se está atestiguando. El miedo empuja a nuestro pensamiento a perder el control, lo que produce continuas alucinaciones; en ocasiones, estas pueden ser espantosas. El pánico que estas visiones generan vuelve a alimentar al pensamiento que, a su vez, fabrica más y más alucinaciones en un bucle sin fin. En la vida física, sabemos que una persona aterrada no puede enfocar su atención en nada en concreto. El budismo tibetano asegura que es exactamente esto lo que les sucede a los difuntos. Y al perder la capacidad de enfocarse en una tarea, por causa de las visiones, pasan de largo ante la Luz Clara y ante los siete Budas, que son las dos principales puertas para escapar del ciclo de las reencarnaciones. Para solucionar todo eso, los monjes echaron mano de un antídoto: la atención plena. Es lo que ahora llamamos *mindfulness*. Este tipo de meditación no es nada reciente. Ha sido practicada durante siglos. Los budistas lo llaman *drenpa*, que traducido significa *recordar*. Porque de eso se trata: de recordarnos que no tenemos la atención centrada en el instante presente, sino que nuestros pensamientos vagan sin control. Si uno es capaz de integrar este tipo de meditación en su vida física, tendrá muchas posibilidades de dominar las emociones durante los bardos, lo que le habilitará para alcanzar destinos alternativos.

Curiosamente, la estrategia opuesta al *mindfulness* también es efectiva. Es lo que proponen los monjes en otro tipo de meditación. Consiste en generar pensamientos voluntariamente, pero de manera caótica. Cuando la mente ya está repleta de ellos, los monjes comienzan a observarlos sin sentirse atrapados por esa corriente salvaje de ideas. Según la descripción de los bardos que hace el *Libro tibetano de los muertos*, es precisamente esto a lo que los difuntos tienen que enfrentarse. Debido a la intensidad de esta clase de meditación, es recomendable que su duración no sea superior a unos pocos minutos.

Otro ejercicio consiste en meditar sobre la propia muerte y la muerte de personas allegadas. En un estado profundo de relajación, los monjes reflexionan sobre el momento de su fallecimiento. Lo mismo hacen con la muerte de familiares y amigos, imaginando cómo será asumir que algún día ya no estarán en este mundo.

En otros tipos de meditación se busca alcanzar la experiencia denominada *pura mente*. El objetivo es experimentar la Luz Clara antes de fallecer, para lograr reconocerla durante el primer bardo de la muerte. Recordemos que la Luz Clara es la primera puerta para escapar del renacimiento cíclico.

También hay meditaciones extremas, en las que se intenta reproducir un estado simulado de muerte bajando la intensidad de la respiración y el ritmo cardiaco hasta un nivel casi imperceptible. El fin es que el monje se acostumbre a estas sensaciones que indican la proximidad de la muerte. De esta manera, será posible reconocer la entrada a los bardos de una manera lúcida y consciente para lograr el control del viaje.

Algunas meditaciones están diseñadas para aprender a escapar de la reencarnación durante el bardo del devenir, justamente cuando estamos a punto de elegir unos nuevos padres. Ya vimos que, si el difunto no ha sido instruido según las enseñanzas del *Bardo Thodol*, querrá liberarse rápidamente de los ataques de los demonios, a los que habrá tomado por entidades reales. Así que elegirá precipitadamente a cualquier pareja, con tal de marcharse de allí. Pues bien, el *Libro tibetano de los muertos* da instrucciones precisas para meditar de una manera concreta, en esos instantes, con el objetivo de escapar del inminente renacimiento y alcanzar el nirvana. Emplear este recurso es lo que se denomina, en la jerga budista, *cerrar la puerta del útero*. El problema es que, como he dicho, estas meditaciones no solo deben ser practicadas frecuentemente durante la vida física, sino que deben hacerse, sobre todo, en el instante en el que se está a punto de escoger a los nuevos progenitores de entre todas las parejas que están haciendo el amor en la Tierra. El difunto debe tener, por tanto, el adiestramiento adecuado para recordar que tiene que meditar precisamente en ese momento y de una determinada manera. Y esto no es una tarea fácil, ya que nuestro proceso de pensamiento en los bardos, al igual que sucede en un sueño, no se comporta de la misma manera que durante la vida física.

¿En qué consiste esta meditación para el bardo del devenir? El *Libro tibetano de los muertos* dice que la persona se debe dejar atraer por cualquiera de las parejas que están practicando sexo. Una vez identificada la pareja en cuestión, el difunto debe convencerse de que ese hombre y esa mujer son, en realidad, otra cosa diferente a lo que está viendo. Una opción es imaginar que son su maestro espiritual y su esposa. Por supuesto, esto solo es posible si el fallecido tiene un maestro espiritual, como sí les sucede a los monjes budistas. Otra posibilidad es visualizar a la pareja como si fueran el Buda de la Compasión y su cónyuge. Una tercera posibilidad es tratar de contemplarlos como si ambos no fuesen reales, sino pura ilusión. Si estas operaciones no surten efecto y la persona sigue sintiéndose fascinada por los amantes, es el momento de intentar otra meditación de emergencia, que consiste en vaciar la mente para eliminar toda emoción. Y, después, rechazar la entrada en el útero de la futura madre. También se recomienda recitar uno de estos dos mantras: *om mani padme hum*, o bien *a pasme ha sha sa ma*.

Si lo anterior también falla, y ya no se puede evitar la reencarnación, el difunto puede, al menos, elegir los mejores padres posibles. Estos le procurarán una nueva y última vida física donde generar un karma positivo que le conducirá, en la siguiente muerte, a la liberación definitiva. Para seleccionar correctamente a la pareja más adecuada, se aconseja practicar un tipo especial de meditación durante la vida, que trata de entender y controlar el impulso sexual. Esto, sumado a periodos intermitentes de abstinencia, entrenará al monje para centrar su atención hacia los padres óptimos y no hacia la pareja que más excitación le está produciendo en el momento de la elección.

TERCER RECURSO PARA ESCAPAR DEL DESTINO COMÚN: EL ÚLTIMO PENSAMIENTO IMPORTA

De algunos discursos atribuidos a Buda puede deducirse que el comportamiento que una persona muestra en vida es el responsable del estado mental en el que esta muere. Dado que los bardos son estados tremendamente influenciables por las emociones, el budismo advierte que necesitamos controlar muy bien nuestros últimos pensamientos en vida, ya que podrían condicionar también nuestro destino final en el más allá.

La importancia del último pensamiento no surgió solo como conclusión de las palabras de Buda. Apareció, también, como una consecuencia lógica de reflexionar sobre la equivalencia entre sueño y muerte. Como ya he comentado y como explicaré después con más detalle, el budismo compara el ciclo del dormir y despertar con la muerte y la liberación. El instante de dormir parece semejante al momento del fallecimiento. Y todos sabemos que un pensamiento negativo justo antes de dormir puede generar malos sueños. De la misma manera, según el budismo, las emociones con las que morimos definen los detalles de la realidad que encontraremos al otro lado. Si bajamos la guardia y pensamientos tóxicos inundan nuestra cabeza en ese instante crucial, es seguro que el viaje incluirá terribles visiones.

Por eso, los monjes se entrenan para morir con la mente ocupada únicamente por pensamientos positivos. De hecho, recomiendan prestar atención a nuestra mente tan pronto como tengamos conocimiento de que vamos a fallecer, incluso si esto ocurre a varios meses vista. Esto podría saberse, por ejemplo, por un informe médico. A veces, los monjes dicen poder detectar que la muerte está a las puertas gracias a determinadas meditaciones especiales. No entraremos en ello, pues se trata de una práctica compleja.

¿Qué pequeñas cosas podemos hacer para asegurarnos un mejor control de nuestros pensamientos en el momento de la muerte? Según las enseñanzas budistas, tenemos que comenzar por deshacernos de nuestra obsesión por los bienes materiales. Si hay tiempo suficiente, podemos arreglar el reparto de nuestras posesiones, ayudar a nuestros allegados y resolver los conflictos que tengamos con otras personas. Pero si esto no es posible, porque hemos recibido el aviso de una muerte inminente, es suficiente con reflexionar sobre la futilidad de las posesiones. Engancharse a los objetos de este mundo actúa, durante los bardos, como un ancla que tira de nosotros hacia la reencarnación. También, en esos instantes críticos, podemos hacer un esfuerzo por llenar nuestra mente solo con pensamientos de amor, compasión y gozo, dando las gracias a los amigos y familiares por haber estado a nuestro lado. También es conveniente dar vueltas a la idea de que la vida física es una ilusión y que todo lo que ocurra en los bardos, que transitaremos a continuación, será igualmente una alucinación.

Sobre todo, morir debería ser un acto lo menos estresante posible. Por eso, los budistas intentan crear un entorno externo agradable para el moribundo, tanto física como psicológicamente, que promueva las emociones positivas.

Cuarto recurso para escapar del destino común: despertar en la muerte

Tanto el sueño como la muerte son bardos, ya que constituyen lugares o estados intermedios. La muerte transcurre desde el fin de la vida física hasta el renacer en un nuevo cuerpo. El sueño, de la misma manera, acontece desde el momento de la pérdida de consciencia hasta el instante del despertar por la mañana. Pues bien, según el budismo, morir y dormir son equivalentes. Ciertamente, al iniciarse el bardo de la muerte, sucede el apagado gradual de los sentidos. Poco a poco, estos van dejando de operar y de proporcionar información al cerebro. Por eso, en un instante dado, la realidad de vigilia colapsa y la consciencia se traslada a otra realidad. Es exactamente lo mismo que ocurre durante el sueño. Los sentidos físicos se apaciguan y, de repente, la lucidez desaparece. Entonces, la persona comienza a soñar. Y sabemos qué le ocurre a una persona que se duerme. De ahí, el budismo infiere lo que nos sucederá después de la muerte. La consciencia se traslada a otra realidad en la que carece de identidad propia, de la voluntad de actuar y de la capacidad de decisión. La persona deja de tener control sobre lo que le sucede. Se deja llevar por los acontecimientos, sin que pueda cambiar nada. Así son los sueños y así es el más allá[83].

Del despertar de la noche, también puede deducirse lo que nos ocurre cuando atravesamos los tres bardos de la muerte sin éxito y nos vemos obligados a reencarnarnos. Despertar es equivalente a renacer. Ciertamente: al regresar a la vida de vigilia por la mañana, pocos tienen capacidad de recordar los sueños, o solo traen pedazos de información sin sentido. Así ocurre con nuestro tránsito por el más allá: es como si fuera una noche cualquiera, en la que la mayoría de las personas deambulan como si hubiesen sido desconectadas. Después, cuando aparecen ocupando un nuevo cuerpo y una nueva vida, recuperan toda su lucidez y toman el control de su realidad, pero no recuerdan nada de ese periodo previo, tal y como ocurre cuando despertamos en la cama cada mañana. Así como algunas personas son capaces de recordar sus sueños, algunos difuntos, cuando inician una nueva existencia física, parecen recordar pequeños detalles de su vida anterior o incluso del periodo entre vidas.

Otra interesante analogía que sugiere la equivalencia entre muerte y sueño nos remite al bardo del devenir, cuando el difunto tiene que escoger unos nuevos padres de entre la multitud de parejas practicando sexo. Dijimos que la urgencia de los fallecidos por escoger lo antes posible y comenzar una nueva vida física es consecuencia de los ataques de los demonios, que los torturan por su karma negativo. Pero estos demonios no son reales, aunque el fallecido no lo sabe porque no dispone de suficiente lucidez. Es lo mismo que sucede cuando tenemos una horrible pesadilla. ¿Qué es lo que deseamos hacer en esos momentos? Despertar lo más rápidamente posible y regresar a nuestra vida de vigilia. Así, en la muerte, lo que más ansiamos es regresar a la vida, para librarnos de todos los terrores que nos amenazan.

¿Qué se puede hacer con esta equivalencia entre sueño y muerte? Así como un soñador lúcido duerme, sueña y, gracias a un entrenamiento específico, puede despertar dentro de su propio sueño, podemos despertar en el más allá cuando hayamos fallecido. Por eso, los monjes decidieron incluir en su rutina la práctica de los sueños lúcidos. Ya hemos definido este proceso como despertar o recobrar

---

83   Algo parecido pensarían los griegos, en cuya mitología leemos que Morfeo, dios del sueño, era hermano de Tánatos, dios de la muerte.

la lucidez dentro de un sueño ordinario. Cuando se logra esta hazaña, el sueño que nos rodeaba antes se convierte en una realidad física desde el punto de vista perceptivo. El sueño deja de ser un sueño y pasa a ser un mundo en sí mismo, tan real y sólido como es nuestra experiencia de vigilia. Los monjes sabían que despertar dentro de los propios sueños era perfectamente viable y que cualquiera puede ser instruido para conseguirlo. Por eso, esperan que esta habilidad les dará la capacidad de despertar también en el instante de la muerte.

Ya adelanté que hay una diferencia interesante entre el concepto budista y los sueños lúcidos. En nuestra sociedad, estos tienen múltiples aplicaciones. Hay personas que usan los sueños lúcidos para divertirse y eliminar estrés. Para otros, es un medio efectivo de resolver problemas o de obtener información de cualquier tipo. Pero solo unos pocos advierten que es, posiblemente, la mejor herramienta que tiene un ser humano para avanzar en el camino espiritual. Este es, precisamente, el sentido que el budismo tibetano da a los sueños lúcidos, a los que considera como un medio de transformación personal y, sobre todo, un medio para dirigir nuestro destino después de la muerte.

QUINTO RECURSO PARA EVITAR EL DESTINO COMÚN: NO OLVIDAR QUIÉN ERES

Como hemos visto, de acuerdo con las creencias del budismo tibetano, las personas que carecen de control durante el viaje por los tres bardos del más allá asumen sin remedio el destino común de la reencarnación. Este final no es el más deseado, precisamente. Aunque a través de este ciclo también se puede alcanzar el nirvana, es un proceso largo y penoso. ¿Quién desea vivir cientos o miles de existencias físicas, con todos sus pesares, sin recordar ni un detalle de sus vidas anteriores?

La clave, ya lo vimos, es despertar en la muerte. Pero adquirir lucidez es solo el primer paso. También es imprescindible conservar la personalidad intacta. Es decir, pasar al otro lado, sabiendo quiénes somos, con todos nuestros recuerdos y vivencias. Al igual que cuando dormimos perdemos la noción del yo y nos convertimos en marionetas del sueño, esto mismo le ocurre a la mayoría de las personas que fallecen. Transitan por el otro mundo habiendo perdido el conocimiento de su identidad.

La preocupación por la pérdida de los recuerdos en el más allá no es exclusiva del budismo tibetano. Está también muy presente, por ejemplo, en la visión egipcia del más allá. Estoy convencido de que el cuidado por preservar en perfectas condiciones la momia y las inscripciones con el nombre del difunto tuvo su origen en este asunto. Los textos funerarios dicen que el espíritu del fallecido viaja hasta la tumba para reconocer su cuerpo inerte antes de emprender el viaje hacia el más allá. Conservar la momia en buen estado y asegurar la presencia de rótulos con el propio nombre sería la mejor manera de que el difunto se recordase a sí mismo.

En cualquier caso, el concepto de olvido después de la muerte parece ser universal. Muchas culturas conservan relatos de personas que viajaron al más allá, pero que olvidaron quiénes eran y de dónde procedían. Casualmente, esto siempre era consecuencia de haber tocado, manejado o utilizado los objetos de esa otra dimensión, o de interactuar con sus moradores. En muchas leyendas se advierte al protagonista que no debe probar, por ejemplo, la comida, porque ello le impediría regresar al mundo de los vivos. El mito griego de Core es un gran ejemplo. Esta bella diosa era la hija de Deméter, divinidad de la tierra y las cosechas. Hades, dios del infierno y de los muertos, se encaprichó de la muchacha. Le pidió permiso a Zeus para hacerla su esposa, pero el rey de los dioses no supo qué responder; no deseaba ofender a Deméter, pero tampoco a su hermano Hades. Cansado de esperar una respuesta, el dios del Tártaro raptó a Core y se la llevó al inframundo para convertirla en su reina. Desde ese momento, fue llamada Perséfone. Su madre cayó en una profunda depresión. Recorrió cada rincón del mundo buscándola, pero sin resultado. Hasta que el dios Helios, dios del sol, le desveló su paradero y lo que había acontecido con Hades. Deméter, encolerizada, maldijo a la tierra para que nunca más diera fruto. Esto fue la perdición para la humanidad, que comenzó a morir de hambre; pero también para los dioses, que se quedaron sin ofrendas y sacrificios. Cuando el asunto llegó a un punto crítico, Zeus rogó a Deméter que revirtiese la situación; a cambio, él convencería personalmente a Hades para que liberara a Perséfone. El dios del infierno no tuvo más remedio que aceptar, pero puso una condición: Perséfone sería devuelta siempre y cuando *no hubiera probado la comida de los muertos*. Es decir, la comida del más allá. Perséfone, afortunadamente, había permanecido todo ese tiempo sin probar bocado. Pero lo había hecho simplemente por tristeza, no por que supiera que usar los objetos de ese mundo la atraparía allí para siempre. El dios Hermes, mensajero de los dioses, fue el encargado de recoger a la joven. La montó en su carro y la llevó junto a su madre. Pero, en presencia de Hades y Zeus, Hermes declaró que vio a Perséfone, durante el viaje, coger una granada de uno de los árboles del jardín del inframundo y comer siete granos. Entonces Hades reclamó sus derechos y se volvió a liar. Para contentar a unos y a otros, Zeus decretó que, a partir de ese día, la muchacha, como Core, debería pasar seis meses al año con Deméter; y los otros seis meses como Perséfone, gobernante del más allá.

Es posible que el hecho de que Core tuviera que pasar la mitad del año en el mundo de los muertos, convirtiéndose en la reina de los muertos y dejando de ser la hija de la diosa de la agricultura, sea un recuerdo de ese antiguo conocimiento que nos avisa de la pérdida de identidad en la vida después de la muerte. No olvidemos que los griegos también creían que la memoria de los difuntos era borrada al pasar al otro lado, pues eran obligados a beber agua del río del olvido, llamado Lete, en la frontera entre los dos mundos. Y beber de un río, es utilizar el río.

Algo parecido aparece en las historias de hadas y duendes. La tradición dice que estos habitan en el otro lado de la realidad. Los seres mágicos ofrecerán alimentos a los visitantes humanos y les invitarán a danzar con ellos. Si la persona prueba su comida o accede a bailar su música, quedará permanentemente hechizado y no podrá volver jamás al mundo de los humanos. Y, si logra regresar, perderá la memoria de todo lo que ha realizado allí. Subyace aquí el mismo mecanismo: utilizar conscientemente los objetos de una realidad alternativa puede hacer que el viajero asuma dicha realidad como si fuese su mundo cotidiano, perdiendo para siempre el recuerdo del lugar del que procede.

Todo esto no es solo una leyenda, sino que tiene una base sólida desde que conocemos bien el funcionamiento de los sueños lúcidos. Sabemos que esto funciona así también allí. Precisamente, para que un soñador lúcido pueda convertir su sueño ordinario en una realidad auténticamente física, es necesario que lo estabilice. Para ello, puede aplicar diversas técnicas. Casualmente, todas ellas se basan en *el uso de los objetos del entorno*. Cuanto más se utilicen las cosas que uno tiene a su alrededor, mayor nivel de realidad se conseguirá para el sueño lúcido. Si hay alimentos, es positivo comerlos. Si hay bebidas, tomarlas. Si hay diferentes superficies y texturas, palparlas. Es decir, se trata de intensificar los impulsos sensoriales utilizando las cosas del entorno. Esto no puede ser una casualidad. Pero también sabemos que, si uno «se pasa de rosca», es posible que la sensación de realidad sea tan intensa que acabe borrando el recuerdo del mundo físico del que se procede. Es lo que llaman, en la jerga de los soñadores lúcidos, *profundizar en los diferentes niveles de sueño* o, lo que es lo mismo, *dormirse dentro del sueño y soñar que te despiertas dentro del sueño.* Yo mismo he tenido alguna de estas experiencias, y no fueron precisamente agradables. Relato una de ellas en mi libro sobre los sueños lúcidos, cuando hablo de la película *Origen*[84]. Procedo a transcribirla aquí, ya que ilustra muy bien todo este asunto:

¿Es posible dormirse dentro de un sueño lúcido? Ciertamente. Esto te traslada inmediatamente a otro escenario de otro sueño lúcido. Según el argumento de la película, cada sueño dentro de otro sueño constituiría un nivel superior de realidad y de estabilidad. ¿Es así? En mi experiencia es cierto, funciona de esta manera. Aunque aprender la técnica no es nada fácil. Según el filme, ejecutar esta maniobra comporta ciertos riesgos, ya que el sujeto podría perder la noción de su propia identidad y los recuerdos de su realidad de vigilia. Es decir, profundizar en exceso en niveles de sueño cada vez más profundos puede conducir al olvido de uno mismo. Y, finalmente, quedar atrapados por siempre en el último sueño lúcido, que aceptaríamos como si este fuese nuestro único mundo cotidiano.

Personalmente, puedo corroborar las consecuencias negativas de profundizar en los niveles de sueño. Mi experiencia ha sido muy similar a la que tienen los personajes de la película Origen. En tres ocasiones distintas, practicando estas técnicas concretas de profundización, tuve experiencias inenarrables. En las tres sentí cómo una niebla se apoderaba de mí. Entonces, mis datos personales comenzaron a borrarse a una velocidad alarmante. Sin embargo, mientras iba perdiendo la memoria de quien yo realmente era, seguía plenamente consciente de todo el proceso. Sabía perfectamente lo que me estaba ocurriendo, pero toda mi vida pasada se me iba de las manos. Es una sensación imposible de describir con palabras. Mi nombre, mi identidad,

---

84 Filme protagonizado por Leonardo Di Caprio y dirigido por Christopher Nolan, estrenado en 2010, sobre el mundo de los sueños lúcidos.

mis recuerdos... todo iba desapareciendo como si fuesen hilitos de humo escapando de mi cabeza. Y yo no podía hacer nada. En uno de estos episodios, recuerdo asirme con fuerza al cabecero de una cama desconocida, en la que había aparecido al trasladarme desde la primera realidad onírica. Cuando comencé a darme cuenta de lo que me estaba sucediendo, me aferré a los barrotes luchando por recordar cada fragmento de mi vida de vigilia. Realizando un enorme esfuerzo, logré engancharme a un diminuto aspecto de mi disgregada memoria. Afortunadamente, desperté de nuevo en la realidad que llamamos vigilia, con gran alivio por mi parte y con la memoria intacta.[85]

SEXTO RECURSO PARA EVITAR EL DESTINO COMÚN: O TODO ES REAL O TODO ES UNA ILUSIÓN

Los monjes también practican el yoga de los Sueños para comprender más rápidamente que todas las realidades son ilusorias. En un sueño lúcido, puedes dar una orden y hacer que un objeto aparezca. Puedes emitir otro mandato y ese mismo objeto se desvanecerá. Esto te enfrenta, directamente, a la idea de que no hay nada permanente. Y, teniendo en cuenta la equivalencia entre sueño y muerte, lo que aplica a los mundos construidos en sueños lúcidos también aplica a los bardos. Por ello, la práctica de este yoga convence a la mente de que el más allá tiene la consistencia de un sueño consciente. El monje que ha sido entrenado de esta manera, cuando fallezca, habrá perdido el miedo y su atención quedará libre para atender las llamadas de la Luz Clara o de los siete Budas.

Pero el yoga de los Sueños tiene aún más ventajas: ejercita la capacidad de concentración. Si un soñador lúcido desea mantener la experiencia por el mayor tiempo posible, debe luchar por enfocar su atención en un propósito concreto y evitar las distracciones que causa la segunda realidad. No sabemos muy bien por qué, pero el otro mundo tiene la capacidad de absorber nuestra lucidez atrayendo nuestra mirada sobre los pequeños detalles de los objetos de nuestro entorno. Persistir en el intento de no distraernos supone un esfuerzo considerable. Pero, si se logra, habremos incorporado una poderosa

---

85 Enrique Ramos. *Los sueños lúcidos. Una realidad alternativa.*

herramienta que nos servirá de mucho en la vida más allá de la muerte, ya que el *Libro tibetano de los muertos* advierte que nuestro mayor enemigo en el viaje *post mortem* es precisamente la distracción. La ausencia de este entrenamiento en sueños lúcidos o yoga de los Sueños hace que los difuntos vaguen de un lugar a otro, atraídos por cada cosa que se encuentran (demonios, luces, estructuras), hasta que estas atrapan su atención sin remedio. En un sueño lúcido, esta falta de práctica se traduce en que el practicante despierta rápidamente en la realidad física. En el caso de los difuntos, ocurre exactamente lo mismo, ya que provoca también un despertar, pero esta vez en un nuevo cuerpo físico: es la reencarnación.

El yoga de los Sueños también permite trabajar aspectos de nuestro ser espiritual de una manera más rápida y efectiva. Los efectos de las meditaciones son mucho más potentes en un sueño lúcidos que cuando se hacen partiendo desde el estado de vigilia. Por eso, los monjes practican sus meditaciones habituales *dentro de los sueños lúcidos*. Esto ha sido reconocido recientemente, por ejemplo, por el psicólogo Michael Katz, que ha afirmado que *un solo segundo de práctica espiritual en el sueño lúcido equivale a una semana de práctica espiritual en la vida de vigilia*. ¿Qué hacen los monjes con estas meditaciones dentro de los sueños lúcidos? Limpian su karma negativo, pues el karma, acumulado en las vidas anteriores, es el responsable de que no detectemos la presencia de la Luz Clara y los siete Budas. Pero esta limpieza, que también puede realizarse en vigilia, se desarrolla a una velocidad imposible en el sueño lúcido.

SÉPTIMO RECURSO PARA EVITAR EL DESTINO COMÚN: PLANTEARSE LA REALIDAD DE VIGILIA

Todas las prácticas anteriores ponen al monje en disposición de poder replantearse las prioridades. ¿Cuál es la base de nuestra existencia? ¿Es la realidad de vigilia o son las realidades alternativas, como el más allá? El monje que ha sido instruido en todas aquellas técnicas sabe, no como un ejercicio intelectual, sino como un conocimiento casi celular, que este mundo físico es un sueño. Cuando estamos aquí, presentes en la realidad de vigilia, en realidad estamos dormidos, pero no lo sabemos. Solo podemos saberlo cuando probamos a despertar y comparamos. Y esto solo es posible de tres maneras:

practicando el yoga de los Sueños (los sueños lúcidos), en una experiencia cercana a la muerte o justo después de morir. Este nuevo paradigma es imposible de asimilar si no se ha tenido una de estas experiencias. En mi libro dedicado a los sueños lúcidos intento explicarlo con mayor profundidad. He aquí un pequeño extracto que aclarará un poco más esta idea:

> Con el tiempo, poder constatar por uno mismo este estado de metacognición ha llevado a muchos onironautas a plantearse si el sueño lúcido es un estado de consciencia superior a la vigilia. Mi experiencia me dice que sí. Esto, evidentemente, te cambia la perspectiva sobre la naturaleza de la realidad. En efecto, si organizamos los tres estados en los vértices de un triángulo equilátero, el sueño lúcido debería estar en la cúspide, porque es donde el ser humano disfruta del mayor grado de lucidez y de control sobre el entorno. Los vértices inferiores estarían ocupados por el sueño ordinario y por la vigilia. Creo que el origen de todo está localizado, por tanto, en el estado onírico consciente. De esta manera, cuando un sueño lúcido finaliza, en realidad no estamos despertando, sino que nos estamos durmiendo. Y, por eso, acabamos en el estado de vigilia. Después, cuando llega la noche, decimos que nos disponemos a realizar algo que denominamos dormir. ¡Pero no es cierto, porque ya estábamos durmiendo! Así que, en verdad, lo que hacemos durante la vigilia es dormir aún más profundamente o, si se quiere, soñar dentro de otro sueño.
>
> Si las personas pueden aprender a despertar dentro de un sueño corriente para convertirlo en un sueño lúcido, aplicando determinadas técnicas, sería lógico pensar que deben existir técnicas equivalentes que nos permitan despertar dentro de la vigilia. Eso convertiría nuestro mundo cotidiano en un sueño lúcido; al fin y al cabo, hemos dicho que la vigilia es otro sueño. Esto mismo es lo que ciertas religiones y filosofías, como el budismo, llaman la experiencia del despertar. ¿Es el yo del sueño lúcido el que sueña al yo de la vigilia? ¿O es el yo de la vigilia el que sueña al yo del sueño lúcido? ¿Quién sueña a quién? Aquí está la clave.

Para reforzar aún más este cambio de perspectiva y fortalecerlo con vistas al viaje final de la muerte, además de sus ejercicios nocturnos, los monjes practican también técnicas durante el periodo de vigilia. Reciben el nombre de *yoga del Cuerpo Ilusorio*. Consisten en dudar de la objetividad de la realidad física cotidiana. Se plantean, en varios momentos del día, si están despiertos o están soñando. Esto es exactamente lo que practican muchas personas en el mundo occidental para tener sueños lúcidos de una manera sencilla[86]. Por eso, el yoga del Cuerpo Ilusorio, dentro de las prácticas budistas para los bardos de la muerte, es un buen complemento al yoga de los Sueños

OCTAVO RECURSO PARA EVITAR EL DESTINO COMÚN: LA TRANSFERENCIA INMEDIATA DE LA CONSCIENCIA

Hemos visto que el budismo tibetano ofrece, al menos, cuatro alternativas para romper el ciclo de las reencarnaciones, aunque estas no sean evidentes para la mayoría de las personas. Dichas escapatorias estarán disponibles durante el viaje por los bardos, una vez hayamos fallecido. Son, por orden: alcanzar la Luz Clara, identificarse con uno de los siete Budas, escapar de los demonios del karma o cerrar la puerta del útero. Para asegurarnos de que reconoceremos estas salidas, los monjes inventaron numerosas técnicas que pueden ser practicadas tanto en vigilia como estando dormidos, según ya hemos analizado. Pero aún nos faltan dos, las más interesantes y radicales de todas: *la tradición de la Tierra Pura y el yoga de la Transferencia de Consciencia.*

La tradición de la Tierra Pura surgió dentro de la rama budista denominada Mahayana, posiblemente alrededor de los siglos IV y V d. C. Sus manuscritos, conservados en China, en el Tíbet y en Japón, recogen sugerentes ideas para escapar de la muerte y del renacimiento. Tras la muerte de Buda, había quedado establecida la idea de que cualquier persona, gracias a un intenso trabajo interior, podía alcanzar un estado de budeidad. Estos humanos especiales reciben el nombre de *bodhisattava.* Uno de estos hombres fue Dharmakara, que había acumulado en vida infinidad de méritos gracias a la meditación y a la ayuda que prestaba a los demás. Tras su transformación en *bodhisattava,* renunció al nirvana para dedicar su

---

86 Existen múltiples publicaciones especializadas en sueños lúcidos donde pueden aprenderse estas técnicas. En realidad, no son nada complicadas, pero sí muy sacrificadas. Al final, no dan muy buenos resultados, salvo que sea una tarea a la que uno se dedique de por vida. Como explico extensamente en mi libro sobre los sueños lúcidos, los métodos orientados a aprender a dormir conscientemente, aun siendo un poco más enrevesados, son infinitamente más fiables.

Representación de Amitabha, uno de los seres iluminados
que decidió construir un refugio para los difuntos

existencia a recoger en el más allá a todos los difuntos que así lo merecieran, con el fin de acomodarlos en un reino maravilloso fuera del mundo físico. Este lugar, a medio camino entre nuestro mundo cotidiano y el estado de nirvana, fue construido solo con el poder de su intención. En cierto sentido, podríamos decir que este lugar es parecido al de un cielo occidental. Es un mundo maravilloso, repleto de jardines y fuentes, donde no hay enfermedades ni preocupaciones. Desde entonces, Dharmakara pasó a ser conocido como *Amitabha* y aquel lugar como la *Tierra Pura*.

Esta dimensión no física, fabricación personal de Dharmakara, era toda una novedad en el budismo pues, hasta entonces, solo existían dos destinos posibles para los seres humanos después de la muerte: la reencarnación o la desaparición del yo en el nirvana. Aunque entre los seis mundos disponibles para el renacimiento, según el budismo, hay uno o dos de carácter paradisiaco, como el reino de los dioses o el de los titanes, no nos confundamos: la estancia en estos mundos sigue siendo temporal, pues sus habitantes están atados al ciclo de la reencarnación. Por eso el mundo de Amitabha es tan importante, porque asegura la única escapatoria posible de la muerte que ofrece las dos cosas más importantes: la ruptura de la rueda de las reencarnaciones y la conservación total de tu propia personalidad y tus propios recuerdos como ser individual. Es la opción perfecta.

Amitabha, al inaugurar este nuevo mundo, declaró lo siguiente:

Todos los seres de las diez direcciones con una fe sincera y profunda que busquen nacer en mi tierra e invoquen mi nombre diez veces, excepto aquellos que hayan cometido los cinco crímenes cardinales o lesionen el verdadero dharma, nacerán en mi tierra.

Apareceré en el momento de la muerte a todos los seres de las diez direcciones comprometidos con la iluminación y la práctica de las buenas obras, que busquen nacer en mi tierra.

Todos los seres de las diez direcciones que escuchen mi nombre, deseen la Tierra Pura y practiquen la virtud para alcanzar la Tierra Pura tendrán éxito.[87]

¿Cómo logró Amitabha crear ese mundo ideal? Debemos remitirnos a un concepto interesantísimo: el *mérito*. Cuando una persona realiza buenas acciones, por ejemplo, actos a favor del bienestar de otros seres vivos, entonces acumula *mérito*. Este puede emplearse para hacer posibles las cosas imposibles, como los milagros. Salvando las distancias, y con todo el respeto, sería algo así como los puntos de poder en un videojuego: cuantos más puntos se consiguen, más poder tiene el personaje. El mérito puede incluso transferirse a otra persona. Este traspaso hay que realizarlo mientras el mismo mérito está siendo generado mediante alguna buena acción y a la vez que te concentras en la persona a la que quieres beneficiar. Entonces, declaras, mentalmente o en voz alta, lo que estás haciendo.

---

87   Daigan Matsunaga. *The foundation of Japanese Buddhism.*

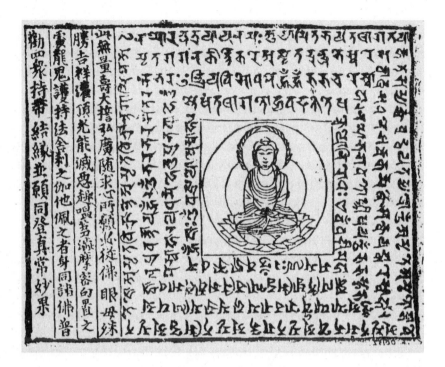

Mantra de Amitabha. Memorizarlo y recitarlo frecuentemente puede dar acceso a otro mundo, después de la muerte, diseñado para el descanso final

¿Para qué sirve el mérito una vez acumulado? Como he dicho, puede emplearse para llevar a cabo tareas sobrehumanas. Una de las más impresionantes es crear cosas de la nada, desde simples objetos hasta otros mundos habitables. Y eso es lo que hizo, precisamente, Amitabha: decidió emplear su mérito acumulado para construir la Tierra Pura, que acogería a todos los que desearan vivir en perfecta armonía después de su fallecimiento. Pero Amitabha advirtió que él solo sería responsable de la arquitectura general del nuevo mundo. Dio, a todos los que ingresaran en él, el poder de adornarlo. Todos los habitantes de la Tierra Pura pueden crear cualquier cosa que deseen con solo imaginarlo. Por eso, este mundo sigue llenándose de bellos palacios, joyas, alimentos deliciosos y otras muchas maravillas; aunque se dice que ninguno de sus habitantes las necesita, ya que no es una realidad material, sino que están ahí para el disfrute de los sentidos.

Para los budistas que siguen la tradición de la Tierra Pura, esto no es una leyenda. Es una información que ha sido obtenida directamente de la estricta experiencia. Es decir, se sabe que este lugar existe porque muchos afirman haber viajado hasta allí mediante meditaciones especiales y, sobre todo, practicando el yoga de los sueños. Otros han tenido una visión de este lugar en la cama, justo antes de fallecer, o incluso en una experiencia cercana a la muerte. De hecho, existe un texto sagrado que contiene instrucciones precisas para visitar la Tierra Pura. Se llama *Meditación en el Sutra de Amitayus*[88]. Practicar esta técnica requiere de un entrenamiento previo, que consiste en seleccionar varios objetos, uno a uno, y meditar sobre su imagen. El propósito es visualizar uno a uno y de la manera más clara posible, según vayan sucediéndose las sesiones. Cada vez, debe lograrse un mayor detalle. No se debe pasar a otro objeto hasta que se consiga ver el actual tan definidamente como si se estuviese visualizando con los ojos abiertos. Después, el monje selecciona otro objeto. Al principio, se trata de cosas sencillas. Pero poco a poco se deben añadir cosas más complicadas, como edificios; todos serán elementos que encontraremos luego en la Tierra Pura. Después, se pasa a visualizar al propio Amitabha.

Una vez terminado este proceso, se realiza una última meditación, donde el monje se visualiza a sí mismo renaciendo en el nuevo mundo después de la muerte, añadiendo a la escena todos y cada uno de los objetos ya trabajados anteriormente. Esta sesión desemboca en un estado de trance muy profundo y, a veces, en un sueño lúcido completo. En algunos lugares, como China o Japón, la práctica de las meditaciones para viajar a la Tierra Pura es acompañada por estrictos ayunos y la prohibición de dormir durante varias noches. Todas estas prácticas permiten que, en el momento de la muerte, el monje sea capaz de recordar la imagen completa de dicho lugar y se abandone al tránsito con ella en la mente. Si todo va bien, no atravesará los bardos, como un difunto más, sino que será trasladado automáticamente a la Tierra Pura.

Esta disciplina para alcanzar la Tierra Pura es tremendamente similar a lo que llaman, en el mundo occidental, un *sueño lúcido compartido*. Un soñador lúcido puede crear escenarios, incluso mundos completos, con el poder de su voluntad. Pues bien, se cuenta que algunos soñadores lúcidos, en la actualidad, organizan «quedadas» de practicantes para viajar a realidades alternativas que ellos mismos

---

88   Amitayus es otro de los nombres de Amitabha.

han creado de manera grupal. Primero, alguien entra en un sueño lúcido y crea un escenario. Después, se lo describe al resto de compañeros y deciden una fecha concreta para reunirse allí, dentro de un sueño lúcido. Cada uno, desde su cama, entra conscientemente en la realidad onírica y se da la orden de viajar a dicho mundo prediseñado y memorizado. Y allí, comparten una experiencia. De esta manera, la Tierra Pura podría ser definida como *el sueño lúcido compartido de Amitabha*.

Alcanzar este maravilloso lugar después de la muerte es más fácil que llegar a otros destinos, como el nirvana. Por tanto, la tradición de la Tierra Pura lo considera como una escapatoria de emergencia. De hecho, no se piensa en ello como una mera alternativa al nirvana, sino que se afirma que es la mejor de todas las opciones. Pero el budismo ortodoxo rechaza esta vía, pues la considera bien como una herejía o bien como una opción para «flojos»; es decir, para aquellos que no están dispuestos a seguir el auténtico camino de Buda, que alcanzó el nirvana. Pero si lo pensamos bien, no parece una mala salida: al fin y al cabo, el nirvana supone la aniquilación completa del yo. Al menos, nos deberíamos plantear la posibilidad, aunque sea remota, de que aquellos que concibieron intelectualmente o vislumbraron el nirvana en sus meditaciones, estuvieran equivocados en su juicio. Desde luego, algo vieron. Pero ¿y si sobrevaloraron los beneficios de la destrucción del yo? No en vano, la totalidad de las religiones y sistemas filosóficos que han hablado sobre el más allá, no hablan de aniquilación o disolución en Dios, sino que aseguran que pasamos a vivir en otro mundo real, ya sea o no temporal. Las semejanzas de la Tierra Pura, por ejemplo, con el cielo de Swedenborg son sorprendentes, dejando a un lado las cuestiones teológicas que este introduce en sus descripciones. Y, al contrario, en casi todas las religiones, la aniquilación total del alma se reserva como el peor de los castigos. No es una bendición. Pensemos en ello detenidamente. En cualquier caso, volveremos a esta idea al final del libro.

Escoger vivir en la Tierra Pura en lugar de alcanzar el nirvana tendría, según los seguidores de esta tradición, muchas ventajas. Como ya adelanté, la existencia allí es eterna, así que no hay necesidad de regresar al mundo físico en otro cuerpo. Es decir, el ciclo de la reencarnación queda roto. Por otro lado, en este mundo no existe el sufrimiento, ya que estamos libres de las ilusiones que nos impone el plano físico. Las enfermedades, el hambre y la tristeza no tienen cabida en él. Sin embargo, no creamos que este lugar fue creado solo para el disfrute. Al contrario, el objetivo principal del mundo de Amitabha es ayudar a la evolución de sus moradores para que alcancen otro estado del ser. En esta tarea colaboran activamente los bodhisattva que viven allí y que están siempre prestos a compartir su elevado conocimiento. Pero la evolución que se promete en este lugar también es una cuestión de esfuerzo personal: es necesario llevar una vida de servicio, ayudando a otros seres humanos que aún siguen retenidos en el ciclo de las reencarnaciones, o incluso a los recién llegados a la Tierra Pura.

Sin embargo, el trabajo de preparación que permite viajar a este maravilloso mundo después de la muerte puede llevar media vida. Para el moribundo que no ha sido entrenado en las técnicas adecuadas, aún queda una última posibilidad: que un monje instruido lo ayude en el instante de morir. Como no ha sido entrenado para construir la escena de la Tierra Pura en su mente, el monje le insta a que visualice, al menos, la imagen de su constructor Amitabha. Mientras tanto, la persona debe repetir constantemente mantras específicos basados en dicho nombre. Con suerte, Amitabha se apiadará del muerto y lo transportará a su reino. La tradición así lo asegura:

> Cualquier hijo o hija de una familia que oiga el nombre del bendito Amitayus, el Tathagata, y habiéndolo oído, lo recuerde (…) cuando ese hijo o hija de una familia llegue a morir, entonces ese Amitayus, el Tathagata, rodeado por una asamblea de discípulos y seguido por una multitud de Bodhisittavas, estará ante ellos en la hora de la muerte, y partirán de esta vida con mentes tranquilas. Después de su muerte, nacerán en el mundo Sukhavati, en el país de Buda del mismo Amitayus.[89]

Phowa es otra tradición muy relacionada con la de la Tierra Pura. Su objetivo es el mismo: practicar ciertas técnicas que permitirán a cualquier persona viajar instantáneamente, justo en el momento de la muerte, al reino de Amitabha. La palabra phowa significa transferencia de la consciencia. Y es eso lo que pretende conseguir: el traslado automático de la consciencia humana desde el plano físico hasta otro mundo empíreo. Pero su método es diferente al de la tradición

---

89 Pequeño Sutra.

de la Tierra Pura. Aquí no hay visualizaciones, sino un trabajo específico con las energías vitales del cuerpo. Se trata de meditaciones especiales en las que la respiración representa un papel clave. El objetivo es hacer circular la energía del cuerpo por un canal central hasta hacerla salir por un punto concreto de la coronilla. Esto activaría un portal, que podrá ser utilizado en el momento de la muerte para liberar la consciencia y dirigirla voluntariamente hacia el mundo de Amitabha. Se dice que esta abertura puede producir señales físicas en el practicante, como la caída de un mechón de pelo en la zona, un abultamiento en el cráneo, un hoyuelo o incluso ¡un agujero! A diferencia de las prácticas de la tradición de la Tierra Pura, cuyo aprendizaje es tarea de toda una vida, las prácticas Phowa, si se practican con seriedad, dan resultados en cuestión de días. Por eso, en el Tíbet, algunas de las personas ancianas que sienten que no vivirán mucho más tiempo, llaman a un monje experto para que les instruya con la mayor urgencia posible. En algunos casos, cuando esto no ha sido posible porque la persona ya no está consciente, aunque viva, el monje puede provocar el mismo portal sobre la coronilla del moribundo con su propio poder. Esto puede hacerlo, incluso, a distancia.

Otra diferencia con la tradición de la Tierra Pura es que, en esta, las malas acciones deben ser evitadas, pero no tienen un peso preponderante. Sin embargo, la tradición Phowa considera que, para que la transferencia de la consciencia funcione, es muy importante haber reducido nuestro karma negativo al mínimo. Los malos actos suponen el mayor obstáculo a la hora de trabajar con la energía vital.

La tradición de la Tierra Pura y el Phowa no son las únicas que, dentro del budismo, hablan de la existencia de otros mundos paralelos accesibles después de la muerte. Otra leyenda, mucho más conocida, es la del reino de Shambala, también conocido como Shangri-La. Shambala es un lugar muy parecido a la Tierra Pura. Está habitado por grandes maestros o bodhisattvas. Es un mundo de paz y conocimiento. Durante los últimos dos siglos, investigadores y exploradores de muchos países occidentales, convencidos de la existencia física de este reino, han tratado de localizarlo en diferentes emplazamientos del planeta, especialmente en territorio tibetano y nepalí. Helena Blavatsky y Nicholas Roerich fueron dos de los más destacados buscadores. Pero ninguno tuvo éxito. Así que otros comenzaron a decir que Shambala no era un mundo material sino sutil, sustentado por energías desconocidas. Quienes defendían esta idea también estaban convencidos de que las entradas a Shambala existían en alguna parte del planeta, a modo de portales dimensionales.

Sin embargo, todo esto no tiene fundamento: la información original procede del budismo y esta dice que Shambala es otro mundo más creado por otros bodhisattavas con el poder del mérito, a la manera de la Tierra Pura construida por Amitabha. Cualquier persona que conozca las técnicas adecuadas puede acceder a este reino después de su muerte, o practicando el yoga de los Sueños. Por tanto, Shambala, de existir, estaría situado en una realidad paralela a la realidad física de vigilia y no en nuestra Tierra física. Sería también, técnicamente hablando, un sueño lúcido compartido, sustentado por el poder de la intención de un conjunto de seres conscientes. La épica búsqueda de las puertas de Shambala en la geografía de nuestro planeta habría sido, pues, una pérdida de tiempo.

Muchas vidas físicas, y muchas vidas vacías y temporales en el más allá.

Cómo influir en nuestro destino después de la muerte según la teoría de la división de la consciencia

Algunos de los maestros más venerados de la humanidad han intentado mostrar a la gente cómo vivir para evitar ser divididos de esta manera al morir.
The division of consciousness. Peter Novak

CUERPO, ALMA Y ESPÍRITU

En 1997, un desconocido psicólogo estadounidense llamado Peter Novak publicó un libro, después de una investigación que había durado quince años. El título, que puede ser traducido como *La división de la consciencia*[90], es el nombre de la teoría que su autor ha construido. A pesar de su riqueza y, sobre todo, de sus aportaciones al estudio de la vida después de la muerte, no tuvo la repercusión que se merecía. Es cierto que, durante la promoción del libro, tuvo una considerable presencia en los medios de comunicación, pero esto acabó pronto. Sin embargo, en mi opinión, sus ideas constituyen un modelo de pensamiento sobre la muerte que no debe ser ignorado.

Tras el suicidio de su esposa, Novak quedó profundamente afectado. En los días posteriores al fallecimiento, tuvo tres sueños en los que ella se comunicó desde el otro mundo. En cada una de estas experiencias, la mujer parecía ir evolucionando poco a poco, mejorando

---

90   Peter Novak. *The division of consciousness.*

su equilibrio emocional. Me recuerda mucho al proceso por el que pasó mi abuelo y que ya he relatado en la introducción de este libro. A causa de estos sueños, Novak también se convirtió en un apasionado investigador del más allá. Deseaba comprender qué nos sucede después de la muerte, pero le confundía el hecho de que la humanidad hubiera construido tantos modelos sobre este asunto a lo largo de la historia. En muchos casos, estos esquemas eran contradictorios entre sí. Se preguntó, entonces, si estas incoherencias podrían ser fruto de diferentes miradas parciales sobre una misma y única verdad. Es decir, ¿podría ser que todas las teorías sobre la vida *post mortem* tuvieran parte de razón y fueran reconciliables? ¿Sería posible integrar en un solo modelo los antiguos esquemas, los modernos relatos de experiencias cercanas a la muerte y los casos de fenómenos paranormales, como la aparición de fantasmas o los *poltergeists*?

Comenzó entonces a investigar cada una de las tradiciones del mundo en relación con la supervivencia del ser humano tras la muerte[91]. Encontró similitudes desconcertantes que habían quedado ocultas por una errónea interpretación o falta de perspectiva. Con sus conclusiones, diseñó *la teoría de la división de la consciencia*. ¿En qué consiste? En primer lugar, se fundamenta en la idea de que el ser humano no está formado por dos partes, una física y otra espiritual, sino que está constituido de tres elementos: *cuerpo, alma* y *espíritu*. El primer componente, el cuerpo, tiene carácter material. Las otras dos son estructuras sutiles. Novak se dio cuenta de que casi todas las tradiciones del planeta coincidían en esta clasificación, aunque cada una de ellas utilizara sus propios términos. Y las identificó con lo que ahora conocemos como *cuerpo, inconsciente* y *consciente*, respectivamente.

Del cuerpo poco más hay que decir. El concepto está claro. Sin embargo, ¿qué son, para Novak, el alma o inconsciente, y el espíritu o consciente? Vayamos primero con el alma. Es la parte de nuestro ser que se encarga de recibir y retener todas y cada una de las experiencias de la vida. Pero no como puros eventos, sino como reacciones emocionales a dichos acontecimientos. El alma o inconsciente

---

91 El mismo autor deja claro qué ideas salen de un estudio racional, no experiencial. Es decir, a diferencia de los otros pensadores que han ocupado los capítulos anteriores, Novak no fue un explorador de la consciencia, sino que obtuvo su modelo a partir de una investigación puramente intelectual.

sería, por tanto, el elemento responsable de nuestro sentido de ser, nuestra identidad, nuestro sistema de creencias, nuestra personalidad. El alma es lo que define lo que somos como seres individuales. Pero su comportamiento es reactivo, es decir, responde a los impulsos que recibe. No puede tomar decisiones por sí misma.

Por el contrario, el espíritu es el componente que gobierna nuestra capacidad crítica, nuestra voluntad y nuestra capacidad de actuar, de decidir y de dar respuestas. El espíritu, por tanto, es el conjunto de todas nuestras resoluciones, dictámenes y decisiones. Pero no tiene recuerdos, ni reacciones emocionales.

Ambas partes, alma y espíritu, están interconectadas. El alma proporciona datos valiosos al espíritu, basados en los recuerdos y experiencias pasadas en la vida, para tomar las decisiones. Y el espíritu permite que el alma se exprese a través de actos.

La división de la consciencia

Después de analizar innumerables tradiciones antiguas, Peter Novak dedujo que la muerte no quedaba definida con la desaparición de la vida física, sino que debía ser explicada, más bien, como el proceso de separación definitiva de alma y espíritu, inconsciente y consciente. Durante la vida, ambas partes funcionan al unísono. Pero cuando el cuerpo deja de funcionar, el alma, hogar de todos nuestros recuerdos y sentimientos, es decir, sede de nuestra identidad, es arrancada de los brazos del espíritu. Entonces, se ve privada de su capacidad de actuar. Sin el espíritu, no puede decidir cuál es el siguiente paso que tiene que dar. Es como si quedase congelada, con un enorme banco de datos, pero sin saber qué hacer con ellos. Al no tener la posibilidad de tomar nuevas decisiones, el alma se vuelve sobre sí misma y comienza a rumiar los recuerdos del pasado, como una vaca masticando eternamente el mismo bocado de hierbas. Y pasa a recrear cada una de las experiencias que ha tenido durante la vida física, emitiendo las mismas emociones asociadas a cada una de ellas. Pero no se da cuenta de que estas son solo una copia de acontecimientos pasados, pues ya no tiene la capacidad de discernimiento del espíritu.

El alma se construye, para sí misma, un mundo nuevo en el que vivirá para siempre, repitiendo una y otra vez las mismas experiencias.

En su nueva realidad actuará de manera automática, sin capacidad de acometer nuevos actos. Por tanto, su evolución queda estancada. Su existencia se parecerá mucho a un sueño ordinario, pero infinitamente más largo. Si las emociones emitidas durante la vida física han sido positivas y constructivas, entonces esa realidad autocreada será, aunque falsa, relativamente agradable; si, por el contrario, fueron corrosivas y oscuras, la experiencia será lo más parecido a un infierno. Por otro lado, las emociones que han sido reprimidas en el pasado saldrán a la luz y, si no han sido debidamente procesadas, saltarán como animales salvajes para reclamar su espacio. Esto sucederá porque el alma ya no tiene la ayuda del espíritu, que es el que filtra y decide qué emociones son lógicas desde su represiva función de guardián. Entonces, según la teoría de la división, la experiencia del alma será la de un juicio personal, no divino. En esto, Emanuel Swedenborg y Robert Monroe estarían de acuerdo con Novak. Ningún ser superior recompensa ni castiga, pues son los recuerdos y los sentimientos, tanto los reprimidos como los que fueron exteriorizados, los que determinarán la nueva realidad en el más allá.

Por su lado, el espíritu o consciente, desprovisto de todos los recuerdos y de una identidad concreta, vagará eternamente en un estado de suspensión, con todo el potencial de generar nuevas acciones, pero sin saber cómo hacerlo. Habrá olvidado quién realmente es. Así lo explica el propio Novak:

> *Después de la división, la mitad consciente perdería todo lo que solía recibir del inconsciente; aunque todavía poseería libre albedrío, no tendría la menor idea de qué hacer con él, sin recordar nada, sin sentir nada y viendo nada más que caos aleatorio y sin sentido. ¿Por qué vería solo caos? Sola, la mente consciente no tendría referencia para la perspectiva, ningún contexto en el que comprender su entorno. Sin la inconsciencia, la conciencia no tendría memoria y, por lo tanto, no tendría sentido de forma, sistema, conexiones o contexto, dejándola como un bebé recién nacido, incapaz de distinguir patrones en nada a su alrededor.*[92]

En definitiva, la teoría de la división de la consciencia propone que, en el momento de la muerte, el ser humano pierde su vehículo

---

92 Peter Novak. *The lost secret of death*. Traducción del autor.

material, pero conserva una parte imperecedera que continúa existiendo. En esto, coincide con el resto de los modelos. La novedad que aporta esta teoría es que ese componente indestructible no permanece intacto, como ocurre en el concepto tradicional de alma, sino que es inmediatamente fraccionado en dos partes: alma y espíritu, o inconsciente y consciente. Y, lo más importante: cada uno de estos elementos experimenta una vida *post mortem* totalmente distinta. Separados, ninguno de estos dos componentes es ya la persona original que caminó sobre la Tierra:

> *¿Dónde está el yo después de la división? Uno también podría preguntar «si una persona tiene un automóvil favorito, y lo desmantela y envía sus diversas partes por todo el planeta, ¿dónde está el automóvil ahora?». ¿Existe o no existe?*[93]

Entonces, el alma comenzará a vivir una vida emocionalmente rica, pero con un contenido construido a base de mezclas de recuerdos de experiencias pasadas. No es, por tanto, una vida genuina, sino una vida que está atrapada en un bucle. Por su parte, el espíritu, al no disponer de recuerdos, empieza a desplazarse por las otras realidades sin saber quién es y, por tanto, sin saber cómo comportarse, sin generar nuevas emociones. Tampoco vivirá una vida auténtica, sino que permanecerá en un estado de congelación existencial a la espera de que llegue su oportunidad de volver a ser un ente completo. Desafortunadamente, esto solo es posible cuando alma y espíritu están unidos. Por eso, el espíritu comienza a sentirse atraído por el mundo físico, única realidad donde podría escoger una nueva alma y volver a formar una personalidad integrada. Y se lanza hacia esa dimensión sin pensarlo. Cae en lo que ahora llamaríamos *reencarnación*. Y recibe un nuevo cuerpo y una nueva alma, que se irán llenando poco a poco con los sentimientos y experiencias que la recién nacida persona vaya generando.

Novak cree que su teoría sería la clave para reconciliar el conocimiento sobre el más allá de todas las tradiciones religiosas, pues el modelo que él propone ya está escondido en cada una de ellas como un substrato. Entonces, ¿por qué el modelo de más allá en las

---

93   Ibid.

El «ba» visitando el cuerpo físico. Según los egipcios, esta operación era de enorme importancia para la supervivencia de la propia identidad después de la muerte

diferentes tradiciones del planeta ha evolucionado por caminos tan diversos? La razón de ello es que cada tradición estaría contemplando solo una parte de la teoría de la división, lo que implica un esquema parcial de la vida después de la muerte. Por ejemplo, las primeras civilizaciones, como Sumeria o la antigua Grecia, se habrían centrado solo en el hecho de que el alma humana continúa existiendo, después de la muerte, como un autómata sin capacidad de elección. Creían en un más allá oscuro y polvoriento, donde los seres humanos sufrían una vida anodina y triste, deambulando de un lado para otro como un fantasma sin volición. Esto era así porque desconocían que el alma no es el único componente del ser humano. Estarían ignorando, por tanto, lo que le ocurre a esa otra parte a la que Novak llama espíritu. Más tarde, llegarían las tres religiones monoteístas, que adoptarían un modelo similar, pero algo más evolucionado. En cualquier caso, el foco siguió estando puesto en el alma. Por eso, todas estas culturas rechazaron el proceso de la reencarnación, que estaría, de todas maneras, sucediendo sin ellos saberlo.

En el lado contrario, otras religiones del planeta, como el hinduismo y, en cierta medida, el budismo, pusieron todo el peso en el espíritu. Por eso, estos dos sistemas creen que, al morir, nuestra parte inmaterial regresa al plano físico para continuar experimentando desde otro cuerpo. Y, de la misma manera que las religiones monoteístas y otras religiones antiguas no fueron capaces de vislumbrar el ciclo de las reencarnaciones, el hinduismo y el budismo, al no reconocer la supervivencia de lo que hemos llamado alma, dejaron de creer en la existencia de un más allá estable:

A menudo, estas culturas llegaron a valorar un alma más que la otra. Cuando esto ocurrió, las características del alma de menor valor se vieron como menos reales, más ilusorias o temporales. Mientras que el alma más valiosa se consideraba invariablemente como completamente inmortal, la otra a menudo se pensaba que desaparecía después de la muerte, a veces pareciendo dejar de existir muy rápidamente después de la muerte, otras veces pareciendo desvanecerse muy lentamente. Pero estas culturas discreparon sobre qué alma era la más importante y la más inmortal. Algunas culturas, como el hinduismo y el islam, sostuvieron que la objetiva, desapasionada, la mente consciente, era el «verdadero ser», mientras la emocional, subjetiva mente inconsciente era considerada ilusoria. Pero otras culturas, como la cristiandad y la de los aborígenes australianos, sintieron que era todo lo contrario, que el corazón y el alma más profundos, subjetivos, personales, involucrados y emocionales de una persona eran su verdadero yo, y que la objetiva, no involucrada, desconectada, analítica mitad masculina representaba todo lo que estaba mal y era falso en el mundo.[94]

La religión egipcia es un caso aparte. Novak cree que es de las pocas que reconocieron claramente todos los aspectos del ser. Los egipcios dividían al ser humano en tres manifestaciones diferentes: el *ka*, el *ba* y el *akh*. Para Novak, el *ka* sería el equivalente al alma o inconsciente de su teoría. El *ba* sería el espíritu o consciente. Y el *akh* sería la unión de los dos anteriores. El *ka* es definido como la esencia de la persona, y se dice que el *ba* actúa como si estuviera desmemoriado. Los textos funerarios egipcios afirman que, a la muerte de una persona, su *ka* y su *ba* se separan. El *ka* permanece temporalmente con el cuerpo o momia, mientras que el *ba* emprende el vuelo hacia el otro mundo. Todo esto encaja con la teoría de la división de la consciencia de Novak. Parece ser, además, que esta separación del *ka* y el *ba* en el momento de la muerte era muy temida, por lo que los egipcios deseaban que no ocurriera. Y creían que la solución era reforzar

---

94   Ibid. Traducción del autor.

la unión de ambos durante la vida física, una tarea que casi nadie lograba. Por eso, según Novak, inventaron el ritual de embalsamamiento del cadáver, con la esperanza de que la conservación del cuerpo trajera de vuelta al *ba*, junto al *ka* que había quedado escoltando a la momia. La famosa ceremonia de la apertura de la boca, que era ejecutada por sacerdotes especializados sobre los faraones difuntos, tenía como fin provocar el regreso del *ba* para que se reuniera con su *ka*. ¿Para qué? Para que el monarca se librara del destino común de los mortales, que consistía en la separación definitiva de los dos componentes fundamentales del ser humano, el *ka* y el *ba*, o alma y espíritu en la terminología de Novak. Al fusionar *ka* y *ba*, el faraón se convertía en un *akh*; un ser espiritualmente completo, con su personalidad intacta. En esta situación, con los recuerdos indemnes y la capacidad de actuar totalmente operativa, el rey continuaría siendo una persona íntegra y sería capaz de tomar las decisiones apropiadas para convertirse en un dios en el otro mundo.

Novak ensalza también el taoísmo chino. Esta filosofía divide al ser humano en cuerpo, alma (*po*) y espíritu (*hun*). Con esto, el taoísmo elaboró una curiosa clasificación para los seres humanos. Por ejemplo, un ser que cuenta con los tres componentes (cuerpo, alma y espíritu) es un ser humano normal y físicamente vivo. Si no hay cuerpo ni espíritu, sino solo alma, estamos hablando de un fantasma; es decir, lo que queda de las personas que fallecen no habiendo podido evitar la división de la consciencia. Alguien con cuerpo y espíritu, pero sin alma, sería lo que actualmente conocemos como un muerto viviente o un zombi. Si únicamente hay espíritu, pero no hay alma ni cuerpo, tendríamos un *poltergeist* o fenómeno paranormal. Y cuando hay un alma y un espíritu, pero no un cuerpo, estaríamos frente a un ser humano iluminado que ha trascendido la materia con su identidad intacta. Este último estado es el que perseguían los sabios taoístas. De hecho, conservamos ciertos textos que proponen diferentes técnicas para fortalecer la unión del alma y del espíritu mientras la persona sigue viva, con el fin de impedir que ambos componentes sean separados. Si se logra esto, en el momento de la muerte surgirá un nuevo cuerpo sutil con el que la persona superará a la muerte tradicional. Lo llamaron *feto inmortal*; es, seguramente, lo que los egipcios llamaban un *akh*. Además de estas culturas y religiones, Peter Novak analiza otras muchas para dar argumentos a su revolucionaria teoría.

Supongamos que está en lo cierto. Sus ideas plantean, entonces, nuevas incógnitas. Como es el espíritu el que activa la reencarnación, dejando abandonada al alma en el más allá, y generando continuamente nuevas almas, cada ser humano sería responsable de repoblar continuamente el otro mundo con diferentes personalidades que han estado conectadas a él. Personalidades que estarían viviendo en la otra realidad paralela como autómatas. Estas almas que han quedado desamparadas, ¿viven eternamente? Novak dice no conocer la respuesta. Pero sospecha que cada alma sobrevive únicamente durante un tiempo, pues su energía se disuelve completamente en el cosmos cuando el impulso inicial se ha agotado.

Pongamos un ejemplo cualquiera: la historia de un hombre llamado Alonso, que vive en España. Su manifestación física y todo lo que conocemos de él constituyen su personalidad, su yo, su identidad. Un día, Alonso fallece. Su alma, que no es más que el conjunto de recuerdos y emociones pasadas, es trasladada al más allá. Pero permanece, como un fantasma, reviviendo una y otra vez las mismas experiencias. Estas experiencias serán buenas o malas en función de las emociones y pensamientos que haya tenido en el mundo físico, puesto que no hará más que repetir escenas de su vida pasada. En cierto sentido, podríamos decir que quien vive en el más allá es Alonso, pero a la vez no será Alonso, sino un autómata construido con los sentimientos del Alonso físico que ya no existe. Por su lado, el espíritu de este hombre comienza a moverse libremente por esa dimensión, pero sin recordar que es Alonso, porque está vacío de todo contenido: no tiene memorias. En un momento dado, el espíritu de Alonso comprende que la única manera de generar nuevas experiencias es entrando en un nuevo cuerpo físico, lo que provoca el nacimiento de una nueva alma, que ya no será la de Alonso, sino la de una nueva personalidad. Digamos, Isabel. Y así, indefinidamente, hasta que el espíritu de Alonso e Isabel, y otras tantas almas, encuentren una salida a este ciclo sin fin. Mientras tanto, el alma de Alonso, con su personalidad intacta y su capacidad para sentir, habrá quedado abandonada en el más allá. Encontrando que solo dispone de sus antiguos recuerdos para subsistir, y que no cuenta con la inteligencia suficiente para desarrollar una capacidad crítica, experimentará una existencia particular, parecida a un juicio personal basado en la mezcla de todas sus memorias. Así, hasta que su energía vital se agote. Más adelante, le ocurrirá lo mismo al alma de Isabel y a otras muchas.

La teoría de la división de la consciencia, de ser acertada, tendría otras consecuencias que merece la pena tratar. Me refiero al contacto entre vivos y muertos. Son muchos los relatos recogidos por diversos investigadores en los que una persona es sorprendida por la aparición del fantasma de un familiar. También los médiums y los soñadores lúcidos dicen poder comunicarse con personas fallecidas. Pero, si Novak tiene razón, este encuentro sería imposible, ya que lo que sobrevive en el más allá no es la persona total, sino solo una de dos mitades. Por tanto, el contacto con los difuntos no es viable, pues los difuntos, por definición, ya no son seres completos. Solo sería posible el encuentro con una parte de ellos, la que está formada por recuerdos y sentimientos, y que se comporta como un robot, sin capacidad de improvisación. Es decir, la comunicación no sería una interacción viva y dinámica entre dos seres con plena voluntad de sus actos, porque el supuesto fallecido es, en realidad, una especie de máquina espiritual, no más interesante que un personaje de una película que no puede cambiar de guion.

La teoría de Novak también explicaría las incoherencias que, según él, aparecen en los relatos de experiencias cercanas a la muerte cuando los confrontamos con los registros de regresiones a vidas pasadas. En efecto, de una gran parte de las historias que nos han contado sobre personas que han entrado en muerte clínica, debemos deducir que después de la muerte nos encontraremos con familiares y amigos que han fallecido previamente. Algunos de ellos han abandonado el mundo físico hace décadas o siglos desde nuestra perspectiva temporal. Es difícil encajar este hecho con las recientes regresiones hipnóticas en personas vivas. Estas últimas consisten en conducir al sujeto hasta un estado profundo de consciencia que le permite al terapeuta extraer información sobre lo que nos acontece en el más allá *entre las vidas físicas*. Las conclusiones de estos estudios dicen que, tras la muerte, nuestra intención inmediata es buscar un nuevo cuerpo y un nuevo entorno físico para renacer. Pero, si esto fuera cierto, ¿por qué entonces, tal y como parecen confirmar las experiencias cercanas a la muerte, nos reunimos con personas conocidas que han fallecido hace muchos años? ¿Por qué están todavía allí? ¿No deberían estar ocupando un nuevo cuerpo, en otro tiempo y lugar, según el principio de la reencarnación? Algunos especialistas en regresiones, para justificar esta incongruencia, aducen que existe un tiempo de espera en el más allá entre que entramos y elegimos una nueva familia. Y que, por tanto, los amigos y parientes que encontramos están aún pensando dónde y cómo quieren volver al mundo físico. Este argumento no convence a Novak, para quien el tiempo no existe después de la muerte. La teoría de la división de la consciencia explicaría esta incongruencia. Ya vimos que, según Novak, nuestra alma queda retenida en el otro mundo para siempre, o quizás hasta que su energía se disipe, viviendo una existencia artificial alimentada por los recuerdos del pasado. Nunca regresará a la realidad física. Por tanto, sería perfectamente plausible que una persona que tiene una experiencia cercana a la muerte pueda reunirse con otras almas, ya que todas estarían viviendo una existencia simulada, un sueño del que no pueden escapar. Es decir, *las almas no pueden reencarnarse.* Eso solo lo hace el espíritu. Fascinante, ¿no es así?

Otras contradicciones que los expertos siguen encontrando en las narraciones de las experiencias cercanas a la muerte también son explicables desde la teoría de la división de la consciencia. En un porcentaje de estos relatos, la experiencia tiene lugar en un espacio vacío, muchas veces oscuro. Las personas no sienten emociones. No hay estímulos externos. Es como si permanecieran suspendidos allí, flotando en un eterno presente. Lo interesante es que afirman que, mientras dura la experiencia, están razonando casi como si estuvieran físicamente presentes. Sin embargo, en otros relatos, los protagonistas tienen un encuentro con una potente luz. Experimentan un profundo estado de paz y de conexión con el universo, y otras muchas sensaciones intensas. Pero, al contrario que en los anteriores casos, no toman decisiones, sino que se dejan llevar. Tampoco cuestionan lo que ven, ni lo juzgan, ni lo critican, por absurdo que sea. Por ejemplo, hay casos de personas de religión judía que tienen un encuentro con Jesucristo. Y otros que son escépticos absolutos respecto a los asuntos espirituales y que ven seres luminosos, o incluso ángeles.

¿Cómo puede ser una misma experiencia tan distinta en función de quién sea el fallecido? ¿La experiencia de morir es como atravesar un lugar oscuro donde uno puede pensar, pero no sentir, o es más bien un emocionante viaje espiritual donde todo sucede fuera de nuestro control? Novak cree que solo hay una forma de morir, pero que, dependiendo del caso, la persona que tiene una experiencia cercana a la muerte puede recordar este suceso desde la perspectiva del alma o desde la del espíritu. En función de ese enfoque, el relato de la experiencia será de un tipo u otro. Por ejemplo, cuando el sujeto dice haber atravesado un lugar oscuro, vacío de emotividad, estaría rememorando la experiencia desde el punto de vista del espíritu o consciente, que no tiene recuerdos ni sentimientos. En las otras historias, cuando el individuo ha experimentado un carrusel de emociones, luces y presencias, es que recuerda solo la experiencia desde la perspectiva del alma o inconsciente, que posee todos los datos del pasado, pero no libre albedrío. Cuando se recuerdan los dos tipos de experiencias, una después de la otra, es porque el protagonista ha experimentado la muerte desde la óptica del espíritu y desde la perspectiva del alma, consecutivamente.

CÓMO ESCAPAR DE LA MUERTE SEGÚN LA TEORÍA DE LA DIVISIÓN: EVITAR LA SEPARACIÓN DE ALMA Y ESPÍRITU

Esta es la parte que más nos interesa. Según Novak, en algunas culturas y religiones aparecieron hombres de conocimiento que descubrieron la manera de impedir la separación de alma y espíritu:

La doctrina del alma binaria es probablemente lo más cerca que ha estado la raza humana de tener una sola religión mundial. Hace miles de años, personas de todo el mundo creían lo mismo sobre lo que sucedía después de la muerte, que los seres humanos no poseían una, sino dos almas, que estaban en peligro de separarse cuando una persona moría. Después de dejar el cuerpo físico, a menudo se esperaba que una de estas almas reencarnara, mientras que se creía que la otra quedaba atrapada en un inframundo de ensueño. Algunas de estas culturas creían que la división después de la muerte de estas dos almas podía evitarse o anularse, mientras que otras consideraban que la división era inevitable y permanente.[95]

Lograr que nuestros dos componentes no materiales permanezcan unidos después de la muerte significa trascender la muerte con nuestra identidad completa. Es decir, pasar al otro mundo con todos nuestros recuerdos y con nuestra voluntad a pleno rendimiento. En definitiva, continuar allí siendo quienes somos aquí. De esta manera, podríamos elegir nuestro propio destino. Uno de ellos podría ser,

---

95   Ibid. Traducción del autor.

por qué no, renunciar a la reencarnación de nuestro espíritu y pasar a otro estado evolutivo. Esto ahora sería plenamente posible, ya que aquel, al disponer de los recuerdos de su última vida, ya no desearía acercarse al plano físico.

Novak dijo haber encontrado en las experiencias cercanas a la muerte otra de las pruebas de que lograr, en vida, la unión de alma y espíritu es la clave para superar la muerte con integridad. Una consecuencia inmediata de este suceso es que sus protagonistas comienzan a sentirse completos, mucho más de lo que habían estado anteriormente. Algunos de los casos que han sido estudiados por expertos han puesto de manifiesto que estas personas comienzan a tener un inesperado equilibrio cerebral: el hemisferio izquierdo y el derecho parecen funcionar en sincronización, estado que solo se alcanza en determinados tipos de meditación profunda. Es decir, la mente racional y la mente espiritual colaboran como nunca lo habían hecho previamente. Novak deduce de esto que, durante dichas experiencias, ocurre una especie de «efecto rebote». Esto significa que, al tratarse de una muerte real, aunque no definitiva, la división de la consciencia también tiene lugar: el alma y espíritu se separan. Pero, como el fallecimiento es solo transitorio, la fuerza de la desunión se transforma en fuerza de atracción, como cuando estiramos una goma y luego la soltamos de golpe. De esta manera, alma y espíritu, que habían sido apartados, regresan juntos. Pero, esta vez, aún con más fuerza debido a la potencia de dicho desplazamiento de rebote.

En este asunto, Novak deja una cuestión importante sin contestar. Porque de lo anterior se entiende que una experiencia cercana a la muerte debería dar ventajas en el más allá a las personas que han pasado por ella. Tengamos en cuenta que la unión entre alma y espíritu no vuelve a su estado inicial, tal y como se encontraba antes de este traumático evento, sino que ambas partes vuelven a encajar aún más firmemente. Entonces ¿por qué no creer que ese exceso de energía causado por el efecto rebote podría provocar, en algunos casos, la unión permanente entre alma y espíritu? Esto daría a la persona la oportunidad de liberarse del destino común después de su fallecimiento.

Dejando a un lado las experiencias cercanas a la muerte, (que no pueden ser provocadas ni, por supuesto, es recomendable reproducirlas), ¿qué propone Novak para impedir la separación de alma y espíritu? En primer lugar, gracias al análisis de los textos antiguos,

Novak encontró que la división de la consciencia no tiene lugar de repente, en el preciso instante de la muerte, *sino que comienza en vida de la persona y va progresando lentamente*. Tras el óbito, alcanza su culminación. Por tanto, Novak cree que el trabajo para frenar la separación debe comenzar lo antes posible. ¿Qué podemos hacer? Según sus investigaciones, la causa principal de la división de la consciencia es el trauma emocional. Cada vez que una persona sufre un impacto anímico y *no sabe gestionarlo adecuadamente*, la separación de su alma y espíritu avanza un paso más. Por eso, el mejor consejo es cuidar nuestra salud psicológica. En principio, nosotros mismos podemos aprender técnicas que nos ayuden a encajar mejor los problemas. Pero si esto no es suficiente, es obligado exteriorizar nuestros problemas y pedir ayuda. En esta misma línea, Novak nos recuerda que uno de los mayores traumas que puede sufrir un ser humano, si no el mayor, ocurre justo en el momento del fallecimiento. Por eso, nos insta a no descuidar nuestra relación con la muerte. Esto puede hacerse reflexionando, estudiando y meditando sobre ella. Esto mismo es defendido por el budismo.

La segunda cosa que podemos hacer, según Novak, es trabajar con los recuerdos de nuestras vidas pasadas. Ya vimos que, según la teoría de la división de la consciencia, nuestras vidas anteriores son solo conglomerados de memorias y emociones sin capacidad de acción que quedan atrapadas en un más allá onírico; mientras tanto, nuestro espíritu, que es único, sigue reencarnándose y generando nuevas vidas y almas sin advertir lo que está sucediendo. El objetivo es que nuestra alma total, que es el conjunto de todas las almas parciales que han generado cada una de las vidas físicas, permanezca unida al espíritu para siempre. Novak dice que, para lograr este vínculo permanente entre el alma total y el espíritu, es necesario que hagamos lo necesario para que este último reconozca a todas las almas de las vidas pasadas que han quedado estancadas en el otro mundo.

¿Qué significa exactamente trabajar con nuestras vidas pasadas, o que el espíritu las reconozca? Significa traer a la mente consciente las memorias de todas las existencias físicas anteriores. Para ello, en la actualidad, se utilizan diferentes técnicas. Por ejemplo, las regresiones hipnóticas. Aunque estas, aceptando que son efectivas, deberían ser realizadas por verdaderos especialistas formados, por ejemplo, psicólogos. Yo añadiría que hay otras técnicas alternativas aún más fáciles y que pueden ser aplicadas por uno mismo, como la meditación profunda y los sueños lúcidos. En cualquier caso, Novak advierte que no debemos perder ni un instante: cuanto antes empecemos, mejor. Si tardamos muchas vidas en ponernos manos a la obra, después será más difícil trabajar, pues habremos acumulado demasiadas almas en el más allá y el proceso de asimilación puede ser demasiado intenso para el espíritu:

> (…) *lo único que cambia en absoluto bajo tales circunstancias es que el número de nuestras almas de vidas pasadas atrapadas en los niveles más profundos de la inconsciencia sigue aumentando. Al final de cada vida arrojamos sin contemplaciones a otro yo gastado y usado al calabozo en el fondo de nuestras mentes. Lo que puede resultar, algún día, ser nuestro mayor problema.*[96]

¿Por qué dice esto? Novak considera que este trabajo ha de realizarse con mucho cuidado, y sobre una vida cada vez. Es decir, después de ocuparnos de una en particular hay que dar tiempo a la mente consciente para que asimile los recuerdos y emociones correspondientes. No debemos pasar a la siguiente vida si no estamos seguros de haber completado la tarea con la anterior. Si trabajamos de manera atropellada, las emociones de las vidas pasadas inundarán nuestra mente como una avalancha, que no podría tolerar el flujo. Esto podría provocar un colapso psicológico o, incluso, una patología grave. Desafortunadamente, en sus obras, Novak no aporta muchos más detalles.

¿LO CAMBIÓ TODO EL SACRIFICIO DE JESÚS DE NAZARET? LA DERIVA CRISTIANA DE NOVAK

Llegados a este punto, es justo decir que la contribución de Novak a la investigación sobre el más allá es realmente valiosa. Aporta ideas frescas que hacen que nos replanteemos muchas premisas sobre la muerte que parecían bien establecidas. A mí, personalmente, me gusta escuchar teorías que, al menos, me hagan pensar. Sin embargo, como comenté al principio de este capítulo, su trabajo no ha sido

---

96   Ibid. Traducción del autor.

tenido muy en cuenta. Ni siquiera ha atraído las críticas de expertos en la materia o del público en general. Más bien, ha sido ignorado.

¿Cuál es la causa de esta indiferencia? Es difícil saberlo. Yo tengo mi propia explicación. Su teoría, de haberla dejado justo donde yo termino la pasada explicación, habría tenido una acogida mucho más positiva. El problema es que, después de una genial exposición, comenzó a reinterpretar sus propias ideas a la luz de la religión cristiana. Al parecer, Novak es un hombre de fe sólida, y esto le animó a descubrir las últimas respuestas dentro del cristianismo para completar su teoría. En su tercer libro[97] habla de todo ello en profundidad, aunque en el primero ya comienza a revelar sus intenciones. Esta deriva no satisfizo a todo el mundo. Especialmente, por supuesto, a los no cristianos, agnósticos y ateos.

Sería muy largo explicar todos los argumentos que Novak aporta para demostrar que la culminación de la teoría de la división de la consciencia está en la aparición de Jesús de Nazaret en la historia de la humanidad. Pero lo intentaré. Novak supo esto cuando comenzó a confrontar la teoría general de la división de la consciencia, que ya he detallado, con los textos del Antiguo y Nuevo Testamento. Novak afirma que el Antiguo Testamento tiene una estructura simbólica y que la historia de los patriarcas hebreos es, en realidad, una metáfora de la división de la consciencia humana. En cuanto a la historia de Jesús de Nazaret, asegura que su llegada a la Tierra significó la invalidación de la ley divina de la división de la consciencia, norma que había estado funcionando desde hacía milenios. Según Novak, el auténtico mensaje que Jesús quiso transmitir a la humanidad es que toda persona que creyera en él y actuara según sus enseñanzas no sufriría la separación de alma y espíritu en la hora de su muerte. Cristo, entonces, sería el enviado por Dios para que, mediante su encarnación en Jesús, recolectara a las almas parciales de las vidas de cada uno de nosotros que permanecen atrapadas en el más allá desde el principio de los tiempos. Cristo se convirtió, por tanto, en una especie de contenedor infinito de almas y, por tanto, de recuerdos humanos. En dicho contenedor, Cristo toma las partes perdidas de cada ser humano y las reunifica en un solo alma global. Una vez hecho esto, la tarea de reunir el alma total con el espíritu de

---

97 Peter Novak. *Original Christianity. A new key to understand the Gospel of Thomas and other lost scriptures.*

cada persona se torna mucho más fácil. Es decir, Cristo habría venido a este mundo precisamente para decirnos que estaba dispuesto a hacer por nosotros el difícil trabajo personal que nuestro espíritu debe realizar para reconocer todas y cada una de nuestras almas parciales, paso previo para que las dos partes del ser humano vuelvan a unirse en una existencia plena.

Una sola vida física, y una sola vida vacía y provisional en el más allá.

Cómo influir en nuestro destino después de la muerte según Carlos Castaneda

> *La muerte es la única consejera sabia que tenemos.*
> *Cuando te sientas perdido, pregúntale a tu muerte;*
> *ella te dirá: «todavía no te he tocado».*
> *La sola sensación de sentir a la muerte a nuestro lado*
> *nos hace quitarnos toneladas de importancia.*
> *Viaje a Itxlán.* Carlos Castaneda

¿VERDADERO O FALSO?

En 1968, un desconocido antropólogo llamado Carlos Castaneda publicó el libro *Las enseñanzas de don Juan. Una forma yaqui de conocimiento.* Al parecer, era el resultado de cinco años de aprendizaje con un chamán mejicano, Juan Matus. El texto formaba parte de su trabajo de doctorado en la Universidad de UCLA, en los Estados Unidos. Sería el comienzo de una exitosa carrera como escritor que lo llevaría a las más altas cumbres de la fama. Entre 1968 y 1999, Castaneda publicó doce libros que batieron todos los récords de ventas, en el mundo entero.

Su primera obra produjo un gran impacto. En el libro, cuenta cómo el chamán le reveló todos los secretos de las plantas sagradas de aquella región, plantas que le permitieron experimentar otros estados de consciencia y explorar diferentes realidades. Castaneda menciona la datura, el peyote y los hongos psicoactivos. Aunque su intención inicial era terminar un trabajo académico de antropología sobre chamanismo mejicano, se le fue de las manos. Durante los primeros años de aprendizaje con este brujo, que duró entre 1961 y 1965, Castaneda pasó de observador a protagonista. Aquellos años de instrucción cambiaron su vida para siempre, pues adquirió una nueva manera de ver el mundo. Pero su relato también determinó la perspectiva de muchos jóvenes que, especialmente de los países occidentales, necesitaban respuestas fuera de la ortodoxia espiritual. La mayoría de ellos se sentían identificados con el movimiento *hippie*, que trajo las drogas recreativas, como el hachís y la marihuana. En este contexto, el primer libro de Castaneda se convirtió en un libro de culto para muchos buscadores. Dicen que su lectura animó a algunos a tomar un camino equivocado, con consecuencias catastróficas. Castaneda fue acusado de provocar, aunque fuese indirectamente, el dolor de muchas familias cuyos hijos fallecieron por el uso incontrolado de estas sustancias. Evidentemente, esta no era su intención.

Después del éxito de su primer libro, decidió regresar a Méjico para enseñar un ejemplar a don Juan y para, si él lo aceptaba, continuar con su instrucción. El chamán lo acogió de nuevo. Nada más comenzar esta nueva etapa, don Juan discontinuó el uso de plantas de poder con Castaneda. Según le dijo don Juan, el uso de estas sustancias se reservaba para aquellos aprendices con un sistema de creencias tan férreo que requerían una terapia de choque. Castaneda era uno de esos ejemplares tozudos, pues, en lo más íntimo, no aceptaba la existencia de otras realidades. Una vez Castaneda fue «desbloqueado», no volvió a probar las plantas sagradas. Su entrenamiento seguiría otros caminos. Estos sucesos son narrados en su segundo libro, *Una realidad aparte: nuevas conversaciones con don Juan*.

En 1973, don Juan desapareció del plano físico. Según Castaneda, el viejo chamán no había muerto, técnicamente hablando. Había decidido voluntariamente cuándo marcharse de este mundo para continuar existiendo en otra realidad más allá del plano físico. Castaneda escribió más libros, en los que narró los sucesos relacionados con su aprendizaje, pero ya sin la ayuda de don Juan.

Es imposible resumir en unas pocas palabras la importancia que el pensamiento de Castaneda ha tenido en los movimientos espirituales posteriores; pero también en la cultura, en la literatura, el cine o la música. Muchos artistas quedaron fascinados por sus libros y compusieron obras basadas en sus enseñanzas. Pero este éxito también tuvo una cara oscura. Algunos investigadores acusaron a Castaneda de plagio, de farsante, de estafador e incluso de

maltratador de mujeres. Afirmaron que sus libros eran pura ficción. Según sus detractores, don Juan nunca existió, sino que fue un invento premeditado para dar más brillo a sus historias.

No es el objetivo de este libro valorar la historicidad de los escritos de Castaneda. Lo que es innegable es que millones de personas resuenan con su mensaje y aseguran que practicar sus enseñanzas les ha cambiado la vida para mejor. Otros fracasaron en el intento de comprenderlo. Tengamos en cuenta que el contenido de los libros de este autor no es para el mero disfrute, ni para la reflexión sesuda de los racionalistas más inflexibles, sino que está a disposición de cualquiera para practicar sus enseñanzas. Carlos Castaneda se refiere a su visión pragmática del conocimiento como *el camino del guerrero*, una forma de vida cuyo fin es atestiguar todos los mundos posibles accesibles a la percepción del ser humano y alcanzar la libertad. Pensar a Castaneda no es lo mismo que practicar a Castaneda.

Por eso, valorar su vida privada no nos llevará muy lejos, a pesar de que, tras la partida de don Juan, su comportamiento fue, como poco, criticable. Desde fuera dio la sensación de que el aprendiz ya no seguía el camino del conocimiento, pues muchos de sus actos contradecían la disciplina que le había inculcado su maestro. Sus defensores argumentan que este comportamiento era parte de una estrategia para despistar a los curiosos. Sus críticos, por el contrario, opinan que toda su vida fue un fraude. Pero esto es lo mismo que sucede con la vida de Buda, Jesús o Zaratustra. Estudiar únicamente la vida de estos maestros, ya sea para criticarla o para alabarla, no ha llevado nunca a nadie a alcanzar altos estados espirituales. Debemos distinguir entre el personaje y su obra. Si el comportamiento posterior de Castaneda fue tal y como parece, ello no invalida el regalo que nos hizo recogiendo el pensamiento de don Juan, miembro de una antigua tradición de chamanes. Y si don Juan no existió, sino que fue una herramienta para facilitar su trabajo de divulgación, el mensaje sigue ahí.

SOMOS EL ALIMENTO DE LA FUENTE

Castaneda tiene un importante hueco en nuestro libro, ya que también trabajó con un modelo diferente de más allá. Aunque cueste verlo en una primera lectura, el tema principal que vertebra toda su obra es la lucha por vencer a la muerte. El problema es que este conocimiento queda encubierto bajo cientos de conversaciones entre Castaneda y su maestro don Juan, y en los relatos posteriores que narran sus peripecias con un grupo de compañeros aprendices. Según don Juan le contó en una ocasión, los chamanes de todos los tiempos han tenido un solo objetivo vital: trascender la muerte con toda su identidad, es decir, con sus recuerdos y su personalidad; y escoger conscientemente el lugar donde iniciar su nueva vida, ya sin cuerpo físico. Esta tarea les exige plena dedicación y muchos sacrificios.

El conocimiento de don Juan, que Castaneda nos transmitió en sus libros, ha venido a ser llamado *toltequismo* o *pensamiento tolteca*. Este saber antiguo es inmensamente complejo y abarca muchos aspectos diferentes de la espiritualidad humana. Necesitaría todas las páginas de este libro para poder resumirlo. Por eso, tocaré solo aquellos conceptos relacionados con la muerte que aparecen en sus obras.

Según el toltequismo, todas las realidades han sido creadas por una entidad a la que llaman *el Águila*. Podríamos asimilar este concepto a nuestra idea de Dios, pero no sería del todo exacto. El Águila es impersonal y no toma partido por ningún ser vivo. Por eso, no sirve de nada rezarle ni solicitarle favores. De esta entidad surgen infinitas hebras de energía, llamadas *emanaciones*, responsables de tejer las diferentes realidades. Todo en el universo está formado por ellas, desde los mundos completos hasta las consciencias individuales. El Águila crea la vida desprendiéndose de pedazos de sí misma que se juntan luego formando seres conscientes. Estas criaturas tienen la tarea de acumular experiencias durante sus respectivas vidas. A su muerte, cada una regresa al Águila, que las devora para asimilar sus recuerdos.

Todos los seres vivos están formados por un receptáculo hecho de energía que encierra un conjunto limitado de las emanaciones. En este contenedor se almacenan temporalmente las experiencias que luego serán entregadas al Águila. El receptáculo del ser humano tiene forma de huevo o esfera luminosa. Esto es evidente para cualquier chamán que haya aprendido a ver la contrapartida energética de la realidad. Este huevo o capullo de luz tiene dos partes: el *tonal* y el *nagual*. El tonal es lo conocido, todo lo que nos hace humanos. No solo es el responsable del cuerpo físico, sino que contiene todo nuestro sistema de creencias. El nagual, por su parte, es el resto. Es decir, la parte que nos conecta con lo desconocido, con el otro mundo:

> *El ser humano se divide en tonal y nagual. El tonal es la personal social; es un guardián; el organizador del mundo. El tonal es todo lo que somos y conocemos, todo lo que salta a la vista. El nagual es todo aquello que no conocemos ni podemos nombrar.*[98]

Todos los seres vivos tienen un punto flaco en su receptáculo. En el caso de los seres orgánicos, es decir, los que tienen un cuerpo físico, está localizado en la parte media o baja del capullo. Los humanos

---

98   Carlos Castaneda. *Relatos de poder.*

lo tenemos a la altura del ombligo y se ve, a ojos de un chamán, como una depresión del huevo luminoso. El Águila ha ordenado que un impulso, al que los chamanes llaman *la fuerza rodante*, golpee constantemente a los seres vivos en ese punto débil. Esta energía está compuesta, a su vez, por dos anillos de luz que tienen propósitos muy distintos:

> *La fuerza rodante es el medio a través del cual el Águila distribuye conciencia y vida. Y al mismo tiempo es la fuerza que hace morir a los seres vivientes.*[99]

Uno de sus anillos es denominado *la fuerza circular*. Se encarga de proporcionar más vida con sus embates. El otro recibe el nombre de *la fuerza tumbadora*. Esta hace exactamente lo contrario: devora la vida. Las dos fuerzas chocan continuamente contra el huevo luminoso, exactamente en la depresión que lo hace vulnerable. Mientras la fuerza circular tenga más impulso que la fuerza rodante, el ser conserva su vida. Pero, poco a poco, la fuerza tumbadora va ganando energía y, en algún momento, supera a su hermana. Finalmente, acaba triunfando:

> *Los videntes describen a la «tumbadora» como una línea eterna de anillos iridiscentes o bolas de fuego que ruedan incesantemente sobre los seres humanos. Los seres orgánicos luminosos son golpeados sin tregua por esta fuerza, también llamada la «fuerza rodante», hasta el día en el que los golpes resultan ser demasiado para ellos y los hacen finalmente desplomarse. Los antiguos videntes quedaron boquiabiertos al «ver» entonces cómo la fuerza rodante los tumba al pico del Águila para ser devorados. Por esa razón llamaban a esa fuerza la «tumbadora».*[100]

Entonces se genera una grieta en el capullo, que se extiende por todo él hasta abrirlo por completo:

> *Somos realmente frágiles. A medida que la tumbadora nos golpea una y otra vez, la muerte entra dentro de nosotros a través de la abertura. La muerte es*

---

99   Carlos Castaneda. *El fuego interno.*
100   Ibid.

la fuerza rodante. Cuando encuentra una debilidad en la abertura de un ser luminoso, automáticamente raja el capullo, lo abre y lo hace desplomarse.[101]

La apertura del huevo luminoso produce la iluminación simultánea de todas las emanaciones que lo atraviesan, lo que es percibido por el fallecido como un túnel de luz.

Lo que ocurre en el momento de la muerte es que toda la energía interior es liberada a la vez. En ese momento los seres humanos se ven inundados por la fuerza más inconcebible. No es la fuerza rodante que ha roto sus aberturas, porque esa fuerza jamás penetra al interior del capullo; solo la hace desplomarse. Lo que los inunda es la fuerza de todas las emanaciones que repentinamente quedan alineadas después de estar adormecidas durante toda una vida. No hay otra salida para una fuerza tan gigante, sino escapar a través de la abertura rota. Eso es la muerte.[102]

En ese momento, todos nuestros recuerdos y sentimientos, es decir, todo lo que nos hace ser nosotros mismos, pasa ante nuestros ojos. Después, escapan como partículas livianas para dirigirse hacia el pico del Águila. Entonces, la persona desaparece para siempre. Por tanto, nuestro destino, como seres individuales, es terrible. Estamos destinados a disolvernos después de una única vida física:

No hay nada primoroso o pacífico en la muerte. El verdadero terror comienza al morir, cuando la incalculable fuerza del Águila te exprima todos los aleteos de conciencia que tuviste.[103]

Sin embargo, el proceso de dispersión de los sentimientos humanos que sucede en la muerte no es instantáneo. La integridad de la persona permanecerá operativa en otra realidad que podríamos identificar con el más allá, pero solo durante un tiempo determinado. Este periodo dependerá del tipo de vida que haya llevado la persona. Si ha sido banal, todo irá muy rápido. Pero si su vida ha estado llena de sentido, la estancia en el más allá puede durar años. Especialmente larga es para las personas que han tenido muchos

---

101   Ibid.
102   Ibid.
103   Carlos Castaneda. *El don del Águila.*

seguidores o admiradores. La fuerza del pensamiento de los que continúan vivos recordando al difunto retrasará la desintegración:

La muerte nos toca a todos, pero no es la misma para todos. Todo depende del nivel energético (…) la muerte de una persona común y corriente es el fin de su viaje, el momento en que tiene que devolver al Águila toda la conciencia que obtuvo mientras estuvo viva. Si no tenemos otra cosa que nuestra fuerza vital para ofrecerle, nos habremos acabado. Ese tipo de muerte borra cualquier sentimiento de unidad (…) he estado en el otro lado y sé. He visto niños y adultos vagando por allá y he observado sus esfuerzos por recordarse a sí mismos. Para quienes disiparon su energía, la muerte es como un sueño fugaz, lleno de burbujas de recuerdos cada vez más desvanecidos, y entonces, la nada (…). El viaje de la muerte puede llevarle a un mundo virtual de apariciones, donde contemplará la materialización de sus creencias, de sus cielos e infiernos privados, pero no pasa de ahí. Tales visiones van desapareciendo con el tiempo, a medida que se agota el impulso de la memoria. (…) la mayoría de la gente tarda un poco más en desintegrarse, entre cien y doscientos años. Quienes han tenido vidas llenas de significado pueden resistir hasta medio milenio. El plazo se dilata aún más para aquellos que consiguieron crear vínculos con las masas de personas; esos pueden retener su conciencia durante milenios enteros. ¿Cómo lo consiguen? A través de la atención de sus seguidores. La memoria crea vínculos entre los seres vivos y los que han partido. Así es como se mantienen conscientes. Por eso, el culto de las personalidades históricas es tan pernicioso. Ese era el intento de quienes, en tiempos antiguos, se hicieron momificar: cohesionar su nombre en la historia. Irónicamente, es el mayor daño que se le pueda infligir a la energía.[104]

Pero esa segunda realidad en la que subsisten temporalmente las personas no es una vida completa, tal y como entendemos la existencia física. Es, más bien, como vivir dentro de un sueño. Todo está construido a partir de las memorias y las emociones que componen la personalidad. Y, al final, la fuerza aglutinadora que mantiene unidos a los sentimientos que conforman la persona se debilita y estos se separan, viajando hasta el Águila. El destino de todos los seres conscientes es, por tanto, vivir y desaparecer.

---

[104] Armando Torres. *Encuentros con el nagual.* Armando Torres conoció a Carlos Castaneda. Al parecer, tuvo varios encuentros con él, donde Castaneda le habló sobre interesantes asuntos que no pudieron ser desarrollados en los libros del autor.

¿Qué hace el Águila con esas partículas de luz que recibe de cada uno de nosotros? Como dije, el Águila ofrece el don de la vida, que es el don de percibir realidades, y el ser vivo le devuelve el servicio pagando con sus experiencias vitales. Cuando estas llegan al pico del Águila, extrae dichos recuerdos como si pelara una fruta. Primero quita la piel y luego come su interior. Pero no tira las mondas, sino que las guarda. Con esos desechos, el Águila fabrica nuevos seres vivos, a los que lanza de nuevo, como sondas, para que vivan, mueran y le entreguen más alimento. Y, así, eternamente.

Según este esquema de pensamiento, ya que el Águila recicla los receptáculos energéticos que contuvieron nuestras memorias y, con ellos, crea nuevos seres, cada uno de nosotros está compuesto de pedacitos de otros capullos luminosos que han contenido vidas ajenas. Por eso, algunas personas sensibles son capaces de percibir los recuerdos de otras consciencias que han quedado almacenados en los elementos de reciclaje con los que su huevo luminoso ha sido fabricado. Según Castaneda, a lo largo de los siglos, este fenómeno ha sido malinterpretado y ha dado lugar a la reencarnación. El toltequismo dice que esta doctrina es, por tanto, errónea. Cada ser consciente solo vive una vida física; y, con suerte, una corta vida dentro una realidad parecida a un sueño. Después, desaparece para siempre. No hay manera de regresar a este mundo una vez que el capullo luminoso ha sido rajado por la tumbadora.

Algunos investigadores creen que Castaneda copió algunas de sus ideas de conceptos que ya aparecen en el budismo y en otras tradiciones espirituales del planeta. Es cierto que algunos pensamientos, muy puntuales, son similares, pero eso no quiere decir que los copiara. En cualquier caso, es una acusación injusta. El pensamiento de don Juan tiene muchísimos más elementos que no tienen paralelismo en ninguna otra cultura del planeta. Son aportaciones nuevas y, en la mayoría de los casos, incómodas para los seguidores de las religiones tradicionales. Por ejemplo, la negación de la reencarnación es una de ellas. Si Castaneda hubiera querido utilizar conceptos del budismo para construir artificialmente el conocimiento de don Juan, no habría escrito esto:

Yo tenía el Libro tibetano de los muertos en la cajuela de mi coche. Se me ocurrió usarlo como tema de conversación, ya que trataba de la muerte. Dije que iba a leérselo e hice por levantarme. Don Juan me indicó permanecer sentado y fue él por el libro.

(…) Yo no estaba en posición ni de humor para poner en duda sus decisiones, así que me estuve quieto casi toda la mañana, leyéndole y explicándole algunas partes del libro. Escuchó con atención, sin interrumpirme para nada. Dos veces tuve que parar durante periodos cortos, mientras él traía agua y comida, pero apenas quedaba desocupado, nuevamente me urgía a continuar la lectura. Parecía muy interesado.
Cuando terminé, don Juan me miró.

—No entiendo por qué esa gente habla de la muerte como si la muerte fuera como la vida —dijo con suavidad.

—A lo mejor así lo entienden ellos. ¿Piensa usted que los tibetanos ven?

—Difícilmente. Cuando uno aprende a ver, ni una sola de las cosas que conoce prevalece. Ni una sola. Si los tibetanos vieran, sabrían de inmediato que ninguna cosa es ya la misma. Una vez que vemos, nada es conocido; nada permanece como solíamos conocerlo cuando no veíamos.

—Quizá, don Juan, ver no sea lo mismo para todos.

—Cierto. No es lo mismo. Pero eso no significa que prevalezcan los significados de la vida. Cuando uno aprende a ver, ni una sola cosa es la misma.

—Los tibetanos piensan, obviamente, que la muerte es como la vida. ¿Cómo piensa usted que sea la muerte? —pregunté.

—Yo no pienso que la muerte sea como nada, y creo que los tibetanos han de estar hablando de otra cosa. En todo caso, no están hablando de la muerte.

—¿De qué cree usted que estén hablando?

—A lo mejor tú puedes decírmelo. Tú eres el que lee.

Traté de decir algo más, pero él empezó a reír.

—Acaso los tibetanos de veras ven —prosiguió don Juan—, en cuyo caso deben haberse dado cuenta de que lo que ven no tiene ningún sentido y entonces escribieron esa porquería porque todo les da igual, en cuyo caso lo que escribieron no es porquería de ninguna clase.[105]

---

105   Carlos Castaneda. *Una realidad aparte.*

Don Juan, o Castaneda atribuyéndole este discurso, estaba desautorizando claramente el conocimiento budista sobre la muerte y el más allá. Una prueba más de su independencia. En resumen, desde mi punto de vista, la mayoría de los conceptos que aparecen en los libros de Castaneda son originales, sean o no verdaderos.

Otra cosa que aleja el pensamiento de Castaneda de la mayoría de los sistemas espirituales es que no cree en un alma inmortal. Según el toltequismo, el huevo luminoso, ligeramente comparable al concepto moderno de espíritu, alma o cuerpo energético, es una entidad perecedera. Es fabricado por el Águila exclusivamente para que sirva de contenedor de recuerdos y experiencias, no para que dure eternamente. Ha tenido un inicio y tendrá también un fin. Cuando ese receptáculo se llene, el Águila lo despedazará para comerse el interior. Por tanto, para Castaneda y la tradición de quien se hace portavoz, la reencarnación está totalmente descartada:

Te han dicho que tenemos tiempo, que hay una segunda oportunidad. ¡Mentiras! Los videntes afirman que el ser humano es como una gota de agua que se desprendió del océano de la vida y comenzó a brillar por cuenta propia (…). Pero, una vez disuelto el capullo luminoso, la conciencia individual se desintegra y se hace cósmica, ¿cómo podría regresar? Para los brujos, cada vida es única, ¿y tú esperas que se repita? Tus ideas parten de la elevada opinión que tienes sobre tu unidad. Pero, como todo lo demás, tú no eres un bloque sólido, eres fluido. Tu «yo» es una suma de creencias, un recuerdo, ¡nada concreto![106]

ESCAPANDO DE LA ANIQUILACIÓN

Pero no todo está perdido. Según don Juan, los chamanes del pasado descubrieron la manera de morir evitando la destrucción de su identidad. Es decir, encontraron vías alternativas para escapar del Águila y continuar viviendo, después de la muerte, como seres independientes, con todos sus sentimientos integrados. Los que logran esta hazaña entran en un estado al que llaman *lo que no se puede conocer.* Así lo explica Castaneda:

---

106   Armando Torres. *Encuentros con el nagual.*

Al momento de morir todos los seres humanos entran en lo que no se puede conocer, y algunos de ellos alcanzan la tercera atención, pero de una forma del todo breve y solo para purificar el alimento del Águila. El logro supremo de los seres humanos es alcanzar ese nivel de atención y al mismo tiempo retener la fuerza de la vida, sin convertirse en una conciencia incorpórea que se mueve como un punto vacilante de luz hacia el pico del Águila para ser devorado.[107]

Entramos aquí en un terreno muy complejo. Para comprender plenamente este asunto, sería necesario explicar con detalle los doce libros de este autor. Como esto no es posible, expondré aquí las ideas más importantes, dejando al lector la opción de profundizar más adelante en sus escritos para una mayor clarificación.

Las prácticas que facultan a un ser humano para eludir la boca del Águila son únicamente dos. Pero no están descritas de una manera directa en los libros de Castaneda; es necesario bucear en ellos, uniendo párrafos dispersos. Una de las dos estrategias es conocida como *recapitulación*. Consiste en una técnica específica de visualización y respiración, mediante la cual la persona debe revivir, uno a uno, todos los eventos de su vida. Desde el más pequeño hasta el más importante. Para ello, primero, debe escribir una lista de todos ellos. Hay varias maneras de hacerlo. Por ejemplo, por fecha o por las terceras personas implicadas en dichos acontecimientos. Una vez completada esta tarea, la persona debe encerrarse en una caja de madera, de un tamaño específico que favorece el aislamiento:

(…) el procedimiento comienza con una respiración inicial. (…) empiezan cada sesión con la barbilla en el hombro derecho y lentamente inhalan en tanto mueven la cabeza en un arco de ciento ochenta grados. La respiración concluye sobre el hombro izquierdo. Una vez que la inhalación termina, la cabeza regresa a la posición frontal y exhalan mirando hacia delante.
(…) entonces toman el evento que se halla a la cabeza de la lista y se quedan allí hasta que han sido recontados todos los sentimientos invertidos en él. A medida que recuerdan inhalan lentamente moviendo la cabeza del hombro derecho al izquierdo. Esta respiración cumple la función de restaurar la

---

107   Carlos Castaneda. *El fuego interno.*

energía (…). La siguiente inmediata respiración es de izquierda a derecha, y es una exhalación.[108]

¿Cuál es el objetivo de esta operación? De acuerdo con Castaneda, esta técnica produce, en algún lugar, una copia de cada uno de los recuerdos personales. Después de meses o años de recapitulación, logra crear un duplicado perfecto de todas sus memorias. De esta manera, cuando llegue el momento de la muerte y el capullo luminoso se raje, lo que saldrá flotando hacia el pico del Águila no serán los recuerdos reales, sino un calco de ellos. Al parecer, el Águila acepta estas copias como si fueran los recuerdos originales. Por tanto, el conglomerado de memorias, que constituye la personalidad total del individuo, no tiene que deshacerse en el momento de la muerte, aunque el capullo luminoso quede destrozado. Es decir, el contenedor desaparece, pero no el contenido. El Águila se alimentará de la réplica y no de la auténtica personalidad de la persona, que puede continuar su vida en otro tipo de existencia. Digo que progresará hacia una existencia diferente porque, al no tener ya capullo luminoso, no puede adoptar la forma de un cuerpo físico tal y como lo entendemos.

Lo que les espera a las personas que consiguen esto es un estado de ser que ni siquiera podemos concebir. Para explicarlo, Castaneda describe los tres estados perceptivos que los seres conscientes pueden alcanzar. El primero es denominado *la primera atención*. Es el estado que experimenta un ser vivo, que dispone de capullo luminoso, cuando está percibiendo el mundo al que el Águila le ha enviado para recolectar experiencias. Es el estado en el que nos encontramos todos en estos instantes, disfrutando de nuestro mundo físico. El siguiente estado es *la segunda atención*. Esta es la condición que experimenta un ser vivo que también tiene un capullo luminoso, pero que está atestiguando otros mundos alternativos que no son para el que ha sido creado. Por ejemplo, la segunda atención sería el estado de un soñador lúcido o de alguien que ha alterado seriamente su estado de consciencia. El último es *la tercera atención*. Este es el estado que alcanzan los seres vivos que han perdido definitivamente su capullo luminoso después de la muerte, pero que han logrado

---

108   Carlos Castaneda. *El don del Águila.*

conservar todos sus recuerdos sólidamente unificados, de manera que mantienen su personalidad intacta:

Don Juan expresó su reverencia y admiración por el esfuerzo premeditado de los nuevos videntes para alcanzar la tercera atención cuando aún tienen vida y están conscientes de su individualidad.[109]

No sabemos qué significa pasar a la tercera atención, porque Castaneda es tremendamente oscuro cuando habla de ello:

Al alcanzar la tercera atención cada célula del cuerpo se torna consciente de sí misma y de la totalidad del cuerpo.[110]

Además de la recapitulación, Castaneda habla de una segunda manera de eludir nuestro compromiso con el Águila. En este caso, no se trata de una práctica diurna, como la recapitulación, sino de una nocturna: *el ensueño.* Este término es el que Castaneda usa para designar el sueño lúcido; es decir, la capacidad de despertar y cobrar consciencia dentro de nuestros sueños ordinarios para convertirlos en auténticas realidades. De acuerdo con las enseñanzas de los toltecas, practicar habitualmente los sueños lúcidos contribuye a mantener unidos todos los componentes de nuestro ser. Cuanto más se practique, más fuerte será el nexo entre ellos. Cuando la muerte nos llegue, si hemos reforzado suficientemente la unidad mutua de recuerdos y emociones que forman nuestra individualidad, estos no serán dispersados por la poderosa fuerza de atracción del Águila.

Lo que parece claro es que, desde la perspectiva de Castaneda, existe una escapatoria de la muerte tradicional y esta se llama *la tercera atención.* Quienes logran la proeza de alcanzar este estado dejan de ser humanos para siempre, pues obtienen la consciencia total de su ser. En la terminología tolteca, diríamos que la persona fusiona su tonal y su nagual. Ya no hay un cuerpo físico y un cuerpo energético: solo hay una unidad funcional, mezcla de ambos, que puede continuar evolucionando como ser individual hacia estadios desconocidos para la razón.

---

109   Carlos Castaneda. *El fuego interno.*
110   Carlos Castaneda. *El don del Águila.*

Epílogo
¿Quién tiene razón?

Así como un día bien pasado trae un sueño feliz, una vida bien aprovechada trae una muerte feliz.
Leonardo Da Vinci

En los capítulos precedentes, hemos analizado cinco modelos alternativos que describen el mundo más allá de la muerte. Es lo que denominé las *cinco fuentes rebeldes*. Tres de estos modelos fueron elaborados por personas que tuvieron la suerte de explorar el otro mundo mediante la práctica de lo que ahora conocemos como sueños lúcidos o experiencias fuera del cuerpo. Otro de los esquemas fue diseñado por el psicólogo Peter Novak, que realizó un exhaustivo estudio de las principales tradiciones religiosas. El quinto esquema procede del budismo tibetano que, aunque no está asociado a un individuo concreto, es el fruto, sin lugar a duda, de las exploraciones directas del otro mundo por parte de muchos monjes anónimos.

La cuestión que nace ahora es ¿cuál de los cinco modelos es el correcto? No tengo la respuesta. ¡Ojalá la tuviera! Sin embargo, al reflexionar sobre todos ellos, y si además los comparo con mis propias experiencias personales, dejan de parecer tan diferentes. Si prestamos atención, descubriremos que tienen muchos puntos en común. ¿Podría ser que cada uno de ellos sea, tan solo, una visión parcial de un mapa completo que está ahí esperándonos? ¿Tienen razón las cinco fuentes rebeldes, de alguna manera?

Pongamos en conjunto toda la información. Veremos que solo hay cuatro finales *post mortem* posibles para el ser humano.

Primer destino posible: la disolución en el todo, en Dios o en la fuente

De este destino, solo hablan Castaneda y el budismo. Aunque difieren claramente a la hora de valorar sus ventajas.

Para Castaneda, este final es terrible y, por tanto, indeseable, porque supone la destrucción total del yo. Si dejamos de existir, no podemos evolucionar más. Por eso, para la tradición tolteca que defiende Castaneda, es prioritario escapar de nuestro creador que, aunque es el dador de vida, también es nuestro devorador. Todo esto no es tan descabellado como parece. En la sociedad moderna muchos dan por supuesto que unirnos a Dios es nuestra mejor recompensa. Pero, en verdad, nadie nos ha aclarado si fundirse con el todo es la mayor de las fortunas. ¿Quién desea desaparecer para siempre? ¿Es este el destino óptimo del ser humano?

Por el contrario, para el budismo el objetivo más anhelado es alcanzar el estado de nirvana, que supone, en el mejor de los casos, la disolución de la propia identidad en la fuente de todo lo creado. Es decir, el difunto deja de existir para siempre, al menos como ser individual.

Si lo pensamos bien, quizás los chamanes a los que Castaneda hace referencia en sus libros contemplaron la misma verdad que los monjes exploradores del budismo. Los videntes toltecas pudieron atestiguar que el final del hombre es desintegrarse en la fuente. No *creían* que esto fuese así, sino que *vieron* que esto sucedía. Cuando Castaneda emplea el término *ver* para diferenciarlo de *mirar* está haciendo alusión a que los chamanes percibieron tal o cual evento en otros estados de consciencia, como los sueños lúcidos. Pero los monjes también *vieron* que el ser humano podía disolverse en el todo después de la muerte, ya que practicaban el mismo tipo de viajes; recordemos el yoga de los Sueños. Es decir, los monjes habrían contemplado exactamente el mismo fenómeno que los chamanes, pero, como nadie regresaba de la desintegración total, por razones obvias, no se pudieron valorar las consecuencias. Por alguna razón, unos optaron por considerar la disolución como algo negativo y evitable, y otros como un final positivo.

Además de Castaneda y el budismo, sospecho que Emanuel Swedenborg, otro de nuestros informantes, contempló también este final. Aunque él no lo menciona explícitamente, creo que puede deducirse de sus escritos. Recordemos que, según Swedenborg, cuando una persona fallece, su esencia íntima, libre de las máscaras sociales, determinará si esta se convertirá en un ángel o en un demonio. En el caso de estos últimos, su destino es el infierno porque es exactamente lo que ellos desean. Su final es, como no puede ser de otra manera, la degeneración progresiva. Pero ¿y qué pasa con el destino de los que comienzan a vivir como ángeles en uno de los tres cielos que existen? ¿No evolucionan? Al parecer, sí lo hacen. Swedenborg afirma que continúan aprendiendo eternamente. Dice que van pasando, poco a poco, de los cielos más externos a los más internos, hasta alcanzar el cielo que está más cerca de Dios. Pero no dice nada más. Sin embargo, ¿por qué asumir que los habitantes de la última esfera celeste ya no pueden seguir progresando? No tendría mucho sentido. Parecería lógico pensar que el siguiente movimiento sería la fusión con Dios. Y ya sabemos cómo termina eso: con la desaparición completa de la persona.

Segundo destino posible: la reencarnación

Robert Monroe, Peter Novak y el budismo son los que defienden la existencia de algún tipo de reencarnación. Pero cada uno tiene una visión diferente.

Monroe cree que las vidas pasadas no son vidas propias. Él descubrió que cada uno de nosotros pertenece a un *racimo de consciencias*, es decir, a un conjunto de personalidades procedentes de una misma familia espiritual. Como todas ellas han sido generadas por un mismo molde, aun siendo diferentes personas, existe la posibilidad de que los recuerdos de algunas consciencias se cuelen en la memoria de las otras. Esta explicaría por qué ciertas personas, erróneamente, creen recordar vidas pasadas. Es decir, para Monroe, en realidad solo vivimos una vida física, aunque estemos vinculados a un grupo de consciencias hermanas que experimentan vidas diferentes.

Este concepto de reencarnación se aleja de la idea que defienden las otras dos fuentes: el budismo y Peter Novak. En los dos casos, quien se reencarna es siempre la misma parte de nuestro ser total, que va pasando de vida en vida. Para el budismo esta fracción del yo se denomina *anatta*. Novak lo llama *espíritu* o *consciente*. El concepto es muy parecido, porque el anatta o el espíritu es único en cada persona, pero puede dar lugar a cientos o miles de vidas. La disparidad con Monroe es evidente, pues para este *cada vida es una persona y cada persona es una vida*.

Por su lado, Swedenborg no contempla la reencarnación. Su modelo de más allá se basa en la hipótesis de que cada persona solo vive una vida física y que, después de la muerte, pasa a otra existencia, mejor o peor, pero que también es única y eterna. Ya comentamos que algunos se empeñan en tergiversar su mensaje para encajar la reencarnación en su modelo, pero esto no tiene fundamento. En sus textos no hay nada que lo justifique. Otro asunto es que la reencarnación fuese un hecho, pero Swedenborg no llegara a enterarse de su existencia. Así, de primeras, y conociendo a Swedenborg, esto sería un tanto extraño. Porque, durante sus exploraciones fuera del cuerpo, su único afán era interrogar a todo ser viviente, por cualquier asunto. ¿No resultaría sorprendente que nadie le hubiera hablado de un proceso tan importante como la reencarnación, si es que fuera cierta? Pero ¿y si los habitantes del más allá no se lo contaron porque tampoco lo preguntó específicamente? ¿O fueron sus creencias cristianas, donde no cabía la teoría del renacimiento, las que condicionaron qué cuestiones planteaba y cuáles no? Quién sabe.

Castaneda, por su parte, negaba la realidad de la reencarnación. Para justificar el hecho de que algunas personas dicen tener recuerdos de vidas pasadas, Castaneda argumenta que Águila reutiliza pedazos de energía procedentes de otros seres conscientes que ya han desaparecido para crear nuevos capullos luminosos, a los que concede nueva vida. Es decir, en realidad, nuestros vehículos energéticos son de material reciclado. Por eso es posible que personas con capacidades especiales logren detectar memorias que no son suyas, sino de los antiguos propietarios de ese material reutilizado, y que las interpreten como vidas pasadas propias. Para Castaneda, el destino predeterminado del ser humano es la desaparición total, pues somos el alimento del Águila. La reencarnación, por tanto, sería un invento para aminorar el terror que sentimos al pensar en dicha desintegración o para dar esperanza a la humanidad ante un destino tan temible.

Si somos puristas, deberíamos excluir a Monroe del grupo de los «reencarnacionanistas», pues su concepto está muy alejado del modelo clásico. Siendo así, entonces solo dos de las cinco fuentes rebeldes apoyarían un esquema basado en un ciclo continuo de renacimientos. Y de esas dos, solo el budismo afirmaría haberlo visto funcionando, ya que Novak realizó un trabajo puramente intelectual. El misterio, como vemos, continúa...

Tercer destino posible: la vida en un mundo paradisiaco o en un mundo infernal

Todas las fuentes están de acuerdo con que existe una realidad más allá de la materia física donde una parte de nuestro ser continúa existiendo después de la muerte. Pero cada uno de los modelos analizados tiene una opinión diferente sobre dos aspectos clave: primero, la calidad de esta realidad *post mortem*; segundo, el tiempo que los difuntos pasan en ella.

En cuanto al primer factor, Swedenborg y Monroe afirman que el más allá funciona de la misma manera que la realidad de vigilia. Es decir, como un mundo completo, con una organización específica: ciudades, centros de recuperación, instalaciones dedicadas al aprendizaje y muchas otras cosas. Ambos, además, coinciden en que las leyes físicas no aplican en estos ambientes. El más allá, según los dos exploradores, se comporta exactamente igual que un sueño lúcido, donde el sistema de creencias define lo que podemos y no podemos hacer.

Por el contrario, el budismo tibetano, Novak y Castaneda coinciden en que el más allá es más bien un sueño profundo, es decir, no lúcido. La parte del ser que ha sido trasladada allí solo vive una existencia fantasmagórica. Carece de control sobre el entorno y sobre sus actos, dejándose llevar por la fuerza de los recuerdos y las emociones pasadas para crear artificialmente un mundo unipersonal, donde sus habitantes solo son proyecciones de su propia mente.

En cuanto al segundo factor, el tiempo, Swedenborg se desmarca del resto. Swedenborg cree que la naturaleza íntima de las personas se forja en la vida física y que cuando un sujeto accede al más allá, esa esencia permanece inalterable. Y, dado que esta naturaleza es la que determina la inclinación o querencia de la persona por el cielo o el infierno, la existencia en ese plano de su elección es eterna.

El resto de las fuentes están de acuerdo en que la estancia en el más allá es solo temporal, aunque por diversas razones. Para Monroe, por ejemplo, esto es especialmente importante en los llamados infiernos, pues, según Monroe, los mismos difuntos acaban por darse cuenta de sus propios errores, en algún momento. Cuando tal cosa ocurre, adquieren un grado superior de lucidez, haciéndose conscientes de que existen lugares mejores para ellos, más allá de su percepción actual. En otras ocasiones, estos individuos son ayudados por consciencias más evolucionadas, que los transportan hacia otros planos superiores.

Novak, por su parte, asegura que quien reside en el más allá, el alma, es solo la mitad del ser total; y que esta entidad vive allí provisionalmente, hasta que su energía se agota o bien su otra parte, el espíritu, acude a rescatarla.

El budismo también coincide con el carácter temporal de la estancia en el más allá, pues, en algún momento, el difunto debe volver a encarnarse.

Castaneda propone que la permanencia de la consciencia después de la muerte depende de la energía que haya acumulado la persona y de la fuerza del pensamiento que seguidores, amigos y familiares ejerzan sobre el recuerdo de su vida. Cuando esta se extingue, la estancia en el más allá finaliza y el sujeto desaparece volando hacia el pico del Águila.

Cuarto destino posible: usar las puertas de emergencia hacia otros estados del ser

Todas las fuentes seleccionadas en este libro están incluidas en él precisamente porque comparten una misma idea: el convencimiento de que los seres humanos no tenemos por qué conformarnos con el más allá para el que hemos sido diseñados, sino que podemos luchar por alcanzar otras formas de existencia y trascender así nuestra naturaleza humana. A estas alternativas yo las he denominado *puertas de emergencia*, porque están ahí pero casi nadie es consciente de ellas.

Castaneda afirma que ese es precisamente el objetivo de los hombres de conocimiento: escapar del Águila manteniendo unificados los elementos de nuestra personalidad, justo en el momento en el que el capullo luminoso se raja. Esto puede lograrse mediante la práctica de los sueños lúcidos o fabricando una réplica de nuestros recuerdos. Según Castaneda, aquellos que toman una de estas dos alternativas:

(...) derrotan a la muerte y esta reconoce su derrota dejándolos en liber-
tad, para nunca retarlos más. Esto no significa que se vuelvan inmortales.
Significa que la muerte deja de retarlos, eso es todo.[111]

Es muy interesante que Monroe coincida prácticamente con Castaneda en la puerta de emergencia, aunque ambos partan de planteamientos diferentes. En efecto, Monroe también afirma que la escapatoria consiste en entregar a Dios, el concepto equivalente al Águila de Castaneda, los recuerdos y experiencias de nuestra vida. Pero, así como, para Castaneda, entregar las memorias reales conduce a la extinción total del yo, Monroe cree que hacerlo nos habilita para continuar existiendo de otra manera. Además, para Castaneda esta puerta de emergencia es un asunto puramente individual. Sin embargo, para Monroe la tarea es una misión colectiva, pues se necesita de la colaboración de todas las vidas de nuestra familia espiritual. Recordemos que esto es a lo que Monroe llama *racimo de consciencias.* Pero, hasta en esto, ambos pensadores muestran similitudes: si analizamos los libros de Carlos Castaneda, descubriremos que los chamanes del antiguo Méjico afirmaban que el traslado a las otras dimensiones, más allá del control del Águila, debía ser realizado en grupo. ¿Quiénes deberían ser los miembros de este grupo? Se trataría de individuos complementarios energéticamente, dirigidos por un líder, llamado *nagual.* Los detalles de la organización de este grupo habrían quedado registrados en un conocimiento ancestral que los chamanes llamaban *La Regla.* La única diferencia entre la visión de Monroe y la de Castaneda es que, el primero mantiene que los individuos de esta agrupación son personas que han vivido existencias físicas en diversas épocas históricas y que luego se fusionan entre ellas para dar vida a un único ser consciente; por su lado, Castaneda nos dice que los miembros de este grupo son coetáneos en el mundo físico y que han sido reunidos por el maestro nagual siguiendo las señales del Espíritu. Y, además, no se fusionan en una sola consciencia, sino que conservan su individualidad intacta.

---

111   Carlos Castaneda. *El conocimiento silencioso.*

La propuesta de Peter Novak para escapar del destino común de los seres humanos (un mundo ficticio creado por nuestras proyecciones mentales) consiste en mantener la unidad de nuestro yo, como ser individual, evitando que alma y espíritu se separen en el instante de la muerte. Esto es posible si evitamos o trabajamos, durante nuestra vida física, los traumas emocionales.

Swedenborg nos insta a mantener una postura personal orientada hacia el bien y la verdad divina. Esta orientación será suficiente para ir construyendo, durante la vida física, un segundo cuerpo espiritual que se verá atraído por las regiones celestiales cuando hayamos descartado nuestro vehículo material. Para sostener este comportamiento, Swedenborg aconseja dos cosas: llevar una vida útil en la Tierra, es decir, dedicada a cuidar de los demás; y luchar contra tu importancia personal, pues nadie es más importante que nadie.

En cuanto al budismo, la corriente clásica considera que el yo es lo mismo que el ego. Es el responsable de que nos arrojemos, sin pensar en otras posibilidades, en la rueda de las reencarnaciones. Siendo el ego el que provoca el sufrimiento, la solución más evidente para escapar del destino común de los seres humanos es su destrucción total. Por eso, el budismo tradicional apoya el nirvana como puerta de emergencia, ya que este estado supone la disolución del yo en el todo. Sin embargo, como ya vimos, el budismo tibetano ha encontrado una puerta de emergencia diferente que no implica la aniquilación de nuestra identidad: son las técnicas para alcanzar la Tierra Pura, un reino no humano donde las personas pueden comenzar una nueva existencia sin desprenderse de su individualidad. Para alcanzar esta Tierra Pura o para crear nuevos mundos por uno mismo, tal y como hizo el sabio Amitabha, la persona tiene que acumular *mérito* durante la vida. Recordemos que este concepto designa a la energía que uno recibe cuando realiza acciones por el bienestar de otros seres vivos. Estas enseñanzas comparten mucho con las alternativas que nos ofrece Carlos Castaneda en sus obras. Recordemos que Castaneda dice que una de las maneras de conservar el yo y viajar a otras realidades tras la muerte con total control es practicar los sueños lúcidos. Y, en otro lugar, Castaneda afirma que para tener sueños lúcidos es necesario que la persona también acumule algo; en este caso, en lugar de *mérito*, Castaneda lo llama *poder personal*. Son conceptos muy parecidos, ya que la forma de obtener el poder personal es mantener a raya la autoimportancia:

Los guerreros se preparan para tener conciencia, y la conciencia total solo les llega cuando ya no queda en ellos nada de importancia personal. Solo cuando son nada se convierten en todo.[112]

Esto es lo mismo que dicen los budistas, que creen que el mérito se obtiene al preocuparse por los demás. Cuidar del prójimo exige no pensar en uno mismo, así que, en cierto sentido, parecen ideas paralelas. La similitud va aún más allá, pues el chamán don Juan cuenta a Castaneda que el poder personal puede transferirse de una persona a otra; por ejemplo, porque una tiene exceso y la otra carece de ello. Vimos que en la tradición de la transferencia de la consciencia y de la Tierra Pura del budismo también se afirma que el mérito es algo que puede cederse a un tercero para ayudarlo.

En definitiva, según el budismo tibetano, es viable eliminar el ego y, a la vez, mantener intacto el sentido del yo. Por ello, no sería necesario recurrir a una maniobra tan drástica como el nirvana, que supone la destrucción total de la persona. Esto sería, como afirma el dicho, matar moscas a cañonazos.

Si las puertas de emergencia existen, es decir, si es posible optar por destinos alternativos traspasando el universo humano y adoptando otro estado del ser, entonces se podrían explicar muchas cosas. Por ejemplo, es habitual que cuando los soñadores lúcidos modernos o los médiums tratan de encontrar a una persona específica en el más allá, dicha persona no aparezca por ningún sitio. Es como si ya no existiera. En ocasiones, las entidades que por allí merodean, especialmente a aquellos que parecen tener cierta autoridad, responden *que la persona ya no está allí.* A veces, ante la insistencia del explorador, le ruegan que no siga buscando porque no la va a encontrar. O dicen que ese amigo o familiar *ha pasado a otro estadio.* ¿Qué estadio es este? ¿No está confirmando esto las teorías de Monroe, Novak y Castaneda? Según Monroe, algunas personas se «gradúan» cuando reúnen en una sola entidad a todas las consciencias de su familia espiritual. Para Novak, estas personas «desaparecidas» son aquellos que, durante la vida física, han logrado mantener unidos su alma y espíritu y que, por tanto, ya no pueden ser encontrados en el más allá. Por su parte, Castaneda afirma rotundamente que la energía de

---

112   Carlos Castaneda. *El fuego interno.*

los fallecidos dura un determinado tiempo y luego se disuelve para siempre en la boca del Águila. Pero algunas personas son capaces de burlar este destino, si son conocedoras de las técnicas apropiadas. Por tanto, si alguien no puede ser localizado en el más allá es porque se le acabó la energía y ya no existe, o porque ha logrado esquivar al Águila.

Aquí termina nuestro análisis comparado. ¿Podemos sacar alguna conclusión de todo ello? Yo creo que sí. Al menos, me gustaría destacar tres ideas principales. La primera es que todas las fuentes de información están de acuerdo en que, cuando la vida física finaliza, *la parte imperecedera del ser humano entra en una realidad paralela a la realidad física*. Esta, a nivel perceptivo, es tan real o incluso más que nuestro mundo de vigilia en el que ahora nos encontramos. En este nuevo plano, las consciencias continúan existiendo de una manera muy parecida a como lo hacen en la Tierra, y adquieren otro cuerpo, que se siente tan físico como el anterior. La calidad de la nueva realidad queda determinada por la naturaleza interna que cada persona se haya forjado durante su paso por la Tierra. Algunos construyen un mundo personal formado solo por proyecciones mentales propias. Otros colaboran en grupo con los que piensan y sienten como ellos, levantando mundos colectivos.

La segunda idea que comparten estas fuentes es que *la estancia en el más allá no es eterna*. No hay acuerdo entre ellos, sin embargo, en cuanto a la razón de dicha estadía temporal. Unos opinan que sirve para preparar a los difuntos, ya que van a repetir la experiencia de una nueva vida física, renaciendo en otro cuerpo. Otros afirman que la limitación de tiempo se explica fácilmente por cuestiones de energía, puesto que sobrevivimos únicamente mientras tenemos suficiente carga vital en el depósito.

La tercera idea es que, para revertir la temporalidad de nuestra estancia en el más allá *podemos escoger caminos alternativos diferentes del destino común diseñado para nuestra especie*. Si hacemos esto antes de que nuestro tiempo en el más allá se agote, conservaremos intacta la estructura del yo, superando la condición humana. La existencia de estas puertas de emergencia es el pilar esencial del que carecen los esquemas tradicionales del más allá. Es la respuesta de las respuestas. Si estas escapatorias realmente están ahí, disponibles, supondrían un potente mensaje de esperanza y de libertad para el ser humano. Sobre todo, de libertad. Libertad para abandonar este mundo físico conservando por siempre nuestros recuerdos, nuestras emociones y nuestros anhelos. Y, a la misma vez, trascender la parte de nuestro yo que nos hace humanos e ingresar, así, en otros estados, planos, reinos o dimensiones imposibles de concebir con nuestra limitada mente actual. Si aceptamos esto, la muerte dejaría de ser vista como un mero tránsito. La muerte comenzaría a ser considerada como lo que realmente es: *una oportunidad para la evolución*. Depende de nosotros que escojamos, pues, el camino correcto.

Bibliografía

Andrews, A. *The teachings essential for rebirth, a study of Genshin's OjSyosha*. Sophia University, 1974.

Becker, Charles B. *Religious visions. Experiential grounds for the Pure Land tradition*. Eastern Buddhist Society, 1984.

Benz, Ernest. *Emanuel Swedenborg. Visionary savant in the age of reason*. Swedenborg Foundation, 2002.

Borges, Jorge Luis. *El otro, el mismo*. Emecé Editores, 1968.

Blum, Mark L. *The origins and development of Pure Land Buddhism. A study and translation of Gyonen's Jodo Homon Genrusho*. Oxford University Press, 2002.

Budge, Wallis. *Ideas de los egipcios sobre el más allá*. José J. Olañeta Editor, 2006.

Castaneda, Carlos. *Las enseñanzas de don Juan*. Fondo de cultura económica, 2013.

Castaneda, Carlos. *Una realidad aparte*. Fondo de cultura económica, 2013.

Castaneda, Carlos. *Viaje a Itxlán*. Fondo de cultura económica, 2013.

Castaneda, Carlos. *Relatos de poder*. Fondo de cultura económica, 2013.

Castaneda, Carlos. *El segundo anillo de poder*. Gaia Ediciones, 2017.

Castaneda, Carlos. *El don del Águila*. Gaia Ediciones, 2018.

Castaneda, Carlos. *El fuego interno*. Gaia Ediciones, 2017.

Castaneda, Carlos. *El conocimiento silencioso*. Gaia Ediciones, 2017.

Castaneda, Carlos. *El arte de ensoñar*. Gaia Ediciones, 2007.

Castaneda, Carlos. *El silencio interno*. Createspace, 2015.

Castaneda, Carlos. *El lado activo del infinito*. Debolsillo, 2015.

Castaneda, Carlos. *Pases Mágicos*. Martínez Roca, 1998.

Castaneda, Carlos. *La rueda del tiempo*. Gaia Ediciones, 2013.

Chapell, David. *Chinese Buddhist interpretations of the Pure Lands. Buddhist and Taoist studies*. University Press of Hawaii, 1977.

Cuevas, Bryan J. *The hidden history of the Tibetan Book of the Dead*. Oxford University Press, 2003.

Ehrman, Bart D. *Heaven and hell. A history of the afterlife*. Oneworld Publications, 2020.

Frost, Gavin e Yvonne. *Proyección astral*. Editorial Humanitas, 1992.

Gauld. Alan. *Mediumship and survival: a century of investigations*. Paladin, 1983.

Johnson, Christopher Jay. *How different religions view death and afterlife*. The Charles Press, Publishers, 1991.

Inagaki, Hisao. *The three Pure Land sutras*. Numata center for Buddhist translation and research, 1995.

Kalweit, Holger. *Ensoñación y espacio interior*. Editorial Mirach, 1992.

Kübler-Ross, Elisabeth. *La muerte: un amanecer*. Planeta, 2020.

Kübler-Ross, Elisabeth. *La rueda de la vida: solo haciendo lo que de verdad os importa, podréis bendecir la vida cuando la muerte esté cerca*. B de Bolsillo, 2006.

Kübler-Ross, Elisabeth. *Sobre el duelo y el dolor*. Luciérnaga, 2016.

Law, B. C. *Heaven and hell in Buddhist perspective*. Bhartiya Publishers, 1973.

Lorimer, David (editor), varios autores. *Más allá del cerebro*. Editorial Kairós, 2003.

Matsunaga, Daigan. *The foundation of Japanese Buddhism*. Buddhist Books International, 1976.

Moen, Bruce. *Voyages into the unknown*. Hampton Roads, 1997.

Moen, Bruce. *Voyages beyond doubt*. Hampton Roads, 1998.

Moen, Bruce. *Voyages into the afterlife*. Hampton Roads, 1999.

Moen, Bruce. *Voyage to curiosity's father*. Hampton Roads, 2001.

Monroe, Robert. *Viajes fuera del cuerpo*. Palmyra, La Esfera de los Libros, 2008.

Monroe, Robert. *Far Journeys*. Broadway Books, 2001.

Monroe, Robert. *El viaje definitivo*. Luciérnaga, 1995.

Moody, Raymond A. *Vida después de la vida*. Edaf, 2017.

Moody, Raymond A. *Más sobre Vida después de la vida. Nuevas investigaciones en torno a los fenómenos más allá de la muerte*. Edaf, 2022.

Moody, Raymond A. *Reflexiones Sobre Vida Después De La Vida*. Edaf, 2020.

Muldoon, Sylvan y Carrington, Hereward. *La proyección del cuerpo astral*. Editorial Kier, 1971.

Muldoon, Sylvan y Carrington, Hereward. *Los fenómenos de la proyección astral*. Editorial Kier, 1991.

Newton, Michael. *La vida entre vidas*. Ediciones Robinbook, 1995.

Newton, Michael. *El destino de las almas*. Editorial Llewellyn, 2001.

Novak, Peter. *The division of consciousness*. Hampton Roads Publishing, 1997.

Novak, Peter. *The lost secret of death*. Hampton Roads Publishing, 2003.

Novak, Peter. *Original Christianity*. Hampton Roads Publishing, 2005.

Rimpoché, Sogyal. *El libro tibetano de la vida y de la muerte*. Ediciones Urano, 2021.

Swedenborg, Emanuel. *Del cielo y del infierno*. Ediciones Siruela, 2002.

Swedenborg, Emanuel. *Divine providence*. Swedenborg Foundation, 2010.

Swedenborg, Emanuel. *Divine love and wisdom*. Swedenborg Foundation, 2010.

Swedenborg, Emanuel. *Secrets of heaven. Vol. 1, 2, 3, 4 y 5*. Swedenborg Foundation, 2010-2023.

Swedenborg, Emanuel. *The spiritual diary*. Swedenborg Foundation, 2002.

Swedenborg, Emanuel. The heavenly city. Swedenborg Foundation, 1993.

Tart, Charles T. *States of consciousness*. iUniverse, 2001.

Toksvig, Signe. *Emanuel Swedenborg: scientist and mystic*. New Haven, 1948.

Torres, Armando. *Encuentros con el nagual. Conversaciones con Carlos Castaneda*. Editorial Nuevo Amanecer, 2002.

Wentz, Evans. *El libro tibetano de los muertos*. Kier España, 2019.

Wilson, Colin. *Afterlife. Psychic research has just come of age.* Grafton Books, 1985.

Zaleski, Carol G. *Otherworld journeys: accounts of near-death experience in medieval and modern times.* Oxford University Press, 1988.

Zaleski, Carol G. y Zaleski, Philip. *The book of heaven. An anthology of writings from the ancient to modern times.* Oxford University Press, 2000.